○ 学校现代化 2035 丛书　　主编　杨小微 ○

从"共享"到"共创"

区域教育高质量发展的课程建设之路

黄忠敬　费蔚　等著

华东师范大学出版社

·上海·

图书在版编目(CIP)数据

从"共享"到"共创":区域教育高质量发展的课程建设之
路/黄忠敬等著. —上海:华东师范大学出版社,2022
("学校现代化2035"丛书)
ISBN 978 - 7 - 5760 - 3462 - 2

Ⅰ.①从… Ⅱ.①黄… Ⅲ.①地方教育-发展-研究-
中国 Ⅳ.①G527

中国版本图书馆 CIP 数据核字(2022)第 227978 号

学校现代化 2035 丛书

从"共享"到"共创":区域教育高质量发展的课程建设之路

主　编　杨小微
著　者　黄忠敬　费　蔚　等
责任编辑　王丹丹
特约审读　陈成江
责任校对　江小华
装帧设计　郝　钰

出版发行　华东师范大学出版社
社　址　上海市中山北路 3663 号　邮编 200062
网　址　www. ecnupress. com. cn
电　话　021 - 60821666　行政传真 021 - 62572105
客服电话　021 - 62865537　门市(邮购)电话 021 - 62869887
地　址　上海市中山北路 3663 号华东师范大学校内先锋路口
网　店　http://hdsdcbs.tmall.com

印　刷　者　常熟高专印刷有限公司
开　本　787 毫米×1092 毫米　1/16
印　张　17.75
字　数　308 千字
版　次　2022 年 12 月第 1 版
印　次　2022 年 12 月第 1 次
书　号　ISBN 978 - 7 - 5760 - 3462 - 2
定　价　58.00 元

出 版 人　王　焰

总序：让每一个孩子都享有最美好的教育

　　让每一个孩子不仅"有学上"而且"上好学"！这是 21 世纪第二个 10 年最强劲的教育公平诉求，是"办好人民满意的教育"必须给出的答卷，也是每一个投身教育改革的人最大的心愿。

　　尽管心愿一致，然而各地实际情形不同，给出的答卷亦不同。2012—2013 年我们团队受邀深入到东部地区调研，在发现集团化办学鲜活经验与明显成效的同时，也发现了学校之间相对来说发展不均衡的现象。杭州民众对优质教育的需求十分热烈，而优质学校资源又相对有限，于是出现各自花式择校。杭州市委、市政府在全国率先开启了公办学校的"名校集团化"办学举措，极大地缓解了"择校热"，但是主城区尚未进行集团化办学的学校仍处于相对弱势状态。于是，我们与江干区政府及区教育局达成意向，开启了共建"凯旋教育集团"之旅，持续进行了为期 7 年的共两轮合作。第一轮重点对集团内 2 所初中、4 所小学实施了"凯旋教育发展论坛""集团校本课程共享""初中教学质量改进与学业支持"等专项探索，以及教师工作坊研修方式、挂职副校长驻校指导及订单式项目研究。第二轮进行了三方面拓展，即：双方合作由集团办学向区域互动拓展、课程开发项目由集团内学校参与向区内集团外学校拓展、学校联盟由区内合作向区外辐射拓展。校本课程也由"共享"走向"共创"，集中开发"国际理解教育 ＋""儿童哲学 ＋"和"STEM ＋"三大课程体系，区内集团外学校均可参与。在第二轮即将结束时，我们总结出高校与中小学合作共建的 4 个"走向"，即：(1) 集团治理现代化从"分治"走向"共治"；(2) 课程创新与合作开发从"共享"走向"共创"；(3) 初中教学质量提升从"育分"走向"育人"；(4) 教师专业发展从被动接受培训走向自主研修成长。"学校现代化 2035 丛书"中的 4 本书，正是这 4 个走向的写照。

　　《从分治到共治——区域基础教育治理现代化之路》这本书，以集团化办学背景下学校战略现代化为主题。从党的十八大到十九届四中全会，教育治理体系和治理能力的现代化一直是备受关注的主题，然而也是一直难以破解的难题。华东师大基教所学术团队自 2012 年以来开启了与杭州市江干区共建公办学校教育集团、推进基础教育优质公平发展的合作探索之旅,从区域共治、集团共建、学校共生、机制共寻、领导力共进等多层面和多维度展开探索,取得了丰硕的成果和经验。该书以杭州市江干区的教育集团化办学为基本案例,结合其他合作区校同类实践与研究,展现迈向治理现代化进程中多方参与、共创共治的学理思考和心路历程。

《从"共享"到"共创"——区域教育高质量发展的课程建设之路》围绕集团化办学进程中的校本课程开发而展开。"让更多的人接受更好的教育"已经成为新时期义务教育阶段实现高质量发展的新目标。那么,如何推进区域教育的高质量发展,办好家门口的每一所学校,满足老百姓对高质量教育的需求呢? 浙江省杭州市的基本经验是名校集团化,通过学校之间的特色课程共享与共建来实现基础教育的内涵式提升,促进教育的公平。该书以杭州市江干区的教育集团化办学为例,阐释如何以校际合作方式推进校本课程的深度开发、拓展和升级,进而促进区域义务教育的高质量发展。

《从"育分"到"育人":U-S合作中初中高质量育人之路》这本书,聚焦公办初中的高质量发展展开讨论。在应试主义的导向下,我国的初中与高中长期以来是以分数和升学率来衡量学校办学效益的,因此也使很多中学教师成了"育分高手"。在素养发展本位引领下的学校,则一直致力于探索高质量育人之路。该书以目前公办初中所遭遇到的发展不均衡、民办初中挤压、优秀生源流失、教师队伍老化等种种问题为背景,以核心素养、深度学习、差异—对话—点化教学、跨学科教学、学法指导等基本概念,呈现初中高质量育人的改进路径的实践成果。

《从培训到研修——基础教育集团化办学中教师专业发展之路》这本书以集团化办学进程中教师发展方式的转变为主题。我国中小学教师专业发展经历了从"培训"到"研训"再到自主"研修"的转变,在与杭州市江干区合作共建凯旋教育集团的过程中,作者及所在学术团队尝试以教师工作坊为主导的研修方式,让教师不仅做学生的先生,而且也做同事的"先生";不是被动地等待专家给模式、给策略(即只是做"学生"),而是不断地通过伙伴合作、校本研修来创生实践智慧。该书是对这一历程及相关经验的总结、提炼和反思。

7年的深度合作,使我们感悟到,大、中、小学的不同文化之间,经由合作探索实现了更深层次的互动与交融,各方都获益匪浅,也触摸到几点基本经验,如:共建一个优质的学校集团,首先要有积极投入、认真工作的各方团队;然后要共同营建一种紧密合作的安全氛围;特别需要一位具有专业和人格双重威望的集团理事长;还需要一位或多位既能顶层设计又能贴地指导的区域行政与业务的得力领导。

　　这套丛书的出版,首先要感谢自集团共建以来的杭州市江干区政府及凯旋街道领导、江干区教育局徐晖局长和费蔚副局长、集团理事长严国忠校长和副理事长张晓娟校长,感谢我的同事华东师范大学黄书光教授、黄忠敬教授、鞠玉翠教授、程亮教授、刘世清教授、徐继节老师,复旦大学徐冬青教授,浙江大学孙元涛教授,杭州师范大学王凯教授等,以及集团所属初中、小学6所学校的校长们对凯旋集团共建倾注心力的贡献。上述各位老师指导的学生在参与集团建设过程中,既得到了实地锻炼,找到了学术灵感,也尽了一份力量。感谢华东师范大学出版社教育心理分社彭呈军社长以及所有为本丛书的编辑与出版付出辛勤劳动和智慧的朋友。同时还诚挚地期待读者朋友对本丛书不吝赐教!

2022 年 10 月 21 号于漓江之畔

目　录

附录

理论编

《国家中长期教育改革和发展规划纲要(2010—2020)》强调"均衡发展是义务教育的战略性任务",指出到 2020 年"基本实现区域内均衡发展,确保适龄儿童少年接受良好义务教育"。① 2019 年《中国教育现代化 2035》也强调了"高质量发展"。2020年颁布的《中华人民共和国国民经济和社会发展第十四个五年规划和 2035 年远景目标纲要》强调要"建设高质量教育体系"。"让更多的人接受更好的教育"已经成为新时期义务教育阶段实现优质均衡高质量发展的新目标。那么,如何推进区域教育的优质均衡发展,办好家门口的每一所学校,满足老百姓对优质教育的需求呢?

浙江杭州通过教育集团化办学,以校际共享课程建设为抓手,以学生走校、教师走教、空中课堂等主要形式,来促进区域教育的优质均衡发展,取得了明显的成效。不仅满足了学生的个性化成长需求,而且促进了教师的专业发展,学校的声誉不断提升。政府职能开始从"管理"向"治理"转变,教育改革由单个学校向跨校合作转变,由点状发展向整体区域发展转变,由均衡发展向优质均衡发展转变。

2013 年凯旋教育集团成立,确立了以共享课程建设为载体的学校变革,四门校级特色课程成为集团的共享课程,它们是:南肖埠小学的国际象棋、茅以升实验学校的桥梁与工程、景华小学的石之语·篆刻和春芽实验学校的软笔书法。这些课程在集团内部供各个学校的学生自主选择,学生跨校选课,教师走校上课。凯旋教育集团的影响力逐步扩大,并辐射到整个江干区域。为了进一步提升学生核心素养,提高教师课程建设水平,增强课程的综合性、实践性,扩大优质课程辐射面,2017 年课程建设从"共享"走向了"共创"。凯旋集团在原有共享课程的基础上,以跨集团的项目学校教师团队合作研究为机制,共同开发、实施具有融学科、综合性特征的"国际理解教育 +"课程、"儿童哲学 +"课程和"STEM +"课程。从时间上看,凯旋教育集团的课程建设经历了从**"特色"、到"共享"、再到"共创"**三个发展阶段;从空间上看,课程建设由**"校本"、到"集团"、再到"区域"**逐步扩大到三个层面;从课程的内在逻辑上看,上述各阶段、各层面,都以课程目标、课程内容、课程实践和课程评价**四要素**为核心,体现课程建设的系统性和发展性。通过课程建设来带动学校内涵发展,从而形成以追求公平而优质的教育为目标,以集团改革的经验总结为重点,以团队协作共同创造为机制,以"共享""共创"课程为重点的"三三四"模式。本书呈现了以优质均衡的高质量发展为目标,以教育发展规划为引领,以集团化办学为抓手,以课程建设为核心,以机制创新为动力,以教师发展为保障,以高校指导为支撑,共同推进区域基础教育高质量课程建构的新模式,并以典型的学校案例展现了丰富多彩的课程建设发展之路。

---

① 中共中央国务院. 国家中长期教育改革和发展规划纲要(2010—2020)[M].北京:人民出版社,2010.

　　课程建设有两种不同的开发模式，一种是国家主导模式，即由政府聘请专家来决策，采用研制—开发—推广的自上而下的课程开发模式，具有官方性和权威性，一般表现为必修的国家课程。另一种是学校主导模式，即由学校和教师来决策，采用实践—评估—开发的自下而上的课程开发模式，往往以选修课的形式出现，是一种校本课程。后一种模式的好处是基于学校的校情、社区的区情和学生的"需求"，增强学校的专业自主权，激发教师和学生的积极性，提升满足现实的回应性。自从 2001 年我国颁发《基础教育课程改革纲要（试行）》之后，校本课程在整个课程体系中占有一席之地，不仅出现了丰富多彩的校本课程门类和实践形式，而且逐步从单一化、碎片化和个体化的课程建设走向体系化、区域化和共享化。杭州凯旋教育集团的课程建设就开始于社区经济社会生活的变革、人口的变化，以及对学生成长需求的关注，并在现实的需要（"是什么"）与可能的目标（"应该是什么"）之间寻找平衡点，在特殊的需要和共同的需要之间寻找切合点。

　　杭州市江干区①凯旋街道紧邻钱江新城核心区，辖区内地理位置相对较近的四所小学均处于发展的上升期，教育基础扎实，学校特色建设初步显现，但是学校规模小、资源不足、综合实力不强等因素制约了学校品牌建设，与钱江新城核心区教育品牌相比略有不足，现有优质教育不能充分满足老百姓的教育需求。如何整合区块现有教育资源，增强文化软实力，缓解优质教育不足与满足家长对优质教育需求之间的矛盾，已成为迫切需要解决的问题。

一、基线调研：活动安排

　　调研是为了了解江干区教育概况以及凯旋区块教育现状，为整体推进教育优

---

① 2021 年 3 月 11 日，浙江省人民政府发布《关于调整杭州市部分行政区划的通知》。撤销杭州市江干区，并入杭州市上城区。本书仍然使用以前的名称。

质、均衡发展，着力打造凯旋教育品牌提供理论支持和实施建议，为下一阶段相关方达成合作奠定基础。

2012 年，华东师范大学课题组受邀对本区域的学校教育资源进行了需求调研与分析。通过座谈、访谈、问卷调查、实地考察等形式，对区教育局领导、学校校长、教师和学生进行了调研，对学校的办学理念、办学特色、学校文化、教学质量和师资水平等进行了分析，主要回答三个问题：(1)是否有必要成立教育集团；(2)是否有可能成立教育集团；(3)以什么为抓手来建设教育集团。

调研安排一般是一天调研四所学校，每个半天调研两所学校，具体过程是专家参访校园，之后由学校校长介绍学校总体情况，再进行两场座谈会，即学校领导与中层干部座谈会和骨干教师座谈会，同时向每所学校发放 50 份教师问卷，通过问卷了解情况，这样既有面上的调查，也有点上的座谈会，比较多样地了解学校的基本情况。具体调研活动安排如下：

资料卡 1-1

江干教育学校调研活动安排
（草稿）

调研日期： 2012 年 4 月 27—28 日
调研学校： 景华小学、春芽实验学校、茅以升实验学校、景芳中学、南肖埠小学
调研时间： 1.5 小时/校

时间	内容	工具	备注
进校前	准备工作 　明确调研目的 　调研团队分工 　校长通知调研 　对象	调查问卷 　教师问卷 50 份/校 　学校环境地图或记 　录表 访谈提纲 照相机、摄像机、录音 笔(调研方自备)	项目学校准备文本资料 　学校的基本信息材料 　学校发展规划 　学校制度文本 　学校组织架构 　学校的年度总结材料 　教师科研成果材料 　教师成长与专业发展资料 　其他相关材料

续　表

时间	内容	工具	备注
10分钟	学校接待 　参观校园 　提供问卷	教师问卷 学校环境地图或记 录表	
20分钟	介绍会 　校长介绍学校总 体情况	照相机、录音笔	
60分钟 （分两个会场 同时进行）	座谈会一 　学校领导和中层 干部	访谈提纲	包括副校长、教务、德育、教研、信 息、总务等部门负责人 年级组长、教研组长等
	座谈会二 　骨干教师	访谈提纲	学科教师代表 班主任代表
结束	收集教师问卷 离开学校		

二、基线调研：SWOT 分析

SWOT 是管理学上一种常用的工具，S（Strengths）是优势、W（Weaknesses）是劣势、O（Opportunities）是机会、T（Threats）是威胁。第一部分为 SW，主要用来分析内部条件；第二部分为 OT，主要用来分析外部条件。利用这种方法可以找出对学校有利的、值得发扬的因素，以及对学校不利的、要避开的东西，发现存在的问题，找出解决办法，并明确以后的发展方向。

通过 SWOT 分析法，课题组分析了区域学校的优势，对成立教育集团的必要性与可行性作出了肯定的回答。从内部条件来看，一是教育经费投入有保障，全区预算由 2011 年的 6.4 亿增长到了 2012 年的 7.3 亿。二是有政策支持，无论是国家教育发展规划还是浙江省教育发展规划，以及江干区的教育发展规划，都倡导义务教育阶段的均衡发展，扩大优质教育资源。多年来杭州市推行的教育集团化战略在全国产生了广泛的影响，江干区的集团化率也达到 60% 以上，优质化率达 68%。三是有内在动力，凯旋街道共辖的五所学校景华小学、春芽实验学校、茅以升实验学校、南肖埠小学、景芳中学，尽管发展特色各异、发展水平不同，但均处于发展上升期，硬、软件条件都较不错，教师队伍呈梯度发展，教育质量中等偏上，学校特色建设初步显现，一些学校正在向精致化、小班化等方向发展，但有限的学校资源使这些学校的发展遇到了瓶颈,一些学校表达了要联合发展、共同增强竞争力的愿望,学校联合的内动力已经显现。

从外部环境来看,一是杭州的发展已由西湖时代进入到钱塘时代,本区将成为杭州新的政治中心、金融中心。这需要在未来的发展中,实现规模与质量的提升、特色与品牌的共建。二是生源情况的变化,作为杭州市的一个重要人口导入区,面临着外来人口的压力,如何把压力变为资源,考验着教育者的智慧。人民群众对教育的要求已经从"有书读"转变为"读好书",从仅仅追求学业成绩转变为追求学生全面而有个性的发展,从看重学校办学的硬件设施转变为更加看重学校的内涵建设。三是本区战略调整的需要,在采荷教育集团、东城教育集团的光环之下,中部的凯旋街道教育略显不足,优质教育不能充分满足老百姓的教育需求。因此,要整合凯旋街道现有教育资源,增强文化软实力,缓解优质教育不足与满足家长对优质教育需求之间的矛盾。

三、基线调研:思路与建议

第一次的大型调研虽然摸清了区域教育资源的现状、优势与不足,但对教育集团的发展定位和发展举措却没有形成很好的思路。为此,调研组对本区的教育状况进行了第二次的基线调研,通过校长单独访谈、教师一对一访谈和课堂观察等调研活动,深入了解各校校长和广大师生的愿望与内在动力,逐步明确了改革思路,达成了改革共识。调研组提出了在保持原有五所学校独立法人的基础上,建立互补型教育集团的建议,并形成了以区域共享课程建设为抓手促进学校优质均衡发展的改革思路。

资料卡 1-2

关于成立并合作建设凯旋教育集团的设想与建议
——基于对杭州市江干区两次调研的反馈

1. 发展定位

在保持原有五所学校独立法人的基础上,建立凯旋教育集团这个**互补型的联盟**。坚持集团的**公益性、特色化、品牌化**导向,以创建活力校园为抓手,以追求**幸福教育**为理念,整体推进区域品牌建设。以整体文化建设为引领,加强校际合作,尝试互聘教师、互选课程、共享实验设备、共享图书资源、共建信息平台等,同时鼓励各所学校办出特色,让集团内学校错位发展,在合作中竞争,在竞争中合作,创造特色学校,把集团的整体发展与各校的特色发展结合起来,建构全新的既同且异、和而不同的学校文化生态体系。

2. 运营机制

组建集团**理事会**,确立运行机制和建立相关的学校章程,以法治校。理事会是集团的最高权力机构,负责宏观决策,主要职责是解决与办学目标、政策和方向有关的重大问题。由集团内相关学校的校长书记担任理事,理事会内设管理办公室,是集团的综合部门,负责日常的行政管理工作,如对外对内联络与协调,公文管理,来宾接待以及集团的统一活动与会议的组织。校长的主要工作是执行理事会的决议,主要负责学校教育教学和行政管理工作。教育集团接受教育局的领导,内部实行**理事会领导下的校长负责制**。各校校长各司其职,日常工作按程序办事,有独立决策权,只有遇到重大问题才集体决策。

与华东师范大学基础教育改革与发展研究所开展合作共建,邀请华师大专家团队担任凯旋教育集团的顾问;成立学术委员会,提供学术咨询和学术决策。利用高校学术资源,共同推进集团的发展。

建议以设立共建项目为抓手,以制订学校发展规划为引领,以科研课题为载体,以教师发展为核心,实现与高校的全面深入合作。尝试学校挂牌(教育部人文基地实验学校)、建设"凯旋教育高端论坛"、建设"凯旋教师发展学校"、研究者做兼职副校长、开展中期评估和终结评估、建立"凯旋教师奖励基金"等措施。

3. 对凯旋区块学校发展的建议

基于调研和分析,就 5 所学校未来发展思路提出"错位发展、特色立校、规划引领、项目跟进"16 字建议。

错位发展。是从观念上超越攀比名校的局限,不比起点比发展,学校发展定位上从"拔尖"转向"普惠"、从"争胜"转向"共赢",借鉴"办好老百姓家门口的优质学校"(即"新优质学校"),以及关注学生真实成长和心理感受的"绿色评价"等经验,关注后三分之一学生成长、后三分之一学校提升,以高质量的均衡发展促进教育公平,进而推进社会公平。

特色立校。调查发现凯旋区块 5 所学校都有较好的发展基础,在学校特色创建方面已有不少成效,如景芳中学的"足球"、春芽的"书画"、南肖埠的"国际象棋"、茅以升学校的"桥梁与工程"、景华小学的"篆刻"等特色项目都颇为出色,可以进一步拓展和加深,成为相应的足球文化、书画文化、棋文化、桥文化和科技文化,成为学校特色可持续发展的生长点。

规划引领。从各校特色中进一步凝练、提升和放大核心文化价值理念,这就使学校未来发展有了自己的方向和灵魂。通过制订学校中长期发展规划,能将这种核心价值转化为可努力的方向、可行动的准则、可检测的指标,进而将其渗透到课程与教学、班级建设与学生发展、学校领导与管理、学校与社区及家庭合作共建等领域中去,逐步使学校办出质量、办出特色、办成品牌。

项目跟进。前述 5 校各自的特色项目,是前期改革与发展形成的"一品",在今后的发展中,"一品"可以扩展为"多品","多品"最终熔铸成"无品之品",即整体上的"特"与"美"。这样一种逐步拓展和整体融通的过程,就是学校可望逐步成长为优质学校的过程。

4. 经费资助

在教育投入中划拨**专项试点建设经费**,支持凯旋教育集团开展项目探索,提高办学水平,提升教学质量,激发学生自主学习,推动学校变革的深化,更好地普惠学生和家长,辐射区域优质教育资源,实现义务教育的均衡发展。

课程的多样性与选择性是当今世界中小学校课程发展的主要方向。集团化办学的主要优势是可以改变一所学校"单打独斗"的局面,通过"抱团发展"实现最大程度的优势互补、资源共享。要实现区域课程的共享,需要在深入而全面调研的基础上,进行顶层设计。为此,教育集团开展了基于学校基础优势和学生需求的课程建设调研。课程建设调研围绕三个方面来进行,即学校已有的基础、区域课程共享的思路,以及需要的支持与保障等,在此基础上形成《凯旋教育集团共享课程建设方案》,从课程建设的目标、课程内容结构、课程实施建议和课程评估,以及条件保障等方面进行整体规划。

面临 21 世纪全球化、信息化的机遇与挑战,培养学生的核心素养越来越成为教育发展的战略选择。联合国教科文组织提出了学会认知、学会做事、学会共处和学会做人等四大核心素养。[①] 美国 21 世纪技能委员会提出了生活与职业技能、学习与创新技能、信息媒介与技术技能三大核心素养。[②] 欧盟也提出了语言交流、数学素养、科学素养、信息技术素养、学会学习、主动意识与创新精神、社会与公民素养、文化意识与表达等八项核心素养。我国教育部也于 2022 年 4 月,颁布了以学生发展的核心素养为导向的《义务教育课程方案(2022 年版)》和义务教育各学科课程标准,强调要开展基于学科核心素养的课程建设。纵观全球,基于核心素养的课程建设已经越来越成为全球教育改革的共识。凯旋教育集团的共享课程在起步阶段,依托学生发展的核心素养进行了系统规划,并不断完善,进一步体现课程的综合性、实践性特点。课程建设也经历了从单体校特色项目演变为集团共享的特色课程,最终实现课程的迭代升级,形成共助、互惠、开放的共创课程。

一、共享课程:基于学生核心素养的区域共享课程建设方案

凯旋教育集团共享课程的建设思路是**基于学生发展的核心素养**,坚持顶层设计与基层创新相结合、整体规划与分步实施相结合、共同基础与个性特色相结合的原则,实现知识与能力的融合发展。共享课程以全人教育为目标,以价值(3H)为引领,以素养为指向。全人教育是旨在培养"全人"或"完人"的教育,就是促进学生的全面发展、和谐发展和持续发展的教育。"3H"价值就是倡导健康(Health)、幸福(Happiness)、和谐(Harmony)的价值。核心素养(Competences)就是指个体所具备的最基本、最重要的知识、能力和态度。素养 = ASK,即"态度

---

① 联合国教科文组织. 教育——财富蕴藏其中[M]. 北京:教育科学出版社,1996.
② 伯尼·特里林,查尔斯·菲德尔. 21 世纪技能:为我们所生存的时代而学习[M]. 洪友,译. 天津:天津社会科学院出版社,2011.

（Attitude）＋能力（Skills）＋知识（Knowledge）"。这种核心素养是后天习得的，可以培养的。通过共享课程建设，培养学生的学习力、行动力与沟通力，让学生学会学习、会学做事和学会合作。

表 2-1　共享课程建设理论框架二维表

核心素养		课程目标		
内容	界定	知识	技能	态度
学习力	学会学习。学习动力，学习态度和学习能力的总和	学习的策略与方法、学习的优缺点、争取学习机会与支持	自主学习、合作学习、终身学习、学习意志力、批判反思能力	学习动机、兴趣、主动意识，学习习惯、学习好奇心与自信心、创新精神
行动力	学会做事。不仅学会认知，更要学会做事。提升实践能力	实践的基本知识、策略方法，问题分析方法，信息整合与处理	实践能力、问题解决、生存与生涯规划、执行力与创新应变、决策能力	认识实践的重要意义，面对问题自信、冷静、有领导力，不畏难、有持久意志力
沟通力	了解自己，尊重他人。学会共处，学会关心，学会分享，学会合作	母语交流、外语交流、数字媒体技能、多元文化	语言交流、信息技术、公民素养、跨文化理解、沟通合作	主动沟通、积极合作，理解与包容不同观点、愿意倾听、正确认识与表达自我

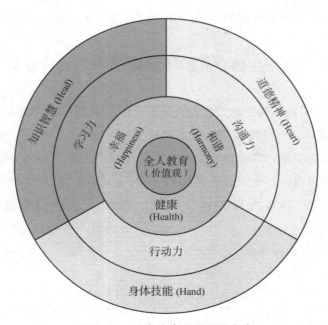

图 2-1　区域共享课程理论框架

　　凯旋教育集团首批建设的共享课程包括南肖埠小学的"国际象棋"、春芽实验学校的"软笔书法"、茅以升实验学校的"桥梁与工程"和景华小学的"石之语·篆刻"课程。共享课程的名称、开设学校、主要内容、适用年级和选课基础等基本信息见表2-2。

表2-2　集团共享课程的建设内容

课程名称	开课学校	主要内容	年级	选课基础
国际象棋	南肖埠小学	国际象棋的基础知识与战法；棋类文化；象棋大师的故事	1—6	对国际象棋有兴趣
软笔书法	春芽实验学校	篆书、楷书、隶书、行书等；书法漫话；书家趣闻；名胜书艺	4—6	具备硬笔书法基础
桥梁与工程	茅以升实验学校	挖掘桥文化；认识桥结构；创造不同桥	1—6	对科技感兴趣
石之语·篆刻	景华小学	篆刻基础知识与文化；临摹与创作；书法、刀法与章法	3—6	具有较好的美术基础

　　课程的板块。根据学生的年段特征和课程的知识逻辑结构，建构了纵横交错的课程板块。比如，茅以升实验学校的"桥梁与工程体验课程"，在纵向上，依照学生身心发展的特点，形成了1—6年级逐步深化的课程体系。低段孩子能够认识桥；中段孩子能动手制作工程结构性的桥；高段孩子能够深化理解桥的本质，创作各种"桥"。在横向上，整个课程内容设置分成四大板块：欣赏篇、操作篇、创作篇、实践篇。

　　课程的梯度。根据不同学生的成长需要，在课程的内容上要有梯度。课程分为普及类与提高类两个层次。普及类课程面向所有学生，重点是培养学生的兴趣爱好；提高类课程面向有特长的学生，重点是培养学生的专业特长。

　　课程的时间。集团共享课程统一安排在周五下午，课时为每周1—2节，纳入正式课表。课程建设不是简单地做"加法"，更重要的是课程"整合"。每所学校结合本校的实际情况研制学校的课程方案，形成完整的学校课程体系。

　　课程的阶段性。共享课程建设分为三个阶段，开发三批课程群。第一批课程群主要针对行动力，即培养学生的实践动手能力；第二批课程群主要针对学习力，让学生学会学习、终身学习；第三批课程群主要针对沟通力，让学生学会沟通合作,培养跨文化理解和多元文化理解能力。

二、共创课程:基于学生核心素养的区域共创课程建设方案

2017 年 8 月,华东师范大学与杭州江干区教育局第一阶段的合作已经完成,取得了预期的效果。经过共同商议,双方一致同意启动第二轮的合作。其合作的目标是在共同建设凯旋教育集团的基础上,总结经验,提炼成果,梳理品牌,在区域层面进行推广与辐射。就课程建设而言,要从"共享课程"走向"共创课程",从"集团课程"走向"区域课程"。

确定了三个课程项目在全区进行推广,即国际理解教育、儿童哲学和STEM+课程。

表 2-3　区域共创课程

课程名称	种子学校	项目学校	联盟学校
国际理解教育	南肖埠小学	茅以升实验学校、景华小学、春芽实验学校、采荷第一小学、景华中学、景芳中学、钱塘外国语学校等	长三角国际理解教育联盟首批 20 所
儿童哲学	春芽实验学校、景华小学	南肖埠小学、茅以升实验学校等 15 所	儿童哲学联盟32 所
STEM+	茅以升实验学校	春芽实验学校、景华小学、南肖埠小学、采荷第二小学、濮家小学、丁荷小学等	STEM+教育联盟

资料卡 2-1

从"共享课程"走向"共创课程"
——"国际理解教育"课程建设方案
(讨论稿)

根据《杭州市推进教育国际化行动计划》《杭州市加快推进城市国际化行动纲要(2015—2017 年)》和《关于在全市中小学校加快推进国际理解教育的通知》,以及《华东师范大学基础教育改革与发展研究所、江干区教育局共建凯旋教育集团第二轮合作协议》的精神与要求,特制订区域共享课程"国际理解教育"建设方案。

一、建设背景

2015 年联合国在《变革我们的世界》中提出:"确保包容和公平的优质教育,让全民终身享有学习机会。"2015 年,联合国教科文组织通过了《教育 2030 行动框架》,再次阐述了"包容、公平、有质量和终身学习"的教育发展目标。同年出版的《反思教育:向全球共同利益的理念转变》报告中强调:"重新思考多元化互联世界中的公民教育",提出在全球化的影响下,以民族国家为核心的传统公民教育正在转向为超越民族国家的新型后公民教育,出现新的身份认同和动员模式。

《国家中长期教育改革和发展规划纲要(2010—2020 年)》指出:"加强国际理解教育,推动跨文化交流,增进学生对不同国家、不同文化的认识和理解。"2019 年中共中央国务院《中国教育现代化 2035》出台,规划中国教育现代化的未来愿景。

《杭州市中长期教育改革和发展规划纲要(2010—2020 年)》指出:"努力提高杭州教育的国际化水平,以国际视野推进教育理念、教育内容、教育方式的创新优化,提升杭州教育的国际认可度和影响力。"强调要开展国际理解教育。

2014 年杭州市颁发《推进教育国际化行动计划》,确立了海外学校结队(百校结队)、教师海外研修、学生互访、外教进课堂(校校有外教)、中外合作办学和国际化示范学校等发展目标。在重点项目支持上,有两个项目:国际理解教育;教育国际化示范学校建设。将推进教育国际化相关指标纳入教育督导评估体系。

2015 年,杭州市出台《杭州市加快推进城市国际化行动纲要(2015—2017 年)》,目标是到 2017 年全市培育和创建 80 所市级教育国际化示范校,建设 80 个国际理解教育特色品牌项目。2016 年 1 月,杭州市确立了 30 所首批教育国际化示范校创建学校和 40 个杭州市首批国际理解教育特色品牌立项项目。同年,杭州市颁发《关于在全市中小学校加快推进国际理解教育的通知》,进一步推进国际理解教育,加快教育国际化步伐,提升中小学生国际素养。

二、建设目标

总体目标。坚持国际化与本土化、国际性与民族性的统一,围绕培养学生具有国际视野、了解国际规划和能够参与国际竞争的国际化人才的目标定位,以教育的国际化带动教育现代化建设,把凯旋教育集团打造成为区域性的教育国际化示范基地。

绩效目标。通过三年的共同合作,完成以下"五个一"的绩效目标。

1. 形成一个完整的国际理解教育课程建设指导方案

2. 每校建设一个国际理解教育的特色品牌项目

3. 研发一套国际理解教育的测评工具

4. 汇编一本国际理解教育课例集(或读本)

5. 出版一本国际理解教育的著作

三、建设思路

1. 顶层设计。基于**全球素养**建设国际理解教育课程。

核心素养是学生为适应个体终身发展和未来社会发展需要的必备品格和关键能力。它是基础性的、综合性的和可以习得的。全球素养是核心素养的关键素养之一,是一种能够从全球视野批判性分析全球跨文化议题的能力,一种基于尊重人类尊严和多元文化背景的理解能力与行动能力(参考 OECD)。全球素养可以从知识、能力与态度三个维度进行测量与评估。知识方面包括全球议题、全球联接和跨文化知识;能力方面包括自我理解能力(理解自我,Identity)、沟通合作能力(理解他者,Interpersonal)和跨文化理解能力(相互理解,Inter-culture);态度方面包括全球视野、开放心态和尊重多元。

国际理解教育(Education for International Understanding, EIU)是在认同自我和本民族文化的基础上,了解尊重他者和他者文化,倡导理解、包容和共生的教育价值,培养学生的自我理解能力、沟通合作能力和跨文化理解能力,促进人类的和平与发展。

国际理解教育包括五大主题内容:民族认同教育(人与人之间),环境教育(人

图 2-2　国际理解教育五大主题内容示意图

与自然之间),民主教育(人与社会之间),和平教育(国与国之间),多元文化教育(文化与文化之间)。

2. 共创课程。总体规划与自主选择相结合,规定动作与自选动作相结合,确立国际理解教育的不同板块和相关子项目,每所学校结合已有基础和学校发展规划,自主选择,分校实施,共同研发。

3. 以评促建。结合大数据的发展趋势,研发国际素养与学校国际化的测评工具和量表,开展基于数据的测评与评估,以评促建,以凯旋集团的学校作为示范点,逐步扩大到整个江干区域。

四、建设内容

国际理解教育在三个层面上进行建设:集团层面、学校层面和项目层面。集团层面是研发一套学校国际化的指标测评体系,指导各校的国际理解教育工作;学校层面是开展国际理解教育的整体建设,包括校园环境设计、学科渗透、校本课程、社团活动等方面;项目层面是学校自主选择国际理解教育的一个或几个子项目开展专题性的探索。

1. 集团层面

项目名称:学校国际化的评估指标研制

负责人:黄忠敬,严国忠

项目目标:研发评估指标体系,指导学校的国际化建设

项目内容:教师国际素养测评工具;学生国际素养测评工具;学校国际化测评工具

成果形式:一套学校国际化的评估指标测评工具

2. 学校层面

开展国际理解教育的整体建设,包括校园环境设计、学科渗透、校本课程、社团活动等方面。

3. 项目层面

各个学校根据已有基础和学校发展规划,自主选择国际理解教育中的一个或几个内容展开探索,打造特色品牌。每所学校至少选择一个项目。具体的选择项目如下:

(1)国际理解教育校本课程开发研究

目标:开发独立的国际理解教育校本课程。

主要内容:结合基础教育课程改革,拓展选修课内容与形式,开发与设计国际

理解教育校本课程。探索国学经典课程;小公民教育课程;尝试引进国际课程(比如,IB课程,健康与幸福课程,STEM课程),开展国际课程的校本化探索。

成果形式:新编或改编一本(套)校本教材。

(2)国际理解教育学科渗透路径研究

目标:挖掘现在学科中的国际理解教育育人资源。

主要内容:围绕国际理解教育的五大主题(民族认同教育,环境教育,民主教育,和平教育,多元文化教育),开展国家课程的校本化探索,充分挖掘现有学科课程和教材中能够作为国际理解教育的内容,加强国际理解教育的**跨学科整合**。尝试国际理解教育的课堂**教学方式变革**,探索小组合作学习、跨学科学习、基于问题学习和探究性学习等不同方法,形成不同课型、不同学科和不同年级的课堂教学模式。

成果形式:汇编一本或一套国际理解教育拓展性课程(教案或学生读本等)。

(3)国际理解教育社团课程建设

目标:建立各类国际理解教育社团组织,开展丰富多彩的学生社团活动,开阔学生国际视野。

内容方式:基于学生的兴趣爱好,利用外教进课堂项目,结合学校已有社团活动开展各种节日庆典活动、文化艺术节活动,模拟联合国活动;学生海外游学体验,参与国际竞赛、国际联谊活动。探索跨文化交流的制度化、规范化、日常化社团运作机制。

成果形式:建设系列化的社团课程。

(4)国际理解教育校园文化建设与学习空间设计研究

目标:打造国际化的学校环境,营造国际化学习氛围。

内容方式:物理空间环境建设;互联网＋教育;校园网络空间,广播、电视、报刊、网络等;国际文化节(美食节、服饰节等);学校教育与校外教育的互补、学校教育与社区教育的融合。

成果形式:国际理解教育校园文化建设方案。

五、实施与进度

1. 项目组织

项目负责人:黄忠敬,严国忠

项目执行人:华东师大专家团队、各校校长、课题负责人和课题组成员

中期评估:华东师范大学专家团队、各校负责人

数据搜集:各校指定一名课题组成员

项目秘书:肖驰(华东师范大学博士生)

2. 总体进度

年	2017	2018				2019				2020			
月	8—12	1—3	4—6	7—9	10—12	1—3	4—6	7—9	10—12	1—3	4—6	7—9	10—12
项目准备	√												
基线调查	√												
课程方案	√	√	√										
课程实施				√	√	√	√	√	√	√	√		
工作坊	√	√	√	√	√	√	√	√	√	√	√		√
中期评估						√							
数据整理	√	√	√	√	√	√	√	√	√	√	√	√	√
提交报告												√	
结题评估												√	

3. 年度工作(供讨论)

(1) 2017 年度

2017.8—9:项目准备,宣讲培训,拟订总体建设方案,各校确定课题组成员,组建课题组

2017.10—12:研发调研工具,开展基线调研,分析数据,反馈结果

2017.12:年度总结报告

(2) 2018 年度

2018.1—3:根据集团总方案与各校基线调研情况,完成本校的《国际理解教育共创课程建设方案》

2018.4—12:各校具体落实《建设方案》,开展行动研究。校际教研活动,教师培训与教师工作坊全程跟进。数据搜集(教案、反思小结、课堂实录、视频等)与总结提炼全程跟进,提交阶段性研发成果

2018.12:年度总结报告

(3) 2019 年度

2019.1—3:中期评估,专家评估与学校自我评估相结合。华东师范大学专家研发评估工具,各校撰写自评报告

2019.4—12：根据中期评估情况调整改革方案，深化课程建设

2019.12：年度总结报告

（4）2020年度

2020.1—6：成果汇总，特色品牌项目提炼，成果展示

2020.7—8：终结评估准备，结题报告，完成项目

资料卡 2-2

杭州凯旋教育集团儿童哲学课程项目方案书

项目名称	儿童哲学（P4C）课程	
项目理念	本项目主要以3C素养发展为核心，基于学校优势，促进课程整合，凸显综合效应，多元而系统地推进儿童哲学课程建设。	备注
项目目标 （过程目标、 终极目标）	建立集团及各参与校儿童哲学课程体系，扩展集团课程共享机制，形成集团课程品牌，最终使集团及各参与校儿童哲学课程在区域层面具有示范引领作用，在全国范围内具有一定的知名度、鲜明的辨识度和积极的影响力。	
项目供方组织 （组长、副组长、组员）	组长：程亮。 组员：杨小微、徐冬青、黄书光、黄忠敬、鞠玉翠、王凯、孙元涛等。	
项目指导流程 （环节、时间、地点、 人员、内容、评价）	本项目主要采取"语文＋""品德＋""班队＋""主题＋"等四种方式推进儿童哲学课程的实施。项目前半段，各项目校自选一个领域重点突破；后半段，各项目校进行优势共享和共创。	
项目执行供方 人员的职责	1. 提供儿童哲学课程的基本阅读材料。 2. 提供儿童哲学课程实施的专题培训（主要与教师工作坊相结合）。 3. 定期参与儿童哲学课程的观摩和研讨。 4. 定期指导教研承担教师撰写相关的课例或教例。 5. 指导或协助学校或项目教师申报与儿童哲学有关的科研课题。 6. 组织或支持学校及项目教师参与儿童哲学联盟活动、重要会议、实地观摩等。 7. 推介集团儿童哲学课程实施成果。	
项目执行后的自评 报告（时间、执笔人）	2020年2月，各项目学校儿童哲学课程负责人分别撰写并提交一份自评报告；3月，程亮执笔完成一份集团儿童哲学课程项目执行情况的报告。	
项目执行后的 第三方评估报告 （时间、执笔人）	2020年5月，集团理事会商定并聘请第三方对项目实施进行评估。	
教育局的评价		

资料卡 2-3

项目实施进度表（讨论）

年	月	项目内容	地点	参与人员
2017	08	项目宣讲,确定本校参与人员与参与方式(语文＋、品德＋、班队＋、主题＋)		项目学校
	09	各项目校负责人组织项目教师阅读儿童哲学基本材料	各项目校	项目教师
	10	教师工作坊:儿童哲学的理与路(基于自主阅读进行讨论,基于视频的方法介绍,基于各校条件的具体实施方案,计划一天)	集团确定	项目教师＋专家组
	11	各项目校根据自选领域,确定本学期儿童哲学教研主题	各项目校	项目教师
	12	各项目校举行第一次儿童哲学主题教研活动(共4次,集中在两天)	各项目校	项目教师＋专家组
2018	01	教师工作坊:如何开发教例或课例		项目教师
	02	承担教研的教师完成前述主题的教例或课例撰写	各项目校	承担教研的教师
	03			
	04	各项目校根据自选领域,确定本学期儿童哲学教研主题	各项目校	项目教师
	05	各项目校举行第二次儿童哲学主题教研活动(共4次,集中在两天)	各项目校	项目教师＋专家组
	06	承担教研的教师完成前述主题的教例或课例撰写	各项目校	承担教研的教师
	07			
	08	儿童哲学课程实施的学年小结(基于视频与教研活动的反馈)	集团确定	集团理事、项目教师等
	09	各项目校根据自选领域,确定本学期儿童哲学教研主题	各项目校	项目教师
	10	各项目校举行第三次儿童哲学主题教研活动(共4次,集中在两天)	各项目校	项目教师＋专家组
	11	承担教研的教师完成前述主题的教例或课例撰写	各项目校	承担教研的教师
	12			
2019	01	教师工作坊:儿童哲学课程实施的经验与共享	集团确定	项目教师
	02			
	03	集团确定本学期儿童哲学教研主题	各项目校	

年	月	项目内容	地点	参与人员
2019	04	集团举行儿童哲学联合教研活动(第四次)	各项目校	项目教师＋专家组
	05	承担教研的教师完成前述主题的教例或课例撰写	各项目校	承担教研的教师
	06			
	07	儿童哲学课程实施的学年小结(基于视频与教研活动的反馈)	集团确定	集团理事、项目教师等
	08			
	09	集团确定本学期儿童哲学教研主题	各项目校	项目教师
	10	集团举行儿童哲学联合教研活动(第五次)	各项目校	项目教师＋专家组
	11	承担教研的教师完成前述主题的教例或课例撰写	各项目校	项目教师
	12			
2020	01	教师工作坊:儿童哲学资源的开发与整理	集团确定	项目教师＋专家组
	02			
	03	集团确定儿童哲学课程成果展示方案	集团确定	项目教师＋专家组
	04	集团举行儿童哲学课程成果展示(专题论坛、课堂展示、案例汇编、论文等)暨终期评估	各项目校	项目教师＋专家组＋评估方
	05			
	06			
	07	教师工作坊:儿童哲学课程实施:总结与展望	集团确定	项目教师＋专家组
	08			

资料卡 2-4

各领域常规推进方案(讨论)

语文＋P4C

1. 项目校遴选教师 2—3 名,组成 P4C 课程小组。

2. 主要在 4—6 年级。

3. 每学期初确定本学期适合整合 P4C 的篇目(每个教师至少 2 篇,如寓言体裁、教化故事)。

4. 课程小组针对篇目进行研讨,形成教学设计,完成上课和听评课,并录制课堂教学及研讨视频。

5. 项目校每学期举行一次教研活动,专家组及其他学校项目教师参与研讨。

6. 承担教研的教师完成 1 篇课例。

品德 + P4C

1. 项目校遴选教师 2—3 名,组成 P4C 课程小组。

2. 重在中高段(3—6 年级)。

3. 每学期初确定本学期适合 P4C 的德目(每个教师至少 2 个)。

4. 课程小组针对德目进行研讨,形成教学设计,完成上课和听评课,并录制课堂教学及研讨视频。

5. 项目校每学期举行一次教研活动,专家组及其他学校项目教师参与研讨。

6. 承担教研的教师完成 1 篇课例。

班队 + P4C

1. 项目校遴选教师 2—3 名,组成 P4C 课程小组。

2. 年段不限(可自选)。

3. 每学期初确定本学期适合 P4C 的班队主题(每个教师至少 2 个)。

4. 课程小组针对班队主题进行活动方案设计和实施,并录制活动及研讨视频。

5. 项目校每学期举行一次主题展示活动,专家组及其他学校项目教师参与研讨。

6. 承担主题展示的教师完成 1 篇教例。

主题 + P4C

1. 项目校遴选教师 3—4 名,组成 P4C 课程小组。

2. 年段不限(建议 1—2 年级选绘本、3—4 年级选童话或寓言、5—6 年级选传统故事等)。

3. 每学期初课程小组遴选绘本、童话或寓言、传统故事等(每个教师至少 2 个)。

4. 课程小组进行研讨,形成教学设计,完成上课和听评课,并录制课堂教学及研讨视频。

5. 项目校每学期举行一次教研活动,专家组及其他学校项目教师参与研讨。

6. 承担教研的教师完成 1 篇课例。

资料卡 2-5

　　为进一步培养学生的创新意识、实践能力,凯旋教育集团在"桥梁与工程"集团共享课程的基础上,联合项目学校共创 STEM+。集团和上海市史坦默国际科学研究中心合作,参与长周期实证教育研究基地——STEM+国际科学教育研究项目,申请成为基地项目试验区,通过依托基层学校,深入教学行为全过程,通过有效的观测工具跟踪"教"和"学"中关键要素的数据变化,通过数据的积累和分析判断,研究如何及时调整教学行为,促进学生身心健康成长。

　　STEM+项目试点学校工作要求:

　　(1)实验学校要求至少参与一个及以上研究周期,每个研究周期为 3 年。

　　(2)实验学校的基本条件:基础教育 K-12 全日制学校;学校有自我发展和创新意识,重视以项目为基础的科学、技术、工程、数学教育,对创新课程的创设具有使命感和责任感;重视培养学生面向未来解决真实世界问题的创新素养及能力,对 STEM+研究项目有强烈的参与意愿;有项目实施的基础设施条件,包括:项目专用实验室空间、校园无线网络建设、电脑或平板电脑等信息化支撑(后续提供专用实验室建设标准方案及参照图纸);学校领导支持,教科研团队参与,教师团队合作性强,参与意愿高。

　　(3)学校需指派一位校级领导分管此项工作,并确定一名本校项目负责人。学校需为每个教学班配备一位固定的教师教学,并组成项目课程教研团队,定期组织教学教研工作,为评价提供依据。

　　(4)学校需根据区项目实施方案及学校自身特点,制订本校试点工作方案并认真实施。每学期开学前,学校需确定上课的时间,并报项目组备案。

　　(5)学校需按照项目组批准的学生数,根据实际需求订购相关教材,并及时将教材及补充材料发到每名学生手中。

　　(6)学校必须作好日常上课记录,及时向学校项目负责人反馈上课情况,为评价提供依据。

　　(7)授课期间,学校加强安全教育和管理,以防意外事故的发生。

　　(8)学校要做好家长宣传和教育工作,争取学生和家长的配合。

资料卡 2-6

STEM+项目种子教师选拔及评级的基本条件:

1. 期望传统的教授式课堂发生变化的教师;

2. 期望您的学科课堂充满乐趣的教师;

3. 期望接触新的教学方法、新的技术,学习新的技能的教师;

4. 热爱生活,有兴趣爱好的教师;

5. 不以知识传授、考试成绩作为衡量您职业成败的教师;

6. 不排斥变革,愿意终身学习的教师;

7. 不排斥新事物,不抱怨您的工作量的教师;

8. 愿意与人合作,不过度标榜自我的教师。

教师优先录用的条件:欢迎多学科教师参与;喜欢动手、擅长工程制作、有设计艺术经验者优先;具备管理支持学生创新活动的经验;擅长两门或以上学科;熟悉信息技术工具与网络平台;拥有开放的思维与探索创新的热情,自愿参与更佳。

根据教师参与 STEM+的培训经历、培训成绩、教学观念的转变、个人能力和创新素养的发展、课程实施经验及反思等,级别将逐步递进,分为黄勋章、蓝勋章、绿勋章、黑勋章四个级别。

STEM+教师评级:

• 黄勋章:顺利通过第一阶段 40 课时教师培训;

• 蓝勋章:完整实施为期一学年的 STEM+课程,并顺利通过第二阶段 40 课时教师培训;

• 绿勋章:顺利完成第三阶段 40 课时教师培训,掌握 STEM+教育要领,能带教其他教师,能改造现有校本课程或创造新的 STEM+项目/课程;

• 黑勋章:将 STEM+教育系统融汇于心,自创的 STEM+项目/课程通过专家评估,可在国内外 STEM 教育领域分享自己的研究成果,并能胜任 STEM+教师专业发展培训师。

黄勋章考核目标包括但不限于:

• 理解什么是 STEM 教育,其目的目标、意义和实施 STEM 教与学的核心要素;

• 体验 STEM+课程的教学方式和设计思路;

- 掌握 STEM + 课程的教学工具及教学理论；
- 完整实施一个 STEM + 项目/课程；
- 学会使用 STEM + 课程评估体系支持教学；
- 理解学生 STEM + 综合能力素养评价体系及学会应用过程性评价。

蓝勋章考核目标包括但不限于：

- 能从课堂模式、信息技术、科学精神和过程记录等 4 个模块的课堂实例进行剖析，发现问题和挑战，提出解决方案和分享课堂经验；
- 了解学生 STEM + 综合素养评估分项能力指标、评价标准，掌握数据采集及分析；
- 对个人课堂实践中过程中的问题和经验进行总结、反思、分享和交流，专家针对性进行指导；
- 完成第二批 STEM + 项目/课程培训；
- 提高 STEM + 课程/项目种子教师的教学水平。

绿勋章考核目标包括但不限于：

- 掌握 STEM + 课程设计原理、框架和要领；
- 开发 STEM + 课程教学法及 10 个有效的未来教师工具包；
- 掌握各领域新技术及其在 STEM + 中的应用；
- 项目中的沟通与情感能力培养，以及心理学在 STEM + 中的运用；
- 完成第三批 STEM + 项目/课程培训；
- STEM + 教师具备课程设计，发展和培训 STEM + 教师的能力。

　　课程实施既有整个集团层面的规定动作，比如，各校教研组之间定期开展交流，各校学生之间定期开展汇演，又有各个学校的自选动作，各校根据学生的需求，自主选择不同的上课形式。项目的推进采取行动研究的方式，通过教研带动和课题带动来落实方案。首先，教研带动。集团各校开展了校内教研活动。各校切实展开教研活动，打造精品课例，改变课堂学习方式，并鼓励教师积极撰写并发表相关论文，专家团队进行理论指导与文章修改。同时，还开展集团层面的联合教研，相互观摩，共创共赢。其次，课题带动。将每个学校的课程方案分解为几个子课题，各校组织多个教研组各认领一个子课题进行研究，以此方式推动课程方案的落实。各校成立相对稳定的教学团队，协同攻关。

　　集团内部成立了**"凯旋学科教研大组"**，开展跨校教研活动，发挥团队合作精神，整合集团教师力量，围绕主题定期轮流开展集团学科教研活动。这种学科教研大组对于美术、体育等小学科来说意义重大，打破了以前单所学校内因为学科组人员太少而无法开展教研活动的局限。学科教研大组在开展好同一学科教师联合研训活动的基础上，逐步打破学科、年级之间的壁垒，探索异质学科、不同年级教师的多形式、多指向、多功能的联合研训活动。集团还尝试探索教师联聘机制，在集团层面招聘教师，尝试教师流动机制，选派优秀的教师去集团内其他学校任教一年，实行集团内教师轮岗。在集团范围内实施教师走校，实现资源利用的最大化，在很大程度上缓解了师资结构不合理、学科质量不均衡、学生特长不长久等问题。为了提升集团内每所学校教师的科研水平，集团还聘请了华东师范大学的学者作为每所学校的挂职副校长，每月到校指导，引领学校的教科研活动，增强教师的课程与教学领导力。

　　集团还建立了**"凯旋教育发展论坛"**学术研讨机制，由"凯旋论教"（集团教师课堂教学展示或评比，邀请省内外名师执教观摩课、评课评教等），"凯旋教育圆桌会议"（确定主题，由多个讨论小组和多名演讲嘉宾组成的教育沙龙式会议），"凯旋教师工作坊"（立足学科，以学科疑难问题为主题，开展讨论）和"凯旋教育主旨演讲"(邀请国内外知名教育专家进行主旨演讲)等部分组成,为教师发展搭建丰富多彩的平台。

集团还定期开展**"一汇"**活动。"一汇"是指"凯旋少年才艺汇",由体育联赛、艺术汇演、特色汇展、学科擂台、读书交流等形式多样、内容丰富的学生活动项目组成。旨在满足学生的多样需求,培养他们的多元智能,为他们提供施展才华的舞台,提高学生的综合素质,力求使学生人人成功,幸福成长。

概言之,实施思路是基于学生的核心素养,坚持顶层设计与基层创新相结合、整体规划与分步实施相结合、共同基础与个性特色相结合的原则,实现知识与能力的融合发展。经过六年的实践,探索出了区域课程改革的"三三四"模式,逐步形成了品牌。

一、"三三四"模式

第一个"三"即三个阶段,从"特色"阶段到"共享"阶段再到"共创"阶段;第二个"三"即三个层面,从学校层面到集团层面再到区域层面,逐步推广辐射;"四"即课程建设的四个要素,即课程目标、课程内容、课程实施和课程评价。这四个要素始终贯穿三个阶段和三个层面。

图 3-1 区域推进教育高质量课程发展的"三三四"模式

在集团成立之前,各校形成了各具优势的特色课程,包括南肖埠小学的"国际象棋"、春芽实验学校的"软笔书法"、茅以升实验学校的"桥梁与工程"和景华小学的"石之语·篆刻"课程。

教育集团成立之后,几所学校的特色精品课程,经过进一步打造,成为适合集团层面实施的共享课程。共享课程通过"八联"机制,即教师联聘、学生联招、专家联席、资源联享、活动联办、特色联建、中小联动、平台联通等,打通校际壁垒,实现互动互联、合作共赢。

2017 年 8 月,华东师范大学与杭州江干区教育局启动第二轮的合作。这一轮合作课程建设目标是:在凯旋集团"共享课程"的基础上,进阶为辐射面更广的"共创课程"。共创课程从区域层面推进,其推进机制是:在立足集团框架的同时,着力突破集团框架,以"项目学校 + 联盟学校"的形式,创新探索基于校本化、区域化的"共创课程"。项目学校承担课程的研究和开发,通过专家讲座、示范课、专题论坛等多种形式,在区域或联盟学校开展有针对性的专题培训。这种机制的特点体现为"五共"机制,即决策共商、教学共研、项目共培、制度共建、文化共生。

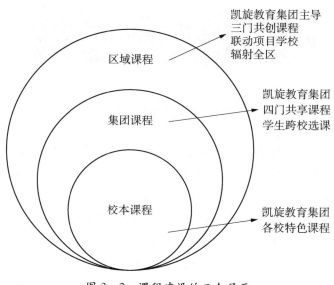

图 3-2　课程建设的三个层面

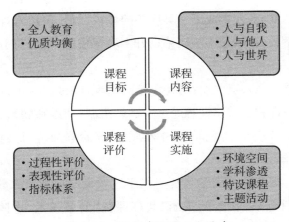

图 3 - 3　课程建设的四个要素

二、年度工作重点

凯旋集团课程建设时间较长,每三年一个周期,共计开展了三个周期的探索。根据三年一个周期的工作思路,确定了每一年度的工作重点,如图 3 - 4 所示。

图 3 - 4　凯旋教育集团三年工作重点规划图

第一年度:完成课程规划。通过多次研讨,目前七所学校均基于自身的特色和办学理念,形成较为完善的课程理念和课程规划,为学校下一步课程建设提供了指导性的发展方向。2017 年 12 月,形成《课程方案》。

第二年度:落实课程规划。项目引领。各校在课程设计方案的指导下,切实落实课程方案,落实方式学校可自拟,并在实施过程中进一步完善方案。2018 年 12 月,开展项目中期评估,并基于评估结果反馈、改进和提升。

第三年度:项目成果提炼。在各校课程方案的落实过程中,形成各校特色的案例集和若干篇研究论文,并在集团层面汇总凝练项目成果。2019 年 12 月,项目结题评估。

三、课程选择:基于学生的兴趣特长

为了满足不同家长和学生的多样化需求,共享课程实施以学生走校、教师走教和网络教学为主要形式。(1)**学生走校**,即教师在自己学校的专业教室组织教学,学生跨校选课,这种"教室固定、教师坐班、学生走班"的上课形式是区域共享课程实施的主要形式。为了便于学生走校,高校专家团队与各校一起专门研发了《凯旋教育集团共享课程选课指导手册》。(2)**教师走教**,即区域共享课程的教师跨校上课,送教上门,这种形式主要用于学生年龄较小、学生走校不便或该校选课人数较多的情况。教师根据学生的情况与课程的特点,自主确定上课形式,可采取大班授课、小组合作、社团体验或比赛等教学方式。(3)**网络教学**,即充分利用现代信息技术,建设区域共享课程网络资源库,开展网络远程教学。打破学校时空壁垒,拓展网络学习空间,实现个性化教学。网络教学采取同步共享方式或异步共享方式两种,同步教学是实时双向交互式网络教学,实现在线同步授课。异步共享方式包括视频点播、资源库、MoocS 式、BBS 论坛和 Email 交流等,实现随时随地自主学习。共享课程也被制作成为视频材料,建成视频资源库、课件库、案例库、课程资源库等。对于上网条件有限的学生,集团还制作了共享课程光碟,供选课学生课后学习或在家学习。

通过集团课程建设,学生享受到共同体学校的各种特色课程,不仅可以实现跨校选课,而且满足了学生的个性化成长需求,逐步实现了从一种选择到多种选择的多样化需求和愿望。共享课程有利于开展合作创优和资源共享,使交流活动的范围更加广泛,活动内容更为丰富,活动形式也更为多样。此举不仅助推了教师专业素养的发展,提升了教师的课程和教学领导水平,而且满足了学生的多样化需求,让更多学生享受更好的教育。更重要的是,通过共享课程建设,可以体现一直受忽视的"教育过程公平",真正实现教育公平和社会和谐发展。

资料卡 3-1

2014 学年杭州凯旋教育集团区域共享课程实施计划

一、指导思想

以新一轮课程改革"一切为了学生,一切为了学生的发展"的教育理念为指导,从集团内各所学校的实际状况和学生的实际需要出发,本着活动联合、特色联建的运作机制,辐射集团内各所学校已经成熟的特色课程,打造"个性化"学生形象,发挥学生特长,促进学生全面发展,以适应社会进步,科教发展,教育改革的客观要求。

二、总体目标

1. 以学生健康成长为本,尊重学生,信任学生,指导学生,促使每一个学生生动活泼主动的发展,培养学生的兴趣特长、创新思维习惯和实践能力,促进学生的个性发展。

2. 提高区域共享课程的教学效果,让学生生动、活泼、主动、创造性地发展,提高自主学习、主动实践、自我探究的水平,形成有特色的区域共享课程。

3. 提高教师开发、设计、实施区域共享课程的水平,特别是提高教师业务水平和课程开发水平,培养复合型、科研型的共享课程教师队伍。

三、实施原则

1. 体现基础性原则

基础教育要重视基础,区域共享课程以立足于打好学生文化基础、品德基础、身心基础为首要原则。全面发挥学生的各种能力,提高学生对所学知识、方法、技能的综合和运用水平。

2. 体现发展性原则

根据集团内各学校实际状况,兼顾到每个学生的个性成长需要,树立着眼于学生发展的教育价值观,把为学生的发展服务当作区域共享课程的基本价值取向。

3. 体现现实性原则

区域共享课程是根据各学校的实际情况而开设的可以共享的课程,在开发过程中主要依靠各学校的自身力量,要充分考虑各校老师队伍的整体实力、科研水平及学生的发展情况,还有各学校的设备资金等因素,不能脱离实际。

4. 体现主体性原则

区域共享课程的主体性体现在课程的开发和实施过程中,在课程的开发和实施中要激活教师的主动精神,要发扬团结协作的精神,使区域共享课程得到持续发展。同时,还要充分了解和反映学生的实际,重视学生参与,注意学生的反馈信息,不断根据学生的需要完善优化区域共享课程。

四、实施内容

（一）建立集团区域共享课程开发与实施体系

集团区域共享课程开发与实施需要由集团课程专家、各校校长、教师、学生家长等共同参与。要形成开发与实施课程的组织网络，形成集团课程改革领导小组—集团课程改革工作小组—各校课程改革工作小组—教师—学生家长—学生的开发与实施网络，通力合作，共同创建新颖的集团区域共享课程。

1. 集团区域共享课程开发与实施领导小组（负责课程的初步审议）

组长：费蔚

副组长：黄忠敬、严国忠、张晓娟

组员：曾宣伟、李安、鲁聪、王红霞、戴玉梅、姜建平

2. 集团区域共享课程开发与实施研究小组（负责课程的具体开发与实施）

组长：曾宣伟

副组长：李安、鲁聪、王红霞、戴玉梅、姜建平

组员：各校班主任，艺术、信息技术、科学、思想品德、综合实践课程任教教师，少先队大队辅导员等相关教师

（二）集团区域共享课程开发与实施的师资培训和课题研讨

1. 在集团学术培训中设立区域共享课程开发与实施专题，进行讲座辅导和自学研讨，深入领会区域共享课程开发与实施意义和作用，提高教师认识水平，明确工作目标。

2. 以学校为单位，根据学校状况、学科特点、学生实际及目标导向等因素，研究开发区域共享课程，将此作为各校校本教研活动和集体备课活动的重要内容之一。

3. 强化科研意识，以"集团区域共享课程开发与实施"为课题展开研讨，使集团区域共享课程开发与实施步入科研、教研的科学轨道。

4. 创造条件，开展集团区域共享课程开发与实施的技能培训。

（三）线下集团区域共享课程的实施程序

1. 6月20日前各校上交开设集团区域共享课程名单、××课程招生简章、××课程报名表、家校协议书。

2. 6月21日—25日由各学校代理集团向学生、学生家长发四门区域共享课程的招生简章、课程报名表、家校协议书，同时做好宣传发动工作，学生家长与学生根据自己的兴趣、爱好、特长等申请学习课程，填写报名表、签家校协议书。

3. 各校全面评估报名学生，确定推荐名单（每门课10名学生），汇总后送开设

课程学校。报名表送开设课程学校,家校协议书留本校存档。

4. 开设课程学校根据推荐学生名单将试读通知书送到其他三所学校,由他们代发至各个试读学生。开设课程学校务必在 6 月 30 日之前做好开课的各项准备。

5. 各学校每门课程派一位教师组织带领学生在 6 月 30 日上午 9:00 到开设课程学校,由开设课程学校的执教教师点名无误后进入上课教室,组织教学。9:40 分上课结束,教师凭家长接送卡与学生学习卡确认无误后将学生交给学生家长。

6. 通过试读,开设课程学校在每校十名学生中确定八名正式录取学生,并将通知书送到其他三所学校,由他们代发至各位录取学生。输送学校通过黑板报、校园网向全校师生公布各课程录取的学生名单。

7. 从 2014 学年第一学期开始,录取学生在每周的周五下午 1:30—3:00 到开设课程学校学习区域共享课程。学习结束经过确认由家长领回。

(四)网上集团区域共享课程的实施程序

有报名意向,但没有被录取区域共享课程的学生,由所在学校组班开设网上集团区域共享课程,每班派一位指导教师组织学生学习,通过集团区域共享课程光盘或互联网云传送的视频进行教学和学习。

1. 各开设课程学校在 2014 年 8 月 20 日前拍摄制作十课时的课程视频。

2. 从 2014 学年第一学期开始,在每双周的周五下午 1:30—3:00 到开设课程的教室通过网络或光盘视频学习区域共享课程。

(五)集团区域共享课程目录、开发学校、执教导师:

1. "软笔书法"课程　　　　杭州春芽实验学校　　　丁洁老师

2. "桥梁与工程"课程　　　杭州市茅以升实验学校　钱红梅老师

3. "石之语·篆刻"课程　　杭州市景华小学　　　　方卫成老师

4. "国际象棋"课程　　　　杭州市南肖埠小学　　　范良伟老师

(六)集团区域共享课程的评价

1. 学生学习评价:集团进行家长和学生两方面的问卷调查。

2. 学习效果评价:每学期期中和期末进行学生学习成果汇报。

3. 由华师大专家根据课程评价体系进行评价。

(七)工作要求

1. 加强校际间的集团区域共享课程交流借鉴。

2. 注重普及生、特长生的双重培养。

3. 积极实践开设的集团区域共享课程,不断完善课程设计的功能,充分体现共享课程特色。在此基础上,不断开发新的集团区域共享课程,形成集团区域共享课程群,用多元课程来落实素质教育,让师生通过集团区域共享课程的开发与实施共同持续成长,不断提升集团教师的专业素养,不断提高集团学生的科学素养和人文素养。

资料卡 3-2

杭州凯旋教育集团区域共享课程招生简章

杭州凯旋教育集团是一个新成立的教育联盟共同体,在"让学生学会选择课程,让课程促进学生成长"的教育理念指导下,以新一轮课程改革为契机,积极实践集团区域共享课程,形成集团区域共享课程群,用多元课程来落实素质教育,促进师生共同持续发展,提升科学素养和人文素养。

一、课程简介

1. 南肖埠小学的"国际象棋特色课程"

主要学习国际象棋的基础知识,学会基础的杀王定式、简单的战术、开局的基本原理、理解竞赛规则,增强实战对弈能力,使学生对国际象棋有全面的了解,具有一定的欣赏水平。

2. 茅以升实验学校的"DIY 桥梁与工程体验课程"

主要学习桥梁的基础知识,并以此为基础进入模拟桥梁建设,提升对桥梁的兴趣及动手能力,并在实践中培养学生对"桥梁"的本质认识,大胆创想、大胆实践、体验快乐、展示才能。

3. 春芽实验学校的"'春芽书苑'书法特色课程"

主要学习书法艺术欣赏的建构,并培养学生书法的技法。通过学习,使学生形成一定的气质性情、审美趣味。

4. 景华小学的"篆刻艺术特色课程"

主要学习篆刻艺术欣赏的建构,并培养学生篆刻的基本技能,以培养学生良好的观察能力、想象能力、创新精神、审美能力、陶冶学生情操。

二、教师简介

学校	课程内容	授课教师	教师简介
南肖埠小学	国际象棋特色课程	范良伟	小学高级教师 国际象棋中级教练员 国际象棋国家一级裁判员
茅以升实验学校	DIY 桥梁与工程体验课程	秦怡	小学高级教师 校优秀科技辅导员
		冯明强	小学高级教师 善于制作各种模型
		章森梅	青年科学教师 具有工作热情和创新力
		方晨	小学高级教师 区教坛新秀
		戴珈颖	青年科学教师 校优秀科技辅导员
		沈荣耀	小学高级教师
春芽实验学校	"春芽书苑"书法特色课程	丁洁	专职书法教师 区优秀社团指导教师
景华小学	篆刻艺术特色课程	黄云珠	小学高级教师 区优秀艺术辅导员
		杨静	小学一级教师 美术教育硕士研究生

三、招生条件

学校	招生对象	基本要求
南肖埠小学	集团所属小学一年级学生（每校 8 人）	对国际象棋感兴趣、思路清晰,有较强的理解力、个性开朗
茅以升实验学校	集团所属小学四年级学生（每校 8 人）	对"桥梁"认知、实验、创新有兴趣,喜欢动手制作
春芽实验学校	集团所属小学三年级学生（每校 8 人）	有一定的观察力和造型力,对新事物有好奇心,对书法艺术感兴趣;稍有些软笔书法基础的优先
景华小学	集团所属小学五年级学生（每校 8 人）	有一定的观察力和造型力,对篆刻艺术感兴趣;稍有些动手能力的优先

四、授课时间、地点

学校	授课时间	授课地点
南肖埠小学	2014 年第一学期每周五 13:30—15:00	南肖埠小学三楼国际象棋教室
茅以升实验学校	2014 年第一学期每周五 13:30—15:00	茅以升实验学校二楼科学实验室、茅以升展览室活动区
春芽实验学校	2014 年第一学期每周五 13:30—15:00	春芽实验学校春苑书社
景华小学	2014 年第一学期每周五 13:30—15:00	景华小学美术教室

五、学生守则

1. 佩戴共享课程学员证,按时到课,专心听课,积极互动,认真完成老师布置的作业。

2. 遵守秩序,服从管理,注意安全。

3. 爱护器材设备,节约课程材料,损坏赔偿。

4. 保持室内卫生,课后自觉清理自己的用具,并带走产生的废弃物品。

六、家长义务

1. 遵守《安全协议书》中条款,按时、安全接送学生上下课。

2. 家庭营造良好的学习氛围,创造有利于学生课程学习的物质和精神环境。

3. 积极配合课程学习,督促学生认真完成课程相关的实践作业。

4. 给学生准备好事先通知的有关物品。

杭州凯旋教育集团

2014 年 7 月

为了评估共享课程实施效果，诊断问题，提升经验，为项目持续深入推进提出建议，项目组对共享课程项目实施了中期评估，制订了详细的中期评估方案（见下资料卡）。

资料卡 4－1

杭州凯旋教育集团共享课程建设中期评估方案

（草稿　2015 年 6 月）

一、评估目的与对象

1. 评估目的

以评促教，以评促学，以评促建，完善项目学校的共享课程建设。

了解项目进展情况，诊断问题，为项目持续深入推进提出建议。

2. 评估对象

目标学校：南肖埠小学、茅以升实验学校、春芽实验学校、景华小学

目标人群：校长、课程负责人、学生和家长

二、评估内容与方式

1. 评估内容

四所项目学校的共享课程建设情况，主要涉及如下内容：

共享课程方案和大纲的制订

共享课程的执行情况

共享课程的实施效果

共享课程的制度建设

共享课程的文本建设

2. 评估方式

（1）学校自评报告。以学校自评为主，内容大致包括共享课程建设的内容、实

施过程、条件保障、成果成效与问题反思等。

（2）访谈。开展校长、课程负责人的访谈,参与学生与家长的座谈会。

（3）问卷。对教师、学生和家长展开问卷调查,了解共享课程的管理和实施情况。

（4）文本产品分析。以共享课程建设的方案、校本教材、教师的教案、教学反思,学生的成果作品、作文等文本为对象,了解项目学校各方群体对共享课程的认知、接纳程度。

三、评估工具及实施

1. 评估工具

开发评估工具 5 套。以教师、学生、家长为对象,涉及参与者与未参与者。调查问卷 6 份,访谈提纲 3 份,学校自评表 1 份,教师教学反思 1 份,学生成长故事 1 份。

2. 评估实施

每所学校半天时间,具体安排参见《共享课程中期评估日程安排表》。

评估结束,核对提交的材料清单。

四、评估产出

1. 项目学校自评报告。请项目学校的校长与共享课程的负责人一起,写出一份学校开展共享课程建设的**自评报告**。

2. 评估组专家评估报告。基于现场的访谈记录报告和学校的自评报告撰写**中期评估总报告**。

五、评估力量组织

1. 华师大基础教育改革与发展研究所研究人员和部分研究生

2. 凯旋教育集团的领导

3. 江干区教育局和教育学院的领导

4. 项目学校的校长和相关人员

一、评估对象与方法

评估采取学校自评与专家评估相结合、过程评估与结果评估相结合的方式,运用调查问卷、访谈、文本分析、录像分析等评估方法,开展基于证据的效果评估。通过问卷调查,将对象扩展至更多的共享课程参与群体(教师、学生、家长)和未参与群体(教师、学生、家长),以求各方相互印证,保证获取信息的真实性和有效性。凯旋教育集团第一批共享课程四校各开设一门,分别针对一、三、四、五年级学生。四门课程涉及任课教师共 12 名,每门课程原则上招收课程开设校及其他三校学生各 8 名,从参与面上来看,共有 128 人次学生参与共享课程(其中在一、二学期可能出现个别调整)。问卷调查抽取了 100% 的参与教师 12 名、各校非参与教师共 44 名;并按照四所学校中四个年级的学生、家长兼顾的原则,抽取参与学生及家长、非参与学生及家长各 55 名(不要求学生与家长对应),作为问卷研究对象。

表 4-1 访谈座谈研究对象

目标学校	人　员			
	校长及中层	任课教师	学生代表	家长代表
春芽实验学校	2	1	9	3
茅以升实验学校	2	6	10	3
景华小学	2	2	8	4
南肖埠小学	2	1	9	4
小计	8	10	36	14

本次中期评估主要针对凯旋教育集团四所项目学校的共享课程建设情况进行全面评估,主要涉及如下内容:共享课程方案和大纲的制订、共享课程的执行情况、共享课程的实施效果、共享课程的制度建设、共享课程的文本建设。评估方式与工具包括:(1)学校自评报告。以学校自评为主,内容大致包括共享课程建设的内容、实施过程、条件保障、成果成效与问题反思等。(2)访谈。开展校长、课程负责人的访谈,参与学生与家长的座谈会。(3)问卷。对教师、学生和家长展开问卷调查,了解共享课程的管理和实施情况。(4)文本产品分析。以共享课程建设的方案、校本教材、教师的教案、教学反思,学生的成果作品、作文等文本为对象,了解项目学校各方群体对共享课程的认知、接纳程度。

评估工具包括:开发评估工具 5 套。包括调查问卷 6 份(以教师、学生、家长为对象,涉及参与者与未参与者);访谈提纲 3 份(以校长及教师、学生、家长为对象);学校自评表 1 份;教师教学反思 1 份;学生成长故事 1 份。

评估实施。本次评估于 2015 年 6 月 8 日至 9 日到杭州凯旋教育集团下辖四所学校调研,每所学校半天时间,评估流程包括听取学校共享课程自评报告、共享课程视频观摩、校长及中层访谈、共享课任课教师访谈及共享课参与学生、家长座谈。同时,针对共享课程的参与群体(教师、学生、家长)和非参与群体(教师、学生、家长)进行了问卷调查。

评估团队包括华师大专家团队、江干区教师进修学院老师、江干区教育局行政领导和凯旋教育集团理事。评估实施结束后,整理访谈记录 61 734 字;问卷共发放 277 份,回收 249 份;收取各校电子版及纸质评估材料 40 余份。

二、评估课程建设成效

通过评估,总结共享课程的成效主要体现在:

受到学生和家长充分肯定。从访谈及问卷反馈结果中可以看出,学生和家长对共享课程进行了充分肯定。问卷报告反映出共享课程参与学生对课程的上课内容、上课方式、选课指导等满意度均比较高;家长对孩子在共享课程中的变化、课程的开展、教师的授课和态度十分满意。在访谈过程中,学生们表示非常喜欢共享课程。在景华小学的访谈中,所有在场学生都明确表示下学期还要参加共享课程的学习。家长们对共享课程给予了充分肯定,认为孩子在共享课程中有了明显的进步和变化,一位学习软笔书法的学生家长说:"孩子代表学校外出参加共享课以后,自身的荣誉感和自豪感变得很强,表现也更加自信了,非常希望能够再继

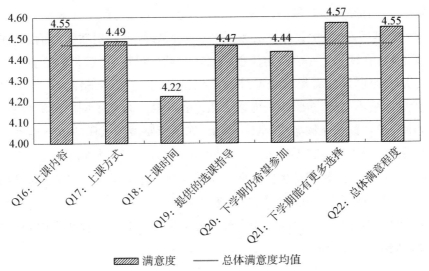

图 4-1 参与学生对共享课程的满意度情况

续学习。"同时表示,孩子在书法课程的学习促进了自己的练习,有空就陪孩子一起练字,做"亲子书法";共享课程是"改革的红利",有幸能够获得这样的机会。

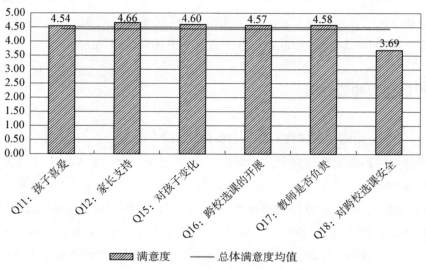

图 4-2 参与家长对共享课程的满意度情况

促进了学生成长。共享课程参与学生在课程开设以来有明显的进步,在学习习惯、个性品质、同伴交往方面产生了良性的变化,学生的知识面和动手水平得到显著提升。在春芽实验学校的访谈中,家长反映孩子通过到南肖埠小学学习了一年的国际象棋后,能够学会静下心来,脾气不再急躁,可以坦然面对输赢,性格变得更加沉稳。在南肖埠小学的访谈中,一名学习桥梁制作共享课程的学生谈到自身的收获时提到"以前看桥就是看外观,现在看桥的方式不一样。平板桥会厚一点;拱桥的两边不一样;拉索桥的绳索要粗。我学会了很多不同的桥的构造"。当一位老师问道,"如果在钱塘江上做一个桥,你是想要做什么样的桥"时,另一位参加桥梁课程的学生答道:"斜拉桥,不能是拱桥,因为钱塘江太宽了,拱形跨度过宽会不稳。应该用斜拉桥。"学生们的回答反映了在一年的学习中知识点的积累,思维水平的提升,体现了在共享课程中自身的成长。

98%的学生认为自己已经熟练掌握或者基本掌握共享课程所学内容(学生问卷 Q11),如图 4-3 所示。

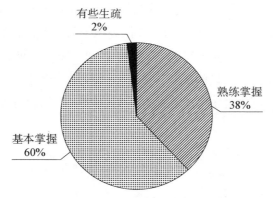

图 4-3 参与学生认为自己对所学知识的掌握程度

此外，在学习品质、同伴交流方面，共享课程对学生学习也产生了明显的促进作用。在学生问卷开放题中，针对"参加共享课程所获得的收获"一题，学生们的观点最为集中于"学到了新的知识和动手技能"，占26人次；其次是"认识了更多的朋友"，有10人次；有9名同学提到在课程中收获了快乐，课程十分有趣，等等。说明参与学生在共享课程中，在新知识技能、动手能力和同伴交流方面获得了成长，到其他学校参加共享课程的体验是"有趣和快乐"的。参与学生在共享课程中的收获词频统计详见图4-4。

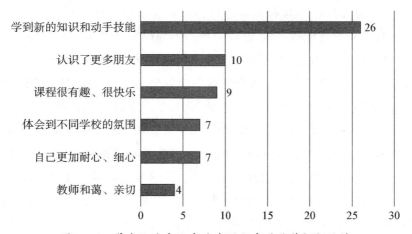

图 4-4 学生认为自己在共享课程中的收获词频统计

学生的成长在家长问卷中得到了印证。如图4-5所示，共享课程开课以来，37％的家长认为孩子有了自己的兴趣爱好，24％的家长认为孩子变得比以前更加自信、勇敢,21%的家长反映孩子更喜欢与同学交往,15%的家长认为孩子学习更加积极,更愿意去学校学习;仅2%的家长认为孩子与之前没什么变化。这些数据印证了在共享课程为期一年的实施中,参与学生在知识技能、兴趣培养、学习品质、同学交流方面获得了明显的成长。图4-5即为参与家长认为孩子在共享课程学习后的变化情况,可以看出学生在兴趣爱好、个性品质、交往水平方面得到了明显提升。

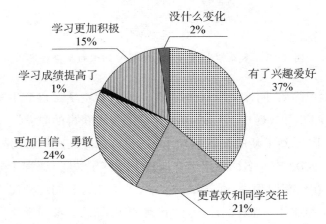

图 4-5 参与家长认为孩子在共享课程学习后的变化情况

极大地增强了学校领导和参与教师的课程意识与课程领导力。在访谈中可以看出,各校的领导在课程意识、课程领导力方面得到了增强。通过参与《学校课程建设方案》的研制,校长和教师们的课程意识、课程开发能力、课程实施与评估能力,以及社团活动课程化和校外教育资源课程化的能力等整体规划能力得到显著增强。在评估过程中,几位校长都提及 2015 年下发的浙江省课改方案——《浙江省教育厅关于深化义务教育课程改革的指导意见》,表示学校的课程改革正在考虑结合拓展性课程的推广,进行归类整合,借着共享课程的实施,推动本校的拓展类课程的开设和丰富。在问卷调查中,参与教师也分别提到在共享课程的实施过程中,对课堂教学有了更积极的思考和实践,对课程有了新的理解和认识;在不断的打磨课程和与专家研讨中,丰富了自身的知识,提升了专业知识水平和专业素养,课程教材开发能力有了明显的增强。

如图 4-6 所示。

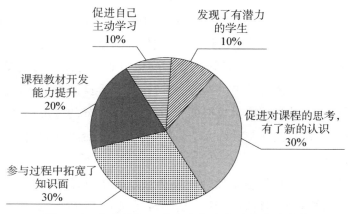

图 4-6 参与教师认为自身在共享课程中的收获

三、主要经验和创新之处

（一） 顶层设计与学校自主相结合

在集团发展规划的指引下,区域层面制订了《基于核心素养的课程建设方案》《共享课程工作指南》《共享课程选课手册》等,通过顶层设计规划共享课程的目标框架与实施途径,明确核心素养的中心指向,为共享课程的目标、内容指明了方向。各校在集团共享课程总框架下,拿出自身特色精品课程进行区域共享,同时为保障课程的实施,制订了相应的《学校发展规划》,组织专门的领导团队,将共享课程纳入到学校发展规划和重点工作之列。比如,春芽实验学校专门成立了"共享课程建设领导小组"和"书法共享课程领导小组",组织共享学生家长会,及时与家长沟通交流学生的学习反馈。此外,集团为保障共享课程的有序实施,统一制作了接送证、学员证,并与家长签订安全协议。在各校的具体实践中,春芽形成本校的"出校点名"制度,由专门的老师负责学生出校点名确认,保证到课率。

可以说,在共享课程的整体实施中,既有集团自上而下的顶层设计,又有各个学校自下而上的自主实践,二者相结合,保证区域共享课程有序、有效开展。

（二） 教师兴趣与使命感相结合

第一批共享课程主要是各校的精品特色课程,这些课程的任课教师自然而然成为共享课程的第一批教师。在访谈过程中,教师们表示首先出于自身的专业和兴趣,非常愿意承担共享课程的授课,优质资源的共享本身就是一件积极的事情,在看到认真学习的学生们时亦感到十分欣慰,但共享课程开设以后,对自身的工作量确有明显的增加。如一位老师在教学反思中如是写道:"书法课、社团课、共享课,这是我每周所要经历的三类课,课堂的主体内容虽同为书法,但是却因为学生群体的不同,在实施过程中又显得极为不同,需要充分的思考和准备"。有校长也指出,目前共享课程的参与教师完全是"抱着强烈使命感与归属感,愿意全力投入共享课程的建设"。

目前的共享课程,正是基于教师兴趣和强烈的使命感,依靠每一位教育工作者在本职岗位的智慧分享得以有序开展。"我是凯旋集团的一员",这样的角色定位对于正处于初级阶段、抱团发展的凯旋集团来说尤为关键。正是教师们的全力投入,使得共享课程充满生命力。

(三)　课程共享与课程整合同时推进

从 2014 年起,在推进区域第一批共享课程的同时,每校集合自身特色和学校资源,分别就各校的综合实践活动课程进行开发与整合的实践探索;尤其在 2015年 3 月《浙江省教育厅关于深化义务教育课程改革的指导意见》颁布,集团的区域共享课程先政策一步,通过一个学期的实践开展,积累了丰富经验。借着课改政策的出台,学校在继续推进共享课程的同时,也开始大力推进自身的课程整合。

以茅以升实验学校为例,学校课程整合的思路是采用化繁为简、融多为精的策略,整合学校不同层次的课程。为保障足够课时实施共享课程,通过将综合实践活动课中的地方课、少先队活动课与校本课等学科进行整合,以便留出时间实施共享课程。这一策略打破了校本课程一贯的"加法"思维,在保证学校整个课程体系完整的基础上,精简课程,同时使共享课程不至于成为教师和学生的负担。通过课程整合,学校打通了 1—6 年级,社团课程实行混龄走班制,即每个孩子可以不分年级选修适合自己的课程。每周五下午,学生可以跟不同班级、甚至不同年级的同学一起上社团课。经过课程整合,学校每周五下午拿出 2 个课时,开设"区域、学校、班级"三个层面的活动课程,实现课程共享与课程整合同时推进。

(四)　规定与自选相结合

四校的共享课程针对学生不同,为了使第一批共享课程有序实施,提高学生选择的针对性，国际象棋、软笔书法、桥梁与工程、石之语·篆刻四门课程分别向一年级、三年级、四年级、五年级的学生开放，相应年级的学生可以选择对应的共享课程。设置这样的年级限制，出于一定的考量，如"桥梁与工程"针对四年级的学生开设，基于对学生基础的考虑，"选择四年级，因为第一，他们有一定的文化知识基础；第二，有一定的理解能力；第三，看过社会，有一定的粗浅的见识，这样'桥梁与工程'就能适应他们的操作能力、辨识能力、搭建能力，跟低年级和高年级的安排都不一样。"（茅以升实验学校教师访谈）而这一选择，一方面为下一步向低年级与高年级两端延伸提供了基础和借鉴意义，即为课程普及性提供方便；另一方面也方便了课程在内容上的深化。又如，篆刻因为要使用到打磨石、刀具等工具，操作过程中也会产生一些石粉，考虑到上课过程中的安全问题，倾向于选择年龄较大的学生。

这样的设置体现了"学生自愿选课，教师指导选课，家长参与选课"的形式。因此，学生选课是一种规定与自选的结合，学生在有限的范围内，进行自由化选择，实现个性化学习，人人一张课程表。

（五） 各校同中有异，亮点突出

各校在集团共享课程的总框架和总要求下实施共享课程，针对核心素养这一中心指向，探索出许多值得借鉴的做法和宝贵经验，同中有异，亮点突出。

1. 春芽实验学校："出校点名"的做法；学生书法展示并邀请家长参观

（1）春芽实验学校在共享课程实施之初，向全校教师宣传动员，有三位数学教师主动承担起去其他三校走读学生的"出校点名"任务（每周五中午组织、点名去外校走读的孩子出校接送情况），保证到课率。

（2）在第一学期共享课程结束时，正值春节将至，书法共享课程的老师组织学生写下"福"字，精心挑选每一个学生的作品在学校展厅展示，并邀请学生家长来校参观。学生和家长们在展示现场热情参观，合影留念，成为学生学习过程中的宝贵经历，激发了学生的热情和兴趣；授课教师将不同的"福"字拼成爱心，增强了共享课程班级的凝聚力。这些做法得到家长们的一致认可，学生们在"成长小故事"中诗意成长。

2. 茅以升实验学校：共享课程师资团队建设

师资是课程开发和课程实施的关键因素，茅以升实验学校为校本课程和区域共享课程打造了一支规模庞大的骨干团队。由三位科学老师、三位动手能力强的

其他学科老师引领,加入部分数学老师、美术老师、语文老师,组成共享课程编写和实施团队。除此之外,学校还引进杭州市少年宫施老师作为课程指导专家,为学校校本课程及区域共享课程的建设打下坚实的基础。

茅以升实验学校在区域共享课程的师资队伍建设,有利于充分发挥综合课程开发中多学科视角,有利于实现学校学科基础课程、拓展课程、综合课程在内在意义上的深度融合,为学校综合课程的开发与实施,尤其是后续共享课程的深化和推进,培养了教师队伍。

3. 景华小学:对共享课程不同课型的研究;"小印集"档案袋评价

针对参与共享课程的学生,景华小学本着基于儿童立场的理念,对教学内容进行"精选与整合",设计了简单临摹、简单创作、基本练习,以及作品赏析、文化熏陶板块。这样的课程内容,既尊重参与共享课程学生"零起点"的学习现状,同时又照顾五年级孩子的个性特点。课程的实施,采用操作课、讲评课、欣赏课等不同课型,既高度浓缩原有精品课程的体系,又充分保留原有篆刻课程的精髓。

评价重心充分转移,横向、纵向评价有机结合,促进积极反馈。通过多元评价来增强学生的篆刻学习兴趣和自信心;设置学生作品评价表格,采用自评、互评、师评相结合的方式;积极探索"小印集"档案袋评价策略,重视过程性的总结。在评估过程中,景华小学展示了为每一名学生建立的专门印集,收集了学生的历次篆刻习作,生动反映了学生的学习过程。

4. 南肖埠小学:数字化学习社区;师资队伍建设

(1)数字化校园建设。南肖埠依托江干区教育局信息化课题"国际象棋特色数字化学习社区",进行了数字化学习社区的建设。项目建成后将达到的国际象棋教学功能包括:在线教学(不受时间、空间影响,跨时空教学)、人机对弈(学生可以根据自己的水平调节难度,进行合适的等级分层练习,快速提高学生的水平)、在线对弈(在平台上开设不同的房间,根据自己的水平进入房间对弈,也可以在线观看其他同学的对弈)、对局分析(学生在平台进行对弈,结束后可以导出对弈过程,并进行相应的分析)、自主学习(学生可以通过资源库,观看教学视频、高手棋局、专项训练、国象故事等相关资料)。数字化学习社区的建成,为共享课程的实施提供新的借鉴,有助于实现线上线下同步教学,扩大共享课程学生受益面。

(2)师资队伍建设。国际象棋师资目前有 3 人,学校还与杭州棋院密切合作,师资队伍有一定的基础,为后续教师梯队的建设形成了人员保障。

　　中期评估也发现了一些值得注意的问题与困境：(1)共享课程的发展定位。共享课程究竟是定位于发掘兴趣还是发挥特长？是着眼多数还是聚焦少数？是普及还是提高？这不仅关系到共享课程受益学生的多少，也关联着课程内容的选择。(2)共享课程的可持续发展。在接下来的学期，是让已选课的学生继续就读，还是招收新生？如果继续让已选学生就读，那么是可以续学一学期还是一年、两年？如何处理好学生需求与课程可持续发展的矛盾？(3)课程的丰富度不足、门类不够，受惠面小。尽管目前共享课程的四门课程都是各校的特色精品课程，但就四所学校的课程资源和学生需求来看，课程的丰富度、课程门类仍不够；每门课程只招收32人的规定，从数量上直接限制了共享课程的受惠面。(4)师资团队尚需加强。在评估过程中发现，由于要应对本校和外校不同程度的学生、开设研究不同的课型，共享课程老师的工作量普遍较大，心理压力增加，工作负担加重，师资团队建设有待加强。

　　为了保障集团共享课程的顺利实施，集团在组织机构、制度建设、经费保障等方面做了充分的准备，在改善集团组织与外部行政力量建设的同时，建立集团内部的专业组织，发挥专业组织的力量，不断探索体制机制的创新。这种办学模式转变了政府的职能，减少了行政的干预，增加了专业的含量，逐步厘清了政府和学校的关系。高校是不可或缺的重要资源，通过实践把大学的先进理论和一线教师的实践智慧联系起来，实现了双赢或多赢，逐步实现了由"管理"向"治理"的转变，从"单体合作"走向"多元共治"，形成"UGCS 合作共同体"，即高校（University）、政府（Government）、社区（Community）、学校（School）多元参与，协同发展。

一、创建多元协同格局

　　UGCS 合作共同体创建了"政府引领、高校助推、社区参与、学校协同"的多元治理格局，各主体聚焦集团发展目标，充分履行职责。

　　其一，政府引领。 2014 年，区教育局与华东师范大学基础教育改革与发展研究所签署合作协议，建立杭州凯旋教育集团，辐射凯旋街道 5 所中小学。江干区政府高度重视院校共同体建设，从教育事业规划、教育资源配置、公共财政投入、教育政策设计等方面加以引领和扶持。

　　其二，高校助推。 参与合作的高校在学校的文化建设、课程设计、教学改进、科研指导、资源导入等方面进行系统规划，专业引领。各高校派驻专家担任学校科研副校长、教学顾问等，深度参与学校的教育教学和科研工作，同时聚焦学校发展中的热点、难点问题，开展项目研究。2009 年至今，院校合作共同体实施了骨干教师培养工程、初中质量提升工程、基于小组合作学习的课堂改进等 38 个项目。以凯旋教育集团为例，在高校的支持下，共同体内建立了沪上名校教师发展基地、长三角"国际理解"教育联盟、全国儿童哲学项目联盟学校等，助力学校特色发展和教师专业成长。

其三，社区参与。共同体的目标是为社区老百姓提供优质的教育，而社区的参与能进一步优化教育要素配置的方式，扩大教育资源的有效供给，两者目标一致，休戚相关。以凯旋街道为例，街道建立了"凯旋师表""凯旋好少年"奖学奖教机制，并向辖区内企业募集教育资金，于每年教师节，对凯旋集团优秀师生进行表彰。社区内独特的资源还为学校课程开发提供了支持。例如：茅以升实验学校，在社区内建立"第二课堂"，借助社区公益资源，开展拓展性课程，解决了学校场地局促，专用教室匮乏的困难，推动了学校内涵发展、品质提升。[①]

其四，学校协同。学校作为 UGCS 合作共同体的组成部分，是政府政策、高校专业、社区资源等的受益者，也承担着提升学校办学质量的责任。一方面，学校通过自我管理、自我优化、自我发展促进学生的优质发展；另一方面，共同体内的学校之间存在着必然的联系，通过相互协作加快融合，促成各校共同发展。各共同体学校在办学过程中，逐步达成"工作一起做，活动一起办，事情一起商量，问题一起解决"的共识，形成开放、包容、普惠、平衡、共赢的发展态势。

这种合作共同体的特点是：（1）治理主体趋向多元化，在政府的主导之下，大学的学者、社会非营利机构（如基金会等）、家长等参与到学校的治理过程之中。（2）治理权力趋向扁平化。政府职能由以前的"全能型"向"服务型"转变，权力趋向于多中心化与扁平化。（3）治理结构趋向网络化。这种纵横交错的网络，既体现了学校组织内部之间的关系，又体现了学校与政府、市场、社会等外部之间的关系。激活了教育组织，增强了办学活力，创新了教育的治理方式。在突破学区限制、突破学校限制、突破教研组限制、突破教师流动限制四个方面做了大量的尝试，不断整合教育资源，优化教师结构，形成整体优势，增强综合实力，构建共同文化，鼓励特色发展，共同提升育人水平，取得了明显的成效。它有效地促进了优质教育资源效益的最大化，促进区域基础教育的均衡发展，在一定程度上缓解了不合理的择校现象。

二、建构多维组织系统

为了提高集团的管理水平，增强集团的内部力量与资源的整合，集团建立了相关的专业组织和制度，建构了立体多维的组织系统。院校合作共同体的多主体

---

① 江虹. 以社区参与促进基础教育集团化办学供给侧改革[J]. 当代教育科学，2016，（23）：30—33.

参与,从一定程度上平衡了过度集中的权力,实现了权力的适度转移与合理分配。其组织系统主要包括决策系统、执行系统、保障系统、支持系统和制度创新等。

其一,决策系统。理事会是院校合作共同体的决策系统,是促进共同体迅速发展的引擎。理事会成员来自区教育行政部门、街道、区教师培训部门、高校、企业、社区、学校等。共同体内各校在教育局的行政领导和理事会的统筹指导下相对独立地开展工作。理事会定期召开会议,研究共同体和学校发展的宏观问题,调度各类资源,为学校提供指导与帮助。如凯旋教育集团由浙江省特级教师严国忠担任理事长,江干区教育局副局长费蔚担任副理事长。理事会严格执行每月一次的会议制度,协商集团发展的重要事宜;每年还举行一次集团中层以上干部参加的理事会扩大会议,通过培训、交流、讨论,明确工作思路,提高理论素养,提升管理水平。

其二,执行系统。共同体成立了行政中心、教研中心、教研大组等,具体落实相关工作。行政中心负责共同体日常管理和协调工作,将理事会的决策落实到各校。教研中心负责组织共同体大型教学活动,开展教师培训,牵头重要课题研究和推进。教研大组负责组织开展以学科为单位的教研活动,有效解决单体学校教研力量薄弱的问题。以凯旋教育集团为例,集团成立了学科教研大组,每月举行教研活动。尤其是集团美术、音乐等教研大组的建立,破解了小学校小学科无法开展校本教研的困局,形成良好的教研氛围,促进了教师的专业水平提升。

其三,保障系统。凯旋教育集团借助院校合作共同体中高校得天独厚的人才优势,设立了"学术委员会",华师大基础教育改革与发展研究所所长杨小微教授担任学术委员会主任,统筹集团学术工作。"学术委员会"下设"课程教学指导委员会""课程审议委员会""教育教学质量评估委员会"等,复旦大学徐冬青教授、华东师范大学黄忠敬、黄书光教授等担任相关学术委员会主任,具体实施学术指导工作。课程教学指导委员会负责课程的审核、遴选、评估、管理与监督,形成长效机制。课程审议委员会建立了课程审议制度,吸纳行政人员、教师与学生代表、家长及社区代表、专家学者等人员参与共同审议,促进课程建设的民主化。教育教学质量评估委员会聘请知名学者、名师、名校长担任委员,专事教学评比、科研立项、课程审核、质量评估、教育督导、学校发展建议等工作,对各校进行非行政化的指导和评价,为集团的发展提供了强有力的专业保障。以南肖埠小学为例,其"国际理解课程"从立项、实施,到成果申报,全程得到了凯旋育集团学术委员会的指导,该成果最终获得浙江省教育科研优秀成果评比一等奖。集团设立了共享课程建设的专项经费,用于专业教室的建设、网络课程的建设、校本教材的开发、教学设备的购买、校外兼职教师的聘请、图书馆的建设以及教师的奖励等。

其四,支持系统。共同体学校通过开发家庭教育课程,建立学校、年级、班级家委会,组建家长志愿者团队等方式,引导家长形成正确的家庭教育理念,改变教育方式,支持学校工作。同时,充分发挥其他教育机构、社会力量的作用,参与到学校的育人工作中。如茅以升实验学校,在茅以升子女的支持下,在校内建成茅以升纪念馆;引进杭州市青少年活动中心资源,建立茅以升工程院。这些场馆的建成,对学生开展爱国主义教育,培养创新意识、实践能力起到重要作用,并形成具有一定影响力的学校特色。凯旋教育集团还成立了"教师发展中心"。立足于教师的终身学习与成长,通过分层分类设计教师专业发展研训项目,如教师全员培训、骨干教师培训、异地浸入式挂职锻炼等,促进教师专业化水平提高。此外,华东师范大学基础教育改革与发展研究所还承担了杭州江干区校长培训和骨干教师的高端培训任务,采用"高校驻点理论学习 + 基地蹲点实践演练"相结合的方式实施培训,对区域干部教师专业成长,起到了重要作用。

其五,制度创新。在名校集团化办学过程中,一些集团在建立科学的长效机制方面进行了有效的探索,设计了有助于集团运作的一些全新制度。其中比较成功的有五大制度:**共享制,**即集团成员校共享名校品牌和各成员校教育资源;**章程制,**即集团制定用于指导和规范成员校办学行为的纲领性文件,协调集团内不同办学水平、不同教育传统乃至不同区域学校共同发展;**议事制,**即在章程约定的条件下,教育集团定期对包括发展战略在内的重大事项进行商议,讨论制订阶段性工作重点和框架性实施方案,据此促进各成员校办学理念和管理模式的对接;**督导制,**即集团制定统一的质量标准和考核方式,对各成员校的教育教学活动、教师专业成长实施有组织、有计划、有目的的评估和督查,确保成员校的教育质量和师资水平能达到大致相同的水准;①**选课制,**集团积极探索"学生联招"机制,学生可以根据自己的特长,在集团内部的 4 所学校之间进行选择,通过联片招生,让学生拥有更多的选择权,满足了部分特长生的个性需求和成长需要。编制《学生选课指导手册》,开展学生咨询工作,负责指导学生的选课,解答学生在制订学习计划中遇到的疑难困惑,帮助学生形成自己的学习计划。针对不同学生的特点与兴趣爱好,进行个性化的学业规划和人生规划指导。根据学校的实际需要,聘请校外

---

① 方展画,林莉. 借助制度创新提升区域教育均衡化水平——杭州市"名校集团化"办学实践调查[J]. 浙江教育科学,2008(03):3—9.

的社会团体或协会的专业人员作为集团共享课程的兼职教师。

三、创新多联运行机制

共商共建共享是院校合作共同体治理的基本理念和主张。共同体在理事会统领之下,通过"八联"机制,即教师联聘、学生联招、专家联席、资源联享、活动联办、特色联建、中小联动、平台联通,打通校际壁垒,实现互动互联、合作共赢。

其一,**教师联聘,学生联招**。例如:2015 年,在区教育局支持和理事会统筹下,凯旋教育集团实行骨干教师跨校联聘,要求每年联聘的教师不低于教师总数的10%;同时,还辅之以骨干教师每学期"走教"活动,有效解决了集团内学校骨干教师分布不均、学科教师结构失衡的问题。凯旋教育集团的 4 所小学经过办学积淀,在国际象棋、桥梁与工程、书法、篆刻等方面形成一定的特色。2014 年集团推出"学生联招",每校提供不超过招生计划 5% 的名额,用于招收集团内其他学校的学生,满足了部分学生个性化学习的需求。

其二,**专家联席,资源联享**。为集聚专家智慧合力攻坚克难,共同体采用专家联席的方式,定期集中对学校的特定群体和重点科研项目进行把脉、指导。通过专家联席,集中力量研究课堂转型,促进教学质量提升。在教育资源再分配的过程中,理事会统筹协调,力求实现校校普惠。例如:理事会每年从共同体学校中评选出优秀教师和学生,由街道根据奖学奖教办法实施奖励;推动共同体学校与省内外名校缔结友好合作关系,为各校干部、教师跟岗锻炼提供平台。

其三,**活动联办,特色联建**。凯旋教育集团发掘各校特色课程优势,在华东师大基础教育改革与发展研究所专家的指导下,联建集团共享课程,让学校特色转化为集团特色,并通过每周半天的学生集团内"走校",让共享课程增加受益面。2016 年,该集团发挥互联网优势,建立共享课程资源库,开展网上共享课程互动教学,使学校特色课程最大化地辐射到集团各校学生。

其四,**中小联动,平台联通**。为了加强共同体内中小学互通互联,各集团开发了中小衔接课程,为学生顺利升入初中做好充分的情感和心理准备。凯旋教育集团景芳中学充分发挥国家青少年校园足球特色学校的优势,在对口小学开设足球课,安排学校足球外教进行指导,形成良好的中小学互动。为了突破时空局限,加强共同体学校之间的沟通,各校建立了更加便利的移动办公平台,通过微信、钉钉等网络办公软件,让联系更便捷,沟通更高效。借助平台联通,共同体学校不仅实现了学生在线共享优质课程，教师也通过网上备课、远程互动教研，获得更多的同伴支持，提高了教育教学工作效能。[①]

总之，新教育共同体通过建立的"八联"机制来保障教育资源的共享。这些创新举措，改变了以往由名校单向托管弱校的单一形式，以整体思维进行顶层设计，尊重办学自主，加强校际互动，整合多种资源，联片带动整个区域学校的发展，实现了区域教育均衡。

四、探索多样的共生机制

这种机制的特点体现为"五共"机制，即决策共商、教学共研、种子共培、制度共建、文化共生。具体如下：

其一，决策共商。形成"UGCS 合作共同体"，高校、政府、社区、学校多元参与，协同发展，创建了"政府引领、高校助推、社区参与、学校协同"的多元参与协商式治理新格局。治理主体趋向多元化，在政府的主导之下，大学的学者、社会非营利机构（如基金会等）、家长等参与到学校的治理过程之中。治理权力趋向扁平化。政府职能由以前的"全能型"向"服务型"转变，权力趋向于多中心化与扁平化。治理结构趋向网络化，形成协商式课程治理。

其二，教学共研。校内开展跨学科的融通，开展课例研究、课型研究和教学研究。成立学校 STEM＋跨学科组团队、国际理解教育跨学科团队、儿童哲学＋跨学科团队，通过跨学科的合作，以展示课、研讨课、示范课等形式，开展教学共研，促进教师共同成长。通过名师工作室、教师走教、课题研究等多种途径，促进教师学会学习、学习研究、学习反思。

其三，项目共培。以工作坊为形式，以 U‐S 合作为支撑。运用团队工作坊的方式，在实践中进行各方面的思维碰撞，每一个成员既是研究者，也是观察者，更是评论员。由学校种子教师带领整个团队，不断深入探索不同课型的实施，不同学科、领域的教学实践。建立跨校跨区跨省的全国教育联盟，比如国际理解教育长三角联盟、儿童哲学全国教育联盟、STEM＋教育联盟等。区域共创联盟共同体的每一位成员，不仅仅是共创课程建设的先行者，而且肩负着由点到面的辐射使

---

① 费蔚. 从管理到治理：区域推进义务教育优质均衡发展的体制机制创新[J]. 教育发展研究，2014，(Z2)：13—20.

命,作为理念的传播者和实践的带动者,助推共创课程在不同区域的落地。

其四,**制度共建。**确立了三大制度:章程制,议事制,督导制。章程制,即集团制定用于指导和规范成员校办学行为的纲领性文件,协调集团内不同办学水平、不同教育传统乃至不同区域学校共同发展;议事制,即在章程约定的条件下,教育集团定期对包括发展战略在内的重大事项进行商议,讨论制订阶段性工作重点和框架性实施方案;督导制,即集团制定统一的质量标准和考核方式,对各成员校的教育教学活动、教师专业成长实施有组织、有计划、有目的的评估和督查。

其五,**文化共生。**在区域层面进行共创课程探索以来,杭州江干区以更开放的姿态打破传统壁垒,打造课程建设的新样态,形成了"三生"价值体系,分别指向了和谐生态、课程生成、人的生长。

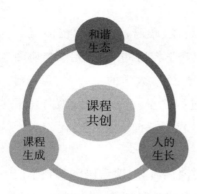

图 5-1 共创课程的"三生"价值体系

从发展历程来看,集团化办学经历了"补齐短板"的 1.0 时期,即以行政为主导,对弱校实施优质资源"补偿",提升薄弱学校办学水平;"优化结构"的 2.0 时期,即以权威为主导,对新校(弱校)实施优质资源"嫁接",通过结构调整,实现办学的规模效应。今天,应当逐步进入"内生发展"的 3.0 时期,即从行政"包办婚姻"走向学校"自由恋爱",从对名校的"权威膜拜"走向学校的"自我赋能"。要以真实需求为导向,以"自我组织"为行动逻辑,强调集团成员尊重契约,彼此贡献,和谐共生。

总之,杭州市江干区以集团化办学的方式,通过共享课程的建设,不断推进着区域教育的优质均衡发展,使学校教育的变革由**政府管理**向**社会参与治理**转变,由**单个学校**向**跨校选择**转变,由**点状发展**向**整体区域发展**转变,由**均衡发展**向**优质均衡发展**转变。

案例编

第一节　茅以升实验学校"桥梁与工程体验"特色课程创建

"让每一个孩子从小亲近科学，精心呵护和培植儿童对周围事物和现象的好奇心和探究欲望"，是杭州市茅以升实验学校着力开展科技教育的立意所在。

一、学校办学理念与顶层设计

杭州市茅以升实验学校是一所以我国著名桥梁工程学家茅以升先生名字命名的公办学校，学校的办学特色自然离不开桥文化。

（一）桥梁文化与学校定位

茅以升实验学校自创办之始，就坚持以"承茅老之德、育创新人才"为办学宗旨，全面贯彻党的教育方针，面向全体学生，全面落实素质教育，实现"文化育人、科技见长、教学相长、和谐发展"的办学目标。

学校打造了"一馆三院"等一套完善的管理运行机制，逐步形成"以人的发展为目标，以课堂教学为载体，以科技活动为抓手，科技教育与学科教育有机结合"的科技教育模式。

学校的科技教育源于"桥"，而不止于"桥"。课程改革，万变不离其宗——"教书育人"一直是我们作为教育者永恒的目标和追求。这座桥应该是学生从"学习的此岸"跨越到"思维的彼岸"的"桥"，亦是教师从"教学的此岸"跨越到"育人的彼岸"的"桥"。正是基于这种认识和思考，我们提出了学校科技教育的整体架构。

（二）"一馆三院"的组织建构

为了更好地推动科技教育，学校建立了开展科技教育的专业组织——一馆三院,即茅以升事迹教育馆、茅以升桥文化院、茅以升少年科技院、茅以升精神实践院。其功能各有不同的指向。

茅以升事迹教育馆以茅老塑像、展板、实物、模型、书籍全面展示茅以升先生的治学精神、励志精神和爱国主义精神。

茅以升少年科学院是杭州市少年科学院工程分院,强调重视实践活动,其实质是以学校为基地,学校领导、教师、学生和家长共同参与。

茅以升桥文化院依托桥梁寻访社团、桥梁制作社团开展各种活动,汲取相关的知识并开阔眼界,以达到震撼心灵、愉悦审美和启迪思想的作用。

茅以升精神实践院将茅老精神核心进行多角度的挖掘,收集茅以升的故事和作品,汇编《茅以升故事30则》,并依托于茅以升事迹宣讲团,有针对性地对学生进行情感熏陶,并落实到实际行动上,开展"茅校好少年100个小行动"。

二、学校的特色课程建设

茅以升实验学校珍视自有的文化血脉,以"爱、健、真、善、美"这五大素养的培养作为核心目标,形成了具有学校特色的"五彩课程"。

(一) 学校"五彩课程"体系概述

学校根据《教育部关于全面深化课程改革落实立德树人根本任务的意见》,在认真梳理、完善、整合学校课程资源的前提下,依据学校课程建设的总体思路设计了"五彩课程"体系。

图 6-1 "五彩课程"五大素养

"五彩课程"的目标以国家课程纲要和标准为依据,立足茅以升实验学校学生的发展目标——让每个生命都闪亮,提出以五大素养作为五彩课程的核心目标,并通过"生命之舟、科技之光、艺术之魅、品德之养、身体之健"五大拓展领域设计课程。

"五彩课程"以五种颜色为标志,分别指向不同的核心素养。在每一个学习领域中,根据目标,设置了相应的课程。学校的科技教育作为"五彩课程"的一个组成部分——科技之光,以蓝色为标志,指向"真"的核心素养,设置了桥梁与工程体验课程,内容包括桥与艺术、桥梁制作、创新设计等具体的科技教育内容,以培养学生的科技素养。

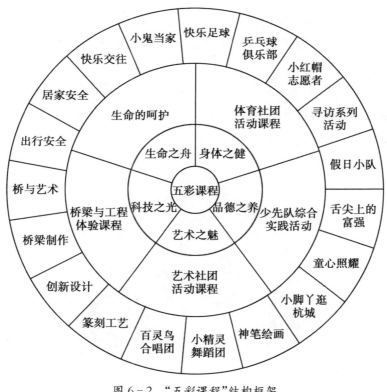

图 6-2 "五彩课程"结构框架

(二) 融合桥梁特色的校本课程建构

从 2012 年开始,学校就开发了以动手实践操作体验为主体的"桥梁与工程体验"课程,让学生在做中学。

1. 课程性质

"桥梁与工程体验"是一门实践类活动课程,它以"桥梁"为载体,在实践体验的过程中转变学习方法,激发学生的好奇心和求知欲,培养学生对事物的科学探究兴趣与能力,提高学生的科学素养。

该课程是以学校自编的教材为基本内容,在教师指导下,鼓励和吸收学生、社会人士共同参与和支持,全校学生在校内外活动基地开展的科技教育活动课程。其设计理念可以归纳为"学生主体、转变方式、手脑结合、多元发展"这十六个字。课程突出体现了"实践性""开放性""自主性"和"探究性"四大特点。

2. 课程结构

任何课程都需要有一定的结构,否则,就会出现碎片化现象。基于这一思考,我们在进行"桥梁与工程体验"课程设计时,努力做好课程的结构。

(1) 三大学习领域

"桥梁与工程体验"课程的目标均指向培养的三大素养,即学习素养、科学素养、生活素养。依据学习领域构建目标,我们提出了本课程的三大学习领域:基础认知、动手实践、创新拓展,由此形成课程结构。

图 6-3 "桥梁与工程体验"课程学习领域构建

在这门课程中,三大学习领域是相互联系的整体,认知是这门课程的基础,而实践则是学习这门课程的主要方式,最终是指向培养学生的创新能力。

(2) 管理结构

"桥梁与工程体验"课程涉及多个方面的内容,包括了构建课程的框架体系、教学研究、管理措施、多维评价等。

图6-4 "桥梁与工程体验"课程管理

　　我们在设计"桥梁与工程体验"课程结构的同时,不仅关注课程本身的架构,而且充分考虑到了课程在教学过程中会涉及的一系列问题,如课程的教学研究问题、课程的评价问题等。

　　(3)内容板块

　　"桥梁与工程体验"课程围绕三大学习领域设计了桥之韵、桥之彩、桥之美三大板块的学习内容。三大板块相互独立,又相互交融。桥之韵重在兴趣和动手创造能力的培养,桥之彩重在课程的多元整合,桥之美体现课程的选择与拓展。

(三) 桥梁特色课程的目标与内容

　　学校以"茅以升的桥文化研究"为主题,以"挖掘桥文化,认识桥结构,创造不同桥"为主要研究内容,把"桥文化"课题与杭州市少年科学院工程分院的课题研究紧密结合,建设了"桥梁与工程体验"课程。

1. 课程目标

"桥梁与工程体验"课程以提高每个学生的科学素养为总目标。通过课程实施对学生进行科技意识教育、科技兴趣培养、科技知识教育、科技技能培养、科学方法教育、科学思维能力培养、科学世界观教育和科学素养培养。通过学习,学生将保持对科学知识较强的好奇心和求知欲;了解或理解基本的科学知识,学会或掌握一定的基本技能;增进对科学探究的理解,初步养成科学探究的习惯,培养创新意识和实践能力。

2. 教材内容

由于"桥梁与工程体验"是一门必修的拓展性课程,全校每一个学生都必须选修,需要有统一的教学材料。因此,在确定了内容之后,我们还进行了校本教材的编写。下面从欣赏篇、操作篇、创作篇三部分分别列举如下:

(1)欣赏篇教材举样

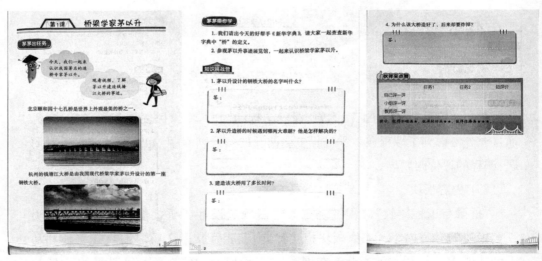

图 6-5   一年级上册第一课"你好,茅以升!"

（2）操作篇教材举样

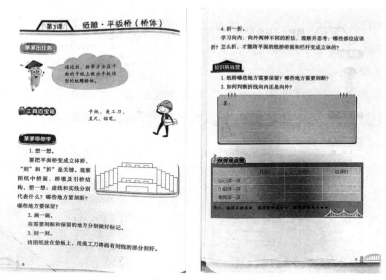

图 6-6　三年级上册第三课"纸雕·平板桥"

（3）创作篇教材举样

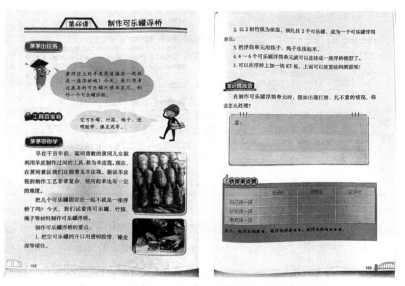

图 6-7　五年级下册第七课"DIY 可乐罐浮桥"

从"桥之彩"的三个板块中根据不同年级列举了一则教材内容,从列举中可以看出,"桥梁与工程体验"课程选择适合学生年龄特点的内容,使学生在实践体验的过程中增强观察能力、动手能力、创作能力和审美能力,同时也学习了桥梁背后的人文知识,丰富了学生的人文积淀。

3. 课程实施

"桥梁与工程体验"课程是茅以升实验学校拓展性课程中的必修课程,根据各个年级学生的身心特点和认知基础,安排不同的内容,采取不同的实施方式。

表6-1　"桥梁与工程体验"课程之"桥之彩"120课时内容安排

项目		内容安排	适合年级	课时	备注
"桥之韵"学习板块	欣赏篇	1. 茅以升的钱塘江大桥 2. 中国特色的拱桥、平桥、廊桥、索桥 3. 世界名桥 4. 现代桥梁建树的特例	1—6年级 (各年级一个学期一课。以螺旋式上升的思路,把"桥梁"科学的认知点安排到欣赏课程中。)	24	1—3年级从欣赏篇、操作篇、创作篇三个板块中选择相应学习内容。 4—6年级从欣赏篇、操作篇、创作篇三个板块中选择。 以四年级为例,欣赏篇4课时,操作篇10课时,创作篇10课时,合计一学年要完成24课时的学习。
	操作篇	1. 桥概念(2例2课) 2. 桥梁游戏(4例4课) 3. 纸桥类(4例8课)	1—3年级 (由易到难安排认识桥梁及相关劳动技能实践的内容。)	14	
		4. PVC材料造桥(2例6课) 5. 浮雕桥类(1例2课) 6. 吸管桥类(3例8课) 7. 积木桥类(4例6课) 8. 竹筷桥类(3例6课)	4—6年级 (由易到难安排以低碳材料为主线索的制作型"桥梁"系列课程,把知识与劳动技能紧密地糅合在一起。)	30	
	创作篇	1. 低碳利的作品创作(8例20课) 2. DIY的作品创作(16例24课) 3. 综合创意造桥(5例8课)	1—6年级 (交叉安排深入理解"桥梁"的概念,拓展创新设计"心中的桥梁",并把"读透题意"的桥梁学习方法,迁移到所有学科的学习上。)	52	
小计				120	

从上表中可以看出,除了对桥梁的欣赏外,在操作和创作部分,一到三年级的学生学习内容相对简单一些,而四到六年级的学生学习内容则难度稍大一些。总体上,按照螺旋上升的思路安排具体的学习内容。

作为学校的特色校本课程,"桥梁与工程体验"课程纳入课时计划,在一到六年级每周开设一节,主要由担任科学课程的老师具体实施。除固定的班级授课之外，学校还开设社团选修，兴趣浓厚的本校学生及集团内小学都可以报名参加，采用长课的形式进行学习实践。同时，课程还与少先队的实践活动相结合，开展综合实践活动及桥梁主题实践周的活动，把对桥梁的学习分散渗透到语文、数学、科学、美术等各个学科。

4. 课程评价

在"桥梁与工程体验"课程的学习过程中，我们既关注教师对教材使用的评价，还特别重视多维度地对学生进行过程性评价和成果展示评价。

（1）教师的评价

教师是课程的开发者与实施者，也是课程的管理者与评价者。所以，一方面，学校对教师进行课程实施与操作的评价，邀请课程专家每周进班听课，反馈课程的实施情况，并提出改进的建议。另一方面，要求教师对课程的开发与实施进行反思性评价，课后填写《教学情况执行记录表》，及时记录课后感受，为课程的进一步修改提供事实依据。

（2）学生的评价

学生是课程实施的参与者，也是教学过程的直接感受者。在教学过程中，教师非常关注学生实践体验的过程性评价，记录每次活动学生的参与情况，取得的成果等，从情感态度、创新精神、动手实践能力等方面进行评价。活动中还采用生生互评、学生自评的方式，让学生在互相欣赏与体验收获的喜悦中进一步激发学习的兴趣与创作的欲望。

（3）成果的展示

在每次的综合实践活动的总结展示阶段，我们总会将学生根据活动要求制作的桥梁作品进行收集与展示，在校内的茅以升事迹展览馆内开辟了学生制作的精品桥展示区。学校还编辑印刷了学生桥梁作品集《越过彩虹》《桥，凝固的生灵》，桥梁绘本故事集《桥与人生》，晒出了学生的自信心，晒出了学生的成就感。

三、"三三四"模型的形成

在课程建设中，茅以升实验学校一直在进行结合时代特征且应时代而变的有益探索。自 2012 年以来，经过 8 年的积淀，历经三个阶段，走向三个层面，始终以课程结构四要素为核心，最终形成"三三四"模型。

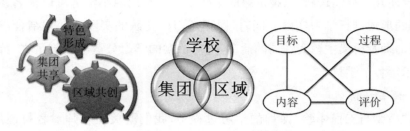

图 6-8   课程建设"三三四"模型

(一) 经历三个阶段

以"桥"文化作为着力点,茅以升实验学校将碎片化的特色活动体系化,建构出校本特色课程的初始样态。在一年又一年的实践中有针对性地反复修改,实现了成熟化,继而在集团兄弟学校中开始了特色课程共享。因杭州凯旋教育集团与华东师范大学基础教育改革与发展研究所第二轮深化合作中侧重课程共创,学校便率先走出共享现有优质资源的舒适区,结合科技特色教育,在区域内吸引联盟校开展共创实践,积极探索 STEM + 课程建设,不断丰富学校发展内涵。这就是模型中"特色形成—集团共享—区域共创"三个阶段。

(二) 走向三个层面

校本特色课程助推了茅以升实验学校软实力的提升,擦亮了"桥"这张名片。借助集团铺设的共享平台,学校以更高的立意重新定位,打造出更具普适性的共享课程,让别具一格的文化特色向集团辐射延伸。在时代命题中,茅以升实验学校坚守特色文化"源于桥,而不止于桥"的初衷,始终抓住课程改革的主阵地,以项目推动课堂形态的变革,以"项目 +"追求变革的溢出效应。在追求特色文化转型的探索实践中,学校"桥"文化及其衍生含义的影响力与日俱增,逐步走向了"学校—集团—区域"三个层面。

(三) 坚持四个要素

课程理论家泰勒将课程的结构概括为目标、内容、过程、评价四个要素。茅以升实验学校在特色课程建设过程中,始终坚持课程四要素。在目标定位上追求普世价值与现实意义;在内容选择上注重适切性与趣味性;在过程实施中关注能力习得和个性特点;在评价体系中兼顾整体效益和个体增量。

第二节　"桥梁与工程体验"区域课程共享

杭州凯旋教育集团成立以来，推出区域课程率先在集团学校内实现优质教学资源的共享的策略。首批推出的共享课程，是挑选集团各校中已具有鲜明特色、并长期在本校开设的精品校本课程，充分发挥示范和辐射作用。茅以升实验学校的校本课程"桥梁与工程体验"，先后被评为杭州市精品校本课程、浙江省精品校本课程，足以肩负起区域课程共享的"重任"。

茅以升实验学校课程整合的思路是采用化繁为简、融多为精的策略，整合学校不同层次的课程。为保障足够课时，通过将综合实践活动课中的地方课、少先队活动课与校本课等学科进行整合，以便留出时间实施共享课程。这一策略打破了校本课程一贯的"加法"思维，在保证学校整个课程体系完整的基础上，精简课程，同时使共享课程不至于成为教师和学生的额外负担。

一、共享课程的建立机制

（一）"线下走校制"的开展与保障

2014 年 9 月，集团区域共享课程正式实施。根据《凯旋教育集团共享课程选课指导手册》，每周五 13:00—14:30 两课时联排，既是学校课程活动的时间，也是集团区域课程上课的时间。学校提前从课程架构、评价完善、安全保障等方面谋划，为该课程有序且有效的开展保驾护航。

表6-2　区域共享课程基本情况

参加课程的学校	学生数	步行时间	基本要求	授课时间及地点
茅以升实验学校	每校 基础班8人 提高班8人		对"桥梁"认知、实验、创新有兴趣，喜欢动手制作。	每周五 13:30—15:00 茅以升实验学校 实验室
春芽实验学校		8分钟		
景华小学		15分钟		
南肖埠小学		18分钟		

1. 课程架构

茅以升先生主张"先习后学",桥梁从模仿到创造,往往也是先动手制作再思考原理,达成"先知其然,再知其所以然"的习学目标,这也是"桥梁与工程体验"课程的建设目标,带领学生学习"桥梁的基础知识",并以此为基础尝试模拟桥梁建设,增强对桥梁的兴趣及动手能力,并在实践中培养学生对"桥梁"的本质认识,敢于创想、大胆实践、体验快乐、展示才能。

骨干团队老师们经过历年实践、数轮修改,去糟粕取精华,为课程的成熟逐步夯实了基础。在对外辐射的过程中,如何选取受众面,并从课程体系中选择适合的内容进行教学,而同时葆有课程目标的初衷呢? 在一次次的头脑风暴中,老师们思维的碰撞让课程脉络逐步清晰。

首先,区域共享课程针对四年级的学生开设,在于他们已有一定的文化知识基础、理解能力,对社会有粗浅的见识,具备适应桥梁学习的操作能力、辨识能力和搭建能力,与螺旋上升的校本课程相比,具有零基础入门、易上手的特点。另一方面,能够为进一步向低年级与高年级两端延伸提供基础和借鉴意义,既为课程普及性提供便利,也方便课程在内容上的深化。

其次,在引导学生初步认识桥梁结构的基础上选择了六个专题系列的教学内容:吸管桥制作系列、筷子桥制作系列、积木搭桥系列、纸雕造型系列、木质模型制作系列、纸质模型制作系列。"体验课"的含义,重在以低标准、高投入使学生获得成就感。这六个内容以学生制作为主,通过生活中的常见材料激发学生兴趣,鼓励学生发挥想象力,结合材料特点制作出类型各异的桥梁,进一步加深学生对桥梁的认识,培养学生的创造力。

在经过一年的探索实践,针对区域共享课程的"改版"——分设初级班和高级班,教师团队再次推敲完善了六个专题系列,还制作完成了区域工程课程教学实施的 10 节微课,为区域共享课程的进一步推广普及奠定基础。

表 6-3 2015 学年第一学期区域共享课程(初级班)学期计划

课程名称	桥梁与工程体验(初级班)		
授课教师	翁乐	授课对象	凯旋教育集团四年级学生
课程目标	引导学生探索各类桥所蕴含的科学知识。充分锻炼学生的动手能力、手脑协调的能力,以及培养学生的想象力和创造力,提升学生对桥梁专业知识的认知水平。		

内容来源	课程小组自行编写		
授课形式	☑理论讲授型　☑技能训练型　☑实验操作型 □答疑解惑型　□情感感悟型　□其他(_____)		
成果展示形式	1. 不定期作业展示 2. 每年举办"桥梁模型设计大赛"		
课时安排	24 课时		
日期	授课内容	日期	授课内容
9 月 18 日 (第 3 周)	始业教育	11 月 20 日 (第 12 周)	九筷搭桥(一)
9 月 25 日 (第 4 周)	桥的认识	11 月 27 日 (第 13 周)	九筷搭桥(二)
10 月 9 日 (第 6 周)	吸管桥 平板桥主体制作	12 月 4 日 (第 14 周)	一张纸造桥
10 月 16 日 (第 7 周)	吸管桥 平板桥栏杆制作	12 月 11 日 (第 15 周)	积木搭桥(一)
10 月 25 日 (第 8 周)	吸管桥 平板桥引桥制作	12 月 18 日 (第 16 周)	积木搭桥(二)
11 月 6 日 (第 10 周)	吸管桥制作大比拼	12 月 25 日 (第 17 周)	学期评价

　　教师以桥梁类型与原理为基础，结合身边的材料指导学生制作桥梁模型。以初级班为例，吸管造桥、筷子搭桥、积木搭桥……每一种材料都形成系列化的主题，让学生在不同的情境中紧扣桥梁核心进行思考实践，激发创意和灵感。而对同样有吸管材料造桥课程的高级班，则提出了截然不同的要求。

表 6-4　2015 学年第一学期区域共享课程(高级班)学期计划

课程名称	桥梁与工程体验(高级班)		
授课教师	冯明强	授课对象	凯旋教育集团五年级学生
课程目标	在具备"桥梁"基础知识的基础上，进一步利用身边常见的材料"造桥"，并学习捆扎等固定技巧。同时能够发挥想象创意，从简单的仿制桥模，转化为设计桥模。		
内容来源	课程小组自行编写		
授课形式	☑理论讲授型　□推理演算型　☑实验操作型 □答疑解惑型　□情感感悟型　□其他(_____)		

成果展示形式	1. 不定期作业展示 2. 每年举办"桥梁模型设计大赛"		
课时安排	24 课时		
日　期	授课内容	日　期	授课内容
9 月 18 日 (第 3 周)	参观茅以升展览馆 欣赏超级工程	11 月 20 日 (第 12 周)	投石机比赛
9 月 25 日 (第 4 周)	吸管桥运球(一)	11 月 27 日 (第 13 周)	创意材料平板桥制作
10 月 9 日 (第 6 周)	吸管桥运球(二)	12 月 4 日 (第 14 周)	创意材料拱桥制作
10 月 16 日 (第 7 周)	吸管桥运球(三)	12 月 10 日 (第 15 周)	创意材料索桥制作
10 月 23 日 (第 8 周)	筷子搭桥 细绳捆绑	12 月 17 日 (第 16 周)	创意材料创意桥制作
11 月 6 日 (第 10 周)	投石机制作	12 月 24 日 (第 17 周)	撰写感受,学期评价

　　对比初级班与高级班的课程目标,可以看出,初级班较为注重学生的操作体验,培养其动手能力;而高级班则迈向了思维体验,注重发散学生的创意思维。也因此,同样是吸管桥系列,高级班的教师提出了更为实际的要求,不单单重视外在的美观,要需要契合生活实际进行运用,如加长平板桥的跨度(不短于 1.5 米);又如在桥的一端增加弹射装置,使得乒乓球能从弹射装置中弹出,而且弹出的乒乓球要能沿平板桥桥面滚到桥的另一端。在这个过程中,教师弱化了对制作技巧的指导,更重视学生的思考过程,听取他们的设计思路,在试错的过程中予以思维上的点拨。

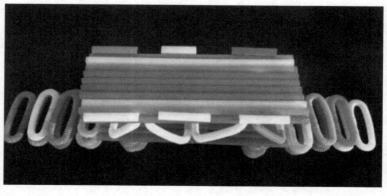

图 6-9　初级班学生作品:吸管桥

图 6-10　高级班学生作品：吸管桥

　　从上面的两幅照片可以看出，初级班学生的作品很美观，但也比较简单，学生在制作桥的过程中，体现了他们的动手能力。而高级班学生的作品就要复杂得多了，桥的长度增加了，桥面上还需要有物体在运动，也就是说，更注重学生的思维和创意。

　　2. 评价完善

　　区域共享课程的性质，决定了面对绝大多数"外来"学生的现状，师生彼此间的陌生感与尚未建立的制约很容易让课堂效果与预期相距甚远。此时，课程评价既能迅速帮助教师建立信度，也极大程度上保证了课程开展的成效。学校在预判与探索中逐步建立了相对完善的评价体系：

　　（1）落实"双师制"开展过程性评价。课堂中以"主教 + 助教"的师资配备，努力关注每个学生的独立个性，及时洞察学生的发展变化，并及时给予鼓励或纠正。

　　（2）策划"结业式"丰富阶段性评价。在富有仪式感的最后一课中，教师通过"学期回头看"引领学生进行阶段性梳理，以采访式、交流式、记录式进行互动，所获所得、欠缺不足皆为成长的印迹，从而助推发展。

　　（3）辅以"记载卡"关注可行性评价。通过对学生活动参与、方法应用、体验获得、能力发展等方面的剖析，作为课程目标是否达成、实施内容是否契合的自评依据，也是不断调整与改进的重要参照。

3. 安全保障

在学生自愿参加共享课程的基础上,事先与家长签订了学生接送协议,建立家校联系档案,由课程开设校和参与校各执一份。学生由家长负责接送,学校还完善了点到、请假等规章制度,要求教师首要保证到课记录。同时由于课程特点,动手操作较多,学校配备了助教从旁协助,保证工具的安全使用。在课程实施一年后,以电话回访等形式收集了家长在接送过程中的相关问题,针对各校放学时间不同的接回困难,在新一年共享课程中推出了"托管半小时"服务,如遇到家长无法按时来接孩子,则由教师带回托管教室进行专人管理,最大程度上保障学生的安全。

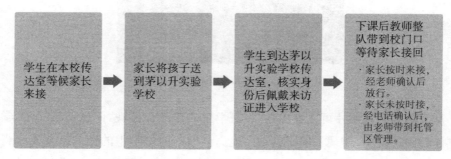

图 6-11 家长接送孩子参加区域共享课程流程

(二) "O2O"线上模式的衍生与探索

1. 学生走校的局限

集团建设共享课程的初衷是希望让大多数学生受益。不可否认学生到其他学校参与上课,可以感受不同学校独具特色的文化氛围,增加学习体验、拓宽视野,但是从实施状况来看,共享课程所惠及的仍然是少数学生。其原因之一是空间上与课堂管理上的限制,每个课程只招收 32 人,从数量上直接限制了共享课程的受惠面。另一不容忽视的原因是,由于孩子年龄较小,需要家长护送。区域共享课程开设的时段是周五下午,因此家长接送的时间是在中午,需要上班的家长面临着时间上的困境。每周一次的走校频率使得家庭在人力与物力上的安排显得局促。一些渴望参与区域共享课程的学生,由于接送困难问题没能够参加,容易打压他们的学习热情;而那些已经参加课程的学生,也可能因为家长护送问题中途退出,影响到课程的有序实施。

2. "O2O"线上教学的开展模式

鉴于学生走校的诸多局限性,茅以升实验学校率先引入技术设备,结合教师走教开展了区域共享课程的线上直播教学。

表6-5 "O2O"线上教学的师资与设备

	主课堂 (茅以升实验学校)	分课堂 (其他学校)
教师情况	主教老师1名,助教老师1名	助教老师2名
技术设备 (每间教室)	Online To Offline(O2O)直播系统、摄像头、麦克风、音响、屏幕、电脑、网络	

以茅以升实验学校为例,从上表可以看出,只要教室内配有 Online To Offline(O2O)直播系统和常见的技术设备,就可以实现一对多的互动式直播教学。"一"指主课堂,表示执教老师(主教)所在的教室;"多"指分课堂,表示具备硬件条件但执教老师没有亲临现场的教室。

这种教学模式,打破了时间与空间的局限,既完全消除了学生走校的诸多风险,也使得区域共享课程的受众面大幅增加,让课程普及从理想向现实过渡。需要关注的是,由于教授对象骤增,主教老师的精力分配面临巨大挑战,因此,不论是主课堂还是分课堂,都要按需配备助教老师,承担管理、指导等非核心性的教学任务。

3. 线上课堂的初步探索

2017年11月,茅以升实验学校秦怡老师以普通鞋盒、绳索为材料,借助 O2O 设备在线执教共享课程"鞋盒吊桥"。将茅以升实验学校录播教室设为主课堂,茅以升实验学校实验室、南肖埠小学教室、景华小学综合教室设为分课堂,秦老师利用现代教育技术实现了各个教室视音频同步,将讲评、互动、指导、反馈等环节融会贯通。

资料卡 6-1

鞋盒吊桥

教学目标:

1. 知道吊桥是索桥的一种,它可以通过绳索控制桥面的升降;了解吊桥的主要部件和功能。

2. 借助工具,两人合作完成一个"鞋盒吊桥"。

3. 愿意展示作品,并能比较流畅地讲解设计思路。

教学重点:用鞋盒模仿吊桥的各种部件和功能。

教学难点:绳子的打结、固定。

教学准备:鞋盒、绳子、剪刀、美工刀、直尺、铅笔、橡皮。

教学过程:

一、了解吊桥

1. 你知道吊桥吗? 可以上来画一画。它是怎么工作的? 你在哪些地方看到过?

2. 你觉得吊桥最主要的部件是什么?

二、挑战任务

1. 挑战目标:两人一组,完成一座"鞋盒吊桥"。

2. 任务要求:(1)先设计再制作;(2)用鞋盒做一个"吊桥";(3)桥面可以自由收起、放下。

助学单　第_____组　姓名_____

思考: 1. 吊桥的绳索安装在什么位置? 2. 人怎么操控绳索? 3. 桥面和城门的宽度怎么安排?	

三、展示作品:小组为单位展示作品并讲解设计思路。

以上是资料卡"鞋盒吊桥"的教学设计,可以看出本节课分为情境导入、迁移设计、实践操作、展示分享四大环节,此中存在着必须思考解决的难点:

(1)对分课堂学生在"助学单"上的引导和动手制作上的指导;

(2)及时有效地将作品在展示分享环节直观地呈现给所有学生,并进行互动交流;

(3)分课堂学生的纪律管控。

基于以上考虑,每个教室都须配备助教老师,与主教老师协同课堂教学的有序进行。

表6-6　"鞋盒吊桥"在线课程的教师配备与分工

	课堂地点	教师配备	教师分工
主课堂	茅以升实验学校录播教室	主教： 茅以升实验学校　秦怡 助教： 茅以升实验学校　翁乐	主教：负责授课、交流互动 助教：负责管理、部分个别指导，收集主课堂与分课堂的作品信息
分课堂	茅以升实验学校实验室	助教1： 茅以升实验学校　戴珈颖 助教2： 茅以升实验学校　薛焱	助教1：负责现场指导、将作品传送至主课堂 助教2：负责课堂管理
	景华小学综合教室	助教1： 茅以升实验学校　冯明强 助教2： 景华小学　班主任	
	南肖埠小学教室	助教1： 茅以升实验学校　章森梅 助教2： 南肖埠小学　班主任	

　　本次"O2O"线上模式，以教师走教代替了学生走校。走教的老师担任分课堂的"助教1"，是茅以升实验学校校本课程建设的佼佼者，具有丰富的操作和指导经验；而"助教2"是该班级的班主任，主要负责课堂纪律等管理工作。茅以升实验学校鲁聪校长认为，这次课堂为凯旋教育集团打造了一个"在线区域共享课程"的

图6-12　借助OTO设备，三校四室联动区域共享课程

样本,未来每个学校都可以用自己最特色的课程跟其他学校最特色的课程置换,如果有 10 个学校,就相当于用自己学校一门课换来了九门课,对于学校、教师、学生来说都是有利的。

图 6-13 茅以升实验学校通过号码牌互动交流

图 6-14 南肖埠小学分课堂学生的作品

二、共享课程的实施内容

知识是懂得了为什么,技能是知道如何做,只有这两者兼具才能拥有解决实际问题的能力。创新需要丰富的知识、技能储备,只有知识、技能储备丰富了,思路才会宽广,眼界才会开阔。除此之外,学生还应具备敢于挑战权威的意识、遇到问题时乐于钻研的品质,教师应营造容许挑战权威的学习氛围,等等。因此,共享课程在选择具体内容时既注重实践性、强调手脑结合,达成知识和技能的提升;又注重自主性、以学生为主体,尊重学生的选择(学习的伙伴、表达、展示作品的方式等),营造民主安全的学习环境。

在充分了解凯旋教育集团各校参与共享课程学生已有的认知水平、技能水平、创新拓展能力等特点的基础上,茅以升实验学校采用螺旋式上升的理念梯度设计了共享课程内容,以桥梁为载体,通过"桥梁欣赏"完善学生对桥梁结构与功能的认知;通过"桥梁制作"增强学生的动手实践能力;通过"创新拓展"发散思维,拓宽视野,培养创新精神和合作的意识,激发探索桥文化的兴趣。三个板块既有侧重又有融合。

表6-7 四年级区域共享课程内容安排

学习板块	第一学期		第二学期	
	学习内容	课时安排	学习内容	课时安排
桥梁欣赏 (基础认知)	参观茅以升展览馆	1	欣赏超级工程之港珠澳大桥	1
	认识桥的结构	1		
桥梁制作 (动手实践)	吸管桥的平板桥主体制作	1	筷子搭桥之捆扎技能	1
	吸管桥的平板桥栏杆制作	1	Knex创意桥梁材料的平板桥制作	1
	吸管桥的平板桥引桥制作	1	Knex创意桥梁材料的拱桥制作	1
	九筷搭桥(一)	1	Knex创意桥梁材料的索桥制作	1
	九筷搭桥(二)	1		
	积木搭桥(一)	1		
	积木搭桥(二)	1		
	一张纸造桥	1		
创新拓展	吸管桥制作大比拼	1	吸管桥运球(一)	1
			吸管桥运球(二)	1

学习板块	第一学期		第二学期	
	学习内容	课时安排	学习内容	课时安排
			吸管桥运球(三)	1
			投石机制作(一)	1
			投石机制作(二)	1
			Knex 创意桥梁材料创意桥制作	1

表 6-8　五年级区域共享课程内容安排

学习板块	第一学期		第二学期	
	学习内容	课时安排	学习内容	课时安排
基础认知	始业教育	1	初识 123D Design 软件	1
	纸雕练习	1	123D Design 建模的基本方法	1
动手实践	纸雕平板桥(一)	1	123D Design 的界面	1
	纸雕平板桥(二)	1	布尔运算实例	1
	纸雕拱桥	1	基本几何体	1
	纸雕索桥(一)	1	拱桥制作(一)	1
	纸雕索桥(二)	1	斜拉索桥制作(一)	1
	斜拉索桥模型制作	1		
	铁索桥模型制作(一)	1		
	铁索桥模型制作(二)	1		
	铁索桥模型制作(三)	1		
创新拓展	一张纸承重比赛	1	制作雪人	1
			制作台灯	1
			可爱的肥皂盒	1
			创意水杯(一)	1
			创意水杯(二)	1

(一)　完善桥梁结构与功能认知

"桥梁与工程体验"的基础认知类型的课主要解决一些核心问题:桥的定义、桥的种类、桥的现实意义和延伸意义。教师主要通过桥梁欣赏的途径进行落实,借助互联网,搜集桥梁的各种资料,通过多媒体设备播放图片、视频等资源,带领学生畅游桥梁工程世界，完善学生对桥梁结构与功能的知识体系。在实施过程中，教师根据需求，事先对视频进行裁剪、快进、拼贴等调整，时间尽量控制在 30 分钟以内，预设好讨论问题并将之提前告知学生，让学生带着问题观看视频，从而提高视频观看的有效性。在观看视频之后组织学生进行讨论，完善学生桥梁结构与功能的认知体系，并渗透桥与世界多元融合的现实意义。

表 6-9　桥梁视频欣赏课——以"超级工程之港珠澳大桥"为例

模块	内容	意图
一、问题导入	港珠澳大桥成为世界最长的跨海大桥。它跨越珠江口伶仃洋海域，是以公路桥的形式连接香港、珠海及澳门的大型跨海通道： 1. 港珠澳大桥创了多个世界之最，港珠澳大桥应用了哪些桥梁结构？ 2. 有哪些创新技术和新型产品？ 3. 港珠澳大桥的建成通车会带来哪些影响？	带着问题欣赏视频，聚焦关注点。
二、观看视频	控制在 30 分钟以内。	
三、聚焦讨论	1. 港珠澳大桥为什么采用桥梁隧道？ 2. 有哪些创新技术和新型产品？ 3. 港珠澳大桥的建设体现了哪些工程理念？	1. 引导学生关注桥梁结构与功能的匹配。 2. 了解现代桥梁技术的发展和创新材料的更替。 3. 桥梁工程与人类社会发展的关系。
四、拓展延伸	提供更多的相关视频资源供学生选择。	了解更多桥梁信息。

从上述案例可以看出，教师的预设富有针对性，引导学生在关键性问题的心理暗示中学习合理分配精力。在讨论中，学生能够试着陈述出港珠澳大桥采用桥梁隧道是因为"桥塔高度与附近的香港国际机场限高要求冲突"，了解到工程学上往往要考虑平衡与安全问题；认识到"快速成岛工艺不仅提高效率，还减少了对海洋环境的污染"，明白效率可以与环保并存；通过"白海豚不搬家"感受到人与自然和谐共生理念的现实意义。

（二）　提升制作技能和工程理念

在制作桥梁模型的活动中，教师给予学生足够的时间和空间，让他们在不断尝试中熟练掌握各种工具的使用方法和技能，以生活中常见的吸管、积木、筷子、纸张、棒冰棒等材料为媒介，借助剪刀、美工刀等常用工具，通过弯折、裁剪、捆扎、拼搭、黏合等方法提升制作技巧。

同时,教师注重学生科学探究水平的提升和工程理念的渗透。通过引导学生理解桥梁各个结构的功能,帮助他们认识到制作桥梁不仅需要知识与技能,还需要考虑桥梁要保持良好的使用性能、足够的耐久性等特点,基于"现实需求"选择适合的材料。学习后期,学校还引进 123D Design 软件和 3D 打印机,提高学生对信息技术的应用水平。

资料卡 6-2

"九筷搭桥"教学设计

1. 导入:900 多年前,在浙江泰顺的人们凭借卓越的智慧创造出结构巧妙的木拱廊桥,堪称古代桥梁史一绝,让我们一起随着镜头去看看吧!(视频播放浙江泰顺廊桥的纪录片)

2. 建模:

(1) 视频反馈:视频中你印象最深的是什么? 廊桥的基本结构是什么?

(2) 搭建廊桥:用木棒来试着搭建廊桥,看看廊桥有什么神奇的地方。

① "井"字型结构由几根木棍组成?

② 试着搭建一个"井"。

③ 如果想让跨度更大,可以怎么做? 搭建第二个"井"。

3. 探究:直观感受桥梁受力之后的变化,初步理解廊桥利用木头之间的摩擦力而承重的特点。

① 用手从上往下压一压。

② 从侧面推一推。

③ 一手轻轻往下压,一手从侧面往外推。

4. 拓展:木拱廊桥上的廊有怎样的作用? 如何使廊桥的跨度更大?

泰顺廊桥是"九筷搭桥"内容的原型,它结构巧妙,不用一钉一铆固定,只是通过两组拱木互相穿插,依靠木头本身的强度和摩擦力,用各种麻绳绑扎而成。廊桥一般建造于群山沟壑之间,极大方便了当地居民的出行,桥面上的廊不仅增加了桥梁的坚固程度,更为行人遮风挡雨,更成为当地居民集会的场所。

如此"神奇"的桥,自然是极大程度上激发了学生的好奇心与求知欲。教师通过现场演示、视频播放等形式，用九根木棒再现廊桥的基本结构，帮助学生直观地认识廊桥的力学原理：结构平面呈"井"字形，利用受压产生的摩擦力，构件之间越压越紧。学生试着用手从上往下压一压、从侧面推一推等方法直观感受桥梁受力之后的变化，能够初步理解廊桥利用木头之间的摩擦力而承重的特点；感受古代劳动人民因地制宜、就地取材的聪明才智；渗透桥梁"以人为本，与自然、社会和谐"的工程理念。

（三）　增强创新能力和合作意识

茅以升实验学校"承茅老之德、育创新人才"的办学宗旨也是"桥梁与工程体验"课程的出发点和目标，课程带给学生的不仅仅是知识水平的提高和技能的增强，更培养他们解决实际问题的能力和创新能力。

有了扎实的知识和技能储备，创新有了充足的可能性，在充分认知桥的种类与特征的基础上，通过 DIY 形式，不限定材料，拓宽"桥"的范畴，创意出各种"桥"。如：从简单的、可以个人独立完成的吸管桥到复杂的、需要多人合作完成的吸管桥运球，难度的逐级增加促使学生思考如何多人合作从而顺利完成挑战任务，进而深刻感受到合作的意义，因为任何个人的力量都是有限的，而工程需要多专业的知识和经验，需要团队的分工和协同才能更好地解决问题。而从九筷搭桥到投石机的演变，则是基于桥梁结构的演变与创新。

资料卡 6-3

"我的投石机"课堂实录片段

师：今天我带来了这些装置（出示投石机的图片），请仔细观察：它们有什么作用，是由哪几个部分组成的？

生 1：古代打仗使用的，投射石头的。

生 2：叫投石器。

生 3：应该叫霹雳车，我在书里看到过。

师：这几位同学说得都很好，这个武器叫投石机，也叫炮，回回炮，或者霹雳车，它们都是同一类武器，只是叫法不同，就比如台风和飓风，是一样的道理。它们由哪些构件组成呢？

生 1：装石头的筐、弹射石头出去的装置。

生 2：底座，坚固的底座，否则会倒的。

师：今天我们拥有绳子、橡皮筋、棒冰棒、木棍、竹筷、纸杯、报纸等材料，你们可以自行选择材料，组装一个投石机吗？需要 2—4 人为一小组，要求能将纸团投射出去。

生：可以。

学生分小组进行合作，随后进行作品展示与讲解。

师：老师发现同学们对自己的作品都不是非常满意，这是精益求精的好品质。接下去我们根据新的任务要求继续完善作品：纸团投射距离为 50 厘米，正负 10 厘米的小组挑战成功，正负距离最近的小组为冠军。也就是说投射距离为 40—60 厘米的小组都算挑战成功，最接近 50 厘米的小组是冠军。下节课我们现场测试。

筷子搭成"井"字形可以利用相互间的压力、摩擦力来形成一定的跨度并抵抗弯曲，那么用细绳把两根筷子捆成"十"字形和"一"字型，又可以组合成怎样的结构呢？这就引出了"我的投石机"的挑战任务。从观察到制作，从图纸到实物，从桥到投石机，不仅仅是内容的转变，更需要创新与合作，以达成共赢的学习效果。

在学习过程中，教师关注到学生的分组合作情况：个别小组直接就开始拿材料，因为没有统一意见导致后续又反复领取了几次材料，显得有点慌乱；画草图的小组则显得比较有序，他们也有争议，但是动静不大，在纸上涂涂改改，达成共识最终确定了方案后才领取材料。领取材料的时候大部分小组是抱着宁多不少的想法，在教师的规劝下才按需领取了相应的材料。由此，在规定时间内，能够相互配合的小组较好地完成了任务，在展示环节能够产生良好的交流效果，互相借鉴学习。而在一开始"各持己见"的小组更容易在展示环节"缺席"，忙着继续完成作品。小组间因合作导致的差距，更能激发他们的反思意识，促进磨合。

在新事物发明的过程中，孩子更容易把目光聚焦在"极限"上而忽视"需求"。于是，在完成投石机的制作后，教师提出了新的挑战任务：用投石机投射纸团，看谁投的距离最接近目标。由此将学生拉回了现实情境：投石机的需求不是远近的需求，而是命中率的需求。带着这样的思考，学生要重新考虑投石臂的长度、投射时的角度、力度和投射的远近之间的关系。在一次次的试验中，学着用批判性眼光看待自己团队的作品。同伴间的建议和支持是完成挑战任务的保障，勇于承认不足，虚心接受他人的建议，才能更好地优化作品，让他们在应对挑战的过程中感受到迭代与创新的紧密联系。

三、共享课程的评价体系

一个没有评价机制的课程注定是黯淡的，它无法建立老师的信度，也无法检测到学生学习的效度，更不能提供依据帮助判定课程本身的可行性程度，进而直接影响到改进课程的决策。区域共享课程的推出，尚处于边摸索边实践的阶段，32 名学生虽然相较于其他班级人数略有减少，但他们的组成情况是相对复杂的，通过建立不同的评价体系，能够在实施过程中相对全面客观地评估他们的学习增量。

（一）"双师制"落实过程性评价

过程性评价的"过程"是相对于"结果"而言的，具有导向性，可以通过对学生学习过程的观察和记录，及时地对学生的学习质量水平作出判断，肯定成绩，找出问题。"双师制"指在课堂中有 2 位教师，他们分别以主教和助教的角色进行课堂教学活动，事实证明，这个策略对课程的实施开展具有关键性作用，主要是基于教学指导和课堂管理两方面的需求。

1. 基于教学指导需求

前文提及，"桥梁与工程体验"课程更偏向动手实践操作，在区域共享课程中所选择的课程内容虽然尽可能地贴近该年级学生所具备的学习能力，但仍需要学生尽可能快速地"入门"。在选课时，学校更希望学生是怀着浓厚的兴趣前来学习，而非设定绝对动手能力的门槛将兴趣拒之门外。因此在课程中对"体验"的定位，在于以低标准、高投入使学生获得成就感。这在很大程度上决定了教师在课堂上的指导和肯定是必须且频繁的，时间上的代价让"双师"配合指导显得恰逢其时。一方面，教师有相对充分的时间关注学生"试错"的过程，并在评价的过程中针对操作上的难点手把手地示范；另一方面，教师能够较快速有效地判断出学生的掌握程度，筛选出典型辅以教学。此外，教师还需加强学生在合作意识方面的引导。

资料卡 6-4

以区域共享课程初级班为例,前半学期的学习内容以个人动手操作为主,学生基本处于"各自为政"的状态。而后半学期的学习则偏向学生间通过相互配合才能更顺利地完成挑战任务。

场景 1:在"九筷搭桥"的学习内容中,学生需要尝试用 9 根筷子搭建拱桥的基本模型。由于筷子间的摩擦力较小,在搭建和调整过程中十分容易"歪桥"从而导致模型倒塌,需要从头再来。主教翁老师根据观察到的情况,判断出这不属于搭建方法上的困难,更倾向于相互间"搭把手"提高效率,于是现场宣布,改为二人一组,共同完成挑战任务。此令一出,"心灵手巧"的个别学生不置可否,善于合作的学生开始寻找"联盟",不善于交际的学生仍旧"埋头苦干"。几分钟后,成功率有所提升,但两极化的差距也在拉大,翁老师再次施予刺激:两人合作,比一比哪组能够搭建出跨度更长的拱桥。此时,前一次任务挑战成功的小组兴趣盎然地投入到新的合作中,而还处于个人摸索阶段的学生则开始显示出焦虑,试着伸长脖子到隔壁组"偷师"。两位老师则开始"游说"这些学生,让他们或相互拼成合作组开始尝试,或加入到已有小组中试着参与合作。最终,每名同学都能保证完成一个挑战任务,获得老师的肯定。

翁老师在促成学生初次合作的时候还发现,主动达成合作的小组,要么是同学组、要么是同校组。面对陌生的教室、老师和同龄人,学生也会产生打破"心理舒适区"的紧张和抗拒。通过适当的外力施压,教师激发了他们打破旧有模式的勇气,帮助学生在交流和创造中建立新的舒适区,"跳一跳摘到了桃子"。

场景 2:在后续的"积木搭桥"学习内容中,翁老师改变了原有教学策略,要求学生以三人为一小组搭建亭桥模型,但必须满足以下条件:(1)小组中至少包含 2 所学校的人;(2)模型承重力强,且兼具美观。有了前面勇敢的第一步,学生再次走出刚建立不久的"心理舒适区"开始显得坦然,简单几句交涉后,大部分小组已经开始投入到新的挑战任务中。

图6-15 学生学习九筷搭桥

图6-16 学生合作完成积木搭桥

可见,过程性评价远比单一的作品本身更具激励性,在彼此比较陌生的空间里,它更容易营造热烈气氛,并迅速影响他人。而教师在这个过程中更注重观察和鼓励,建立师生彼此间的信任感和课程凝聚力。

2. 基于课堂管理需求

传统课堂中,教师与学生在日积月累的相处活动中逐步建立了规则与信任,因此在教学活动中,教师往往只需要分配小部分精力用于课堂管理。但区域共享课堂不同,教师与学生的距离是遥远的,学生和学生之间的感觉也是陌生的,大家每周仅有 90 分钟的时间相聚共同学习,这个事实造成课堂管理上的需求并不逊于教学指导上的需求。

> 共享课程开设初期,学生都比较自律,毕竟身处他校,个人形象往往被共识为学校形象的标志之一。但一个月后,情况开始急转直下,最显著的表现在,部分学生会携带零食前来并在教室内进食,所产生的垃圾也被随手放在抽屉中了事,教师数次提醒无果;个别学生在课堂中开始纪律散漫,并逐步影响他人甚至课堂秩序,教师提醒批评都无效,除非寸步不离地在身边"看着"他。

精神文明会反射在行为文明中,在可塑性较强的儿童阶段,规则和制约如果不能对等,则会造成失衡现象。正如上述现象在一定时期后出现而教师屡禁不止,其实是因为缺乏制约,导致底线不断被试探进而规则被破坏,且当事人并未为此承担实际责任。针对此类现象,教师开始将文明行为、课堂纪律等项目纳入过程性评价中,每节课预留几分钟进行当堂反馈,赏罚分明,并告知学生会反馈给其所在校的班主任老师。如此尝试一次后,学生就能够学习在规则中约束自己,且后续一直维持良好。

(二)"结业式"丰富阶段性评价

"结业式"在区域共享课程中指每个学期的最后一课,教师通过富有仪式感的课堂环节,帮助学生梳理一个学期以来的所感所得,再为每一名同学颁发结业证书,提升其获得感和荣誉感。

在学生成长的过程中,反思能力应被重视,它是学生未来自我发展的重要能力之一。初步阶段的反思能力培养,是引导学生在阶段性的学习中学会"回头看看",寻找并加深这个过程中记忆深刻的某个点,作为发展或改进的契机,它可以是技巧逐步掌握的小结,也可以是合作学习的体会,或是试错经验的回顾。

资料卡 6-5

区域共享课程(初级班)学员学期小结节选

(春芽实验学校　四年级　贾子维)

自从知道桥梁体验社团后,我就感到特别兴奋,心里冒出一大串问号:真有桥梁体验社团吗? 要去别的学校上课吗? 在社团里能学到什么呢? 经过一年的学习,我积累了很多知识。

我知道桥可以分为平桥、拱桥和斜拉桥,其中我最喜欢平桥。平桥分为桥面、桥墩和引桥三部分,桥墩起支撑作用,使桥不会倒塌;桥面能帮助人们从此处通向彼岸;引桥起到连接的作用。如果能在桥面上搭一个小巧玲珑的亭子就更漂亮了! 我们第一次搭亭子的时候手忙脚乱,不是这里掉了,就是那里倒了。后面我慢慢总结了规律:首先要搭好四根柱子,再慢慢完善屋顶,这个过程中要时刻注意保持安静,小心平衡好各处木块,否则就会"哗啦啦"全部倒塌。

(南肖埠小学　四年级　王婧雯)

在桥梁体验社团,我印象最深的是用积木搭亭桥。

在前一次用积木搭平板桥的时候,我们小组对搭建步骤产生了分歧,在多次尝试中我们也总结了经验:桥面由五根横着的木块搭成,桥墩由四根竖着的木块搭成。但是在桥面上继续搭亭子的时候,我们仍然是"一波三折":第一次刚搭好四根柱子,一下子被丁锦浩弄倒了;第二次已经搭好基本结构了,又被"粗人"傅羿不小心用袖子刮倒了。我们就好像皮球没了气,瘫坐在了椅子上。

短暂的沉默过后,我们决定从头再开始,这一次我们约定好,彼此小心注意,一步步搭好、搭实。第三次,我们总算成功了! 还在老师的指导下,为亭子变换了形状呢!

(景华小学　四年级　郑美琪)

这一年,我学会用各种不同的材料做桥,但让我记忆深刻的是九筷搭桥。

刚开始,我们听着老师讲解,一步步把筷子在规定地方垒起来,但是一旦要把它撑起来的时候,筷子总会不听使唤地下滑直到"散架"……就在这时,我听到有同学成功的欢呼声,我立马凑过去"取经"。通过反复观察他的模型桥,我发现每一根筷子都摆得非常工整,而且间隔适宜,我想这可能是自己失败的原因。接下来,我一根根地调整、尝试,在又经历了几次失败后,终于用9根筷子搭成了桥,还没有用任何东西固定呢!

通过这一课,我发现自己要坚强起来,学会观察比较,经历一次次的失败后,肯定能成功! 在这个社团里,我不仅能学到设计,也懂得了许多道理。

在学期末,教师首先通过本学期学习内容的回顾,唤醒学生对学习过程的心理体验,再请学生完成一份"学习体验报告单",即学期小结。在上述节选的部分小结中,可以看出学生侧重的关注点不尽相同。有的学生对一些试错的过程记忆犹新,因为克服困难的过程就是获取成就感的过程,像春芽实验学校的贾子维就尝试着总结成功的经验。也有学生在相同的主题下,从不同的视角切入反思,比如同样是试错的过程,南肖埠小学的王婧雯却更关注影响成功率的团队合作情况,每一次失败的细节都被她捕捉到,借此进行调整,采取便于成功的团队合作策略。还有学生在试错的过程中善于通过观察比较来总结经验,景华小学的郑美琪借此方式获得了模型搭建的成功,并在这个过程中对一些良好品质的积极作用深有体会。

这些"学习体验报告单"的背后,试错是学生反映出的共同特点,不断重复的过程、不断改进的方法,加深了他们的记忆。在这个过程中,不同人对方法、合作、品质等的感触是不一样的,但都反映了学生一点一滴的心路历程、成长历程,也达到了社团育人的初衷。习得经验是一时的,但反思能力的培养可以反哺科技教育,防止学生在一味的摸索前行中失去方向。

(三)"记载卡"关注可行性评价

可行性是针对课程而言的。一个课程开发的可行性评估,在于在达成既定课程目标和内容的基础上,对教师实施有效程度和学生习得掌握程度的适配性关注。在缺乏权威机构跟踪测评的情况下,学校决定利用《区域共享课程授课记载卡》试行自评,并在此基础上根据实践情况作出判断,赋予老师及时调整的权利,努力从"备教材"尽快向"备学生"过渡。

表 6-10 《区域共享课程授课记载卡》节选(以吸管桥为例)

课程内容	吸管桥(一)	活动时间	2015. 10. 9
教学目标: 1. 通过对吸管的剪接粘的处理,完成桥墩、桥面这两个基础部分的吸管制作。 2. 复习巩固"桥"的基础结构和类型的概念。 3. 启发学生如何用吸管制造出更多外形的桥梁模型。			
教学流程: 1. 复习桥的基本结构。 2. 讲解并指导学生掌握吸管模型一般的连接、组装和制作要求。 3. 用 8 根直径 5 mm 的可弯吸管的直管部分做一个桥面,用双面胶黏合(桥长大约 12 cm)。			
教学效果(可后附活动照片或学生成果等):  图 6-17 同学们在教师辅导下,认真制作吸管桥			

　　区域共享课程开发初期,课程内容取材于业已成熟的校本课程体系,学校还集合了整个课程团队的力量为该课程量身定位内容,大大减轻了授课老师在"备教材"上的负担,从上述表格就可以看出,教学流程是十分简化的环节。这样做的目的,是希望授课老师能够把更多的精力放在"备学生"身上。此前不论是指导还

是管理上的案例,都可以看出面对一群有着不同文化背景的学生,师生间纽带的建立与维系举足轻重。

建构主义理论认为,学习并不是教师向学生传递知识,而是学生自主构建知识的过程。针对区域共享课程中"备学生",是对学生的性格、能力、习惯等特点有更全面深入的了解,借助开展的教学活动使学生产生信任的情感、积极的心态,教师才有足够的自信和把握针对教学的实际情况,合理采用适合学情特点的教学方法,灵活修改教学内容使其适应学生个性、能力发展。一个学期下来,记载卡作为档案还可以帮助教师再次梳理回顾课程内容,同时结合活动成果照片作出调整。

在区域共享课程实施中期,华东师范大学基础教育改革与发展研究所的专家教授通过问卷、访谈等方式,出具了《从"特色课程"走向"共享课程"——杭州凯旋教育集团共享课程中期评估报告》(以下简称《报告》),这也为学校评估课程可行性提供了重要依据。

《报告》中指出,区域共享课程开设以来,参与的学生有明显的进步,在学习习惯、个性品质、同伴交往方面产生了良性的变化,学生的知识面和动手水平得到显著提升。在针对茅以升实验学校"桥梁与工程体验"区域共享课程的访谈中,南肖埠小学一位参与该课程学习的学生谈到自身的收获时提道:"以前看桥就是看外观,现在看桥的方式不一样。平板桥会厚一点,拱桥的两边不一样;拉索桥的绳索要足够粗。我学会了很多不同的桥的构造。"当一位老师问到"如果在钱塘江上造一座桥,你想要设计什么样的桥"时,另一名学生答道:"斜拉桥,不能是拱桥;因为钱塘江面太宽了,拱形的跨度会不稳。应该用斜拉桥。"学生们的回答反映了在一年的学习中知识点的积累,思维能力的增强,体现了在共享课程中自身的成长。

第三节　"STEM+"区域共创实践

一、STEM+课程的组织建构

杭州凯旋教育集团成立后,茅以升实验学校走上了课程建设的快车道。通过"桥梁与工程体验"区域共享课程让学校的优质课程资源惠及集团校。在持续的摸索实践中,形成具有区域特色的 STEM + 课程,在区域专业集群中,通过对 STEM + 课程的探索实施,共创引领,让"桥"这张名片长期保鲜,焕发新活力。

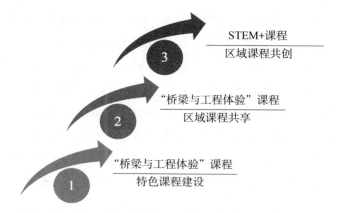

图 6 - 18　茅以升实验学校 STEM + 共创课程的演变路径

（一）　科技特色课程面临的时代冲突与挑战

近年来，世界各国纷纷加强科学技术教育，英国 2013 年颁布的最新一轮小学科学课程改革的纲领性文件《国家课程：第一关键阶段和第二关键阶段框架》，就更加强调对"过程与方法"的教学和培养，使学生感悟科学探究的过程[①]。随着我国课程改革的深入，国家教育部针对培养学生的"核心素养"印发了系列文件，见图 6 - 19。

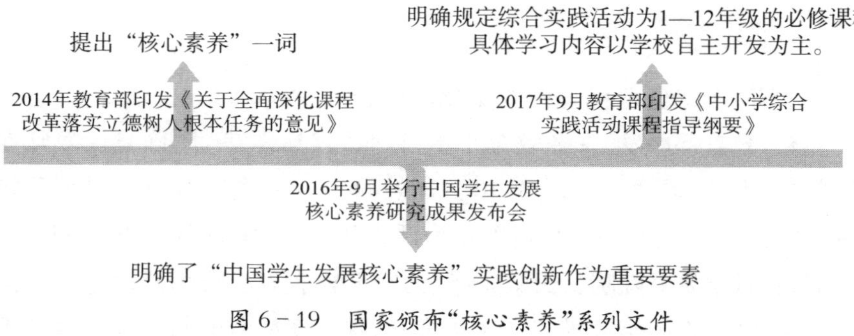

提出"核心素养"一词

明确规定综合实践活动为1—12年级的必修课程，具体学习内容以学校自主开发为主。

2014年教育部印发《关于全面深化课程改革落实立德树人根本任务的意见》

2017年9月教育部印发《中小学综合实践活动课程指导纲要》

2016年9月举行中国学生发展核心素养研究成果发布会

明确了"中国学生发展核心素养"实践创新作为重要要素

图 6 - 19　国家颁布"核心素养"系列文件

这一系列意见与纲要的颁布，让我们得以从一个全新的视角去审视桥梁校本课程，课程作为培养人的一种载体，需要与时俱进，内容更加丰富，学习的方式更加自主，学习的时间更加自由，项目活动的设计更富创意，最终为提升学生核心素

---

① 闫守轩，朱宁波. 英国新一轮小学科学课程改革及其启示[J]. 课程·教材·教法，2015，10：120—124.

养服务。为此,教师必须转变教学理念,结合中国儿童心理和生理的发展特点,关注与学生息息相关的生活内容,侧重知识与现实生活的联系[①],从而激发学生对科学技术的内在的兴趣和需要。STEM+课程的学习,注重培育学生在日常生活中发现问题、分析问题、解决问题的能力,有利于实践能力、创新能力和适应未知社会的能力的培养。同时,学校的桥梁校本课程也面临着从全面铺开到质量提升的发展阶段。因此,学校也明确将"以STEM为切入点推进实践创新能力"的研究作为学校新一轮发展的亮点,进一步擦亮学校的科技品牌,促进学校的内涵发展,不断追求教育教学的有效增值。学校的科技特色课程经历了一系列的探索与改革,见图6-20。

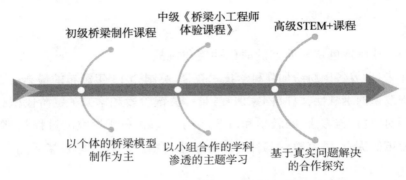

图6-20 茅以升实验学校科技特色课程的发展演变

(二) STEM+特色课程与校本文化的融合与重构

2017年初,教育部印发《义务教育小学科学课程标准》[②],明确建议教师在教学实践中尝试STEM教育。2017年10月印发的《中小学综合实践活动课程指导纲要》也明确地将"创意物化能力"培养作为课程目标,引导中小学开展STEM教育[③]。中国教育科学研究院院长田慧生指出:STEM教育已成为我国进一步深化课程教学改革、创新人才培养模式和选拔模式、提升学生科学与创新素养的重要抓手,加强中小学STEM教育恰逢其时[④]。2017年9月,杭州凯旋教育集团与华

---

① 张志敏. 小学科学课程改革中存在的问题及解决策略[J]. 课程教育研究,2016,07:193—194.
② 中华人民共和国教育部制定. 义务教育小学科学课程标准[S]. 北京:北京师范大学出版社,2017.
③ 中华人民共和国教育部制定. 中小学综合实践活动课程指导纲要[S]. 北京:北京师范大学出版社,2017.
④ 田慧生. 加强中小学STEM教育为社会主义现代化强国建设提供强有力的科技人才支撑[J]. 今日教育, 2018(1):34—37.

东师范大学基础教育改革与发展研究所携手打造"共创课程",茅以升实验学校牵头引领江干区内联盟校共同探索 STEM 教育,如何将 STEM 理念吸收内化,激发校本课程活力,是学校文化积淀与发展中面临的新命题。

二、STEM＋课程的开发路径

STEM＋课程是基于真实问题解决的探究学习、基于设计的学习,它强调学生在看似杂乱无章(主要体现在现代社会信息的错综复杂与多样性上)的学习情境中发展设计能力与问题解决能力。在 STEM＋课堂上教师围绕一个个真实问题,促进学生参与到一个小组中去开展研究,期间学生应用科学、技术、工程和数学等学科知识进行创造、设计、建构、发现、合作并解决问题。STEM 教育不仅是学习方式的改变,更是在学习方式的更迭中,由学习者共同创造出新学习内容的过程。

(一)　整合资源：为过渡发展做预备

无形浸润,创客环境的 STEM 教室,除了创客空间的基础设施设备外,STEM 教室还设计了展览橱柜,把学生的优秀作品、创新成果对外展示,让学生知道创新就在我们身边。当学生参观、体验后有创新的火花迸发时,现有场所和条件还能支持他们及时实践,让创新的种子及时得到浇灌。STEM 教室的打造推动了学校 STEM＋特色与校本化的融合与重构。

图 6 - 21　创客空间

基于互联网的直录播功能"未来教室",呈现了互联互通的含义。它能实现多方互动教学、教学科研、资源应用等工作,在这里可以打破学科界限,进行语、数、英、科、综合实践等多学科教学;"未来教室"里实现了 WiFi 全覆盖,可以满足 100 个移动终端同时上网;内部配备的高清高亮无线投影机,能让我们即时投屏分享学习过程和结果。桌椅还可以很方便地挪动,各学科教师可以根据教学需要快捷地变化组合,并添加所需要的教学器具和材料。

在"未来教室"中,老师利用"智慧"的系统,把学习内容上传在教室电脑中,并推送到学生的平板电脑上,学生通过网络互相交流,上传学习成果,进行互动评价。还可以利用答题器,向老师反馈学习成果,及时查漏补缺,实现以学定教、精准教学。"未来教室"打破了时间、空间的界限,结合学校视频交互系统,可以实现多校学生共同上一堂课,多校教师共同参与一次教研,推动课程从集团共享到区域共创的深度开展。

(二) 强化师资:为适应未来做储备

毋庸置疑,STEM 已经成为全球教育的热点,STEM + 在 STEM 基础上添加了更多学科元素,它是一种学习方式,它带来的是学习内容的更新、学习过程的重构、思维能力的重塑。原先的学习方式是将理解基本概念放在第一位的,现在的课程目标则进行了"翻转",这就是学习方式的改变。

如何让教师成为一个有准备的 STEM + 教师?凯旋教育集团通过搭建平台,与上海市史坦默国际科学教育研究中心达成合作。以茅以升实验学校作为种子

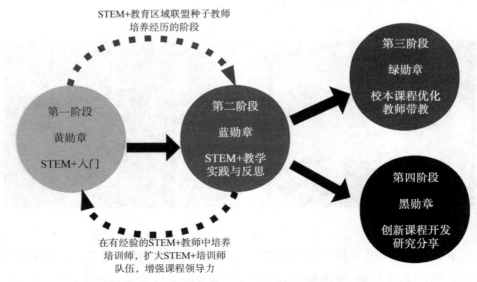

图 6-22　凯旋教育集团 STEM + 种子教师培训模式

校,引领春芽实验学校、景华小学、南肖埠小学、采荷二小、濮家小学、丁荷小学,共7所学校组成 STEM + 教育联盟共同体。每校选派 4—5 名种子教师进行 STEM + 教师专业发展培训。教师专业发展根据其参与 STEM + 的培训经历、培训成绩、教学观念转变、个人能力和创新素养发展、课程实施经验及反思等,分为黄勋章、蓝勋章、绿勋章、黑勋章四个递进级别。

1. 走出心理舒适区

心理舒适区,指的是一个人所表现的心理状态和习惯性的行为模式,人会在这种状态或模式中感到舒适、放松、稳定、能够掌控、有安全感。在 STEM + 课堂中首先迎来的变革就是需要走出心理舒适区,激活身体各个部位。

黄勋章培训—破冰游戏

破冰游戏规则:每位老师进入培训场所后依次抽签,按照抽到的 A、B、C、D、E、F 标识,分配到对应组。同组教师利用五分钟时间,快速推荐一名组长,其余老师作为组员,用创意方式介绍自己的组长,创意方式、形式不限,可以是歌曲、情景剧、诗朗诵、三句半等。

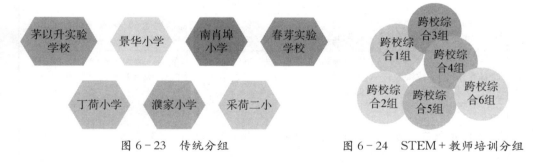

图 6 - 23　传统分组　　　　　　图 6 - 24　STEM + 教师培训分组

在 STEM + 培训中,教师不惧怕变革并且始终拥有胜任力的一个有效策略就是结成协同伙伴,构建新型教研机制。从上图中我们可以发现,传统的分组方式,教师一般不愿打破自己的舒适区,在没有明确要求的情况下,老师们往往会按照学校进行分组,这样的分组优势是,教师之间因为熟悉而能快速开展活动,但会由于内部太熟悉导致组间交流发生困难——教师之间因熟悉感而缺乏思维碰撞的激情。STEM + 黄勋章教师分组随机将各校老师组成一个团队,一开始由于相互之间比较陌生,容易出现一段时间的尴尬期,因此采用这种分组方式需要有一个破冰活动让组员之间快速相互了解。如上述介绍自己的队长这一环节,能够让老师快速熟悉,而创意介绍这一要求,又快速挖掘了不同老师的特点,如有美术背景的老师采用简笔画的形式进行介绍,风趣幽默的老师马上把特点编成了一首耳熟能详的歌等。这样的破冰游戏不仅促进了组员之间的快速磨合,不一样的背景也让组员的思维更快得到激活;组间以各校熟悉教师作为连接纽带,合作交流也变得更加紧密。

2. STEM+入门

黄勋章培训从如何建立学习环境,如何建立科学性的理解,如何让学生参与到科学工程实践中三个方面入手,让教师成为一个有准备的 STEM+教师。

表 6-11　黄勋章培训"制作喂鸟器"项目体验与浸入

环节	主 题 内 容
热身活动	工程挑战,手动脑动。
网上探究与信息素养	通过参与"制作喂鸟器"第一课:鸟的身体结构与生存环境,学习:什么是调查研究? 什么是认识网站与评价网站? 什么是话题、关键字和术语搜索? 什么是版权? 如何记录和整合信息?
拼图式合作学习中心	通过参与"制作喂鸟器"第二课:蜂鸟与机器鸟,学习:通过参与科学中心、艺术中心、信息中心、工程中心、故事中心等不同的学习中心的活动,学习高效合作的课堂组织模式。
组织头脑风暴	通过参与"制作喂鸟器"第三课:机器鸟的用途,学习:头脑风暴的黄金法则与提问技巧。
设计科学实验/技术融合	通过参与"制作喂鸟器"第四课:食物与能量,学习:实验室的安全法则,小学科学实验基础,设计数字化科学探究实验 DIS 数字科学仪器的使用。
当日总结反思与交流	
设计创新思维与发现问题	通过参与"制作喂鸟器"第五课:发现问题,学习:人文的范畴——什么是共情? 如何基于共情发现问题?
科学的定义问题	通过参与"制作喂鸟器"第六课:定义问题,学习:有结构的科学探究。
创意设计与工程制图	通过参与"制作喂鸟器"第七课:创意设计,学习:激发创意三视图的制作,3D 建模与软件。
工程制作与演讲准备	通过参与"制作喂鸟器"第八课:制作,学习:通过团队合作完成"喂鸟器"的制作、艺术美化,准备产品推荐会的演讲报告和产品海报。
当日总结反思与交流	
热身活动	高效合作。
测试改进,以学生为中心的分享	通过参与"制作喂鸟器"第九课:测试与改进,学习:以学生为中心的"开灯关灯"分享学习课堂模式。
STEM+产品演讲	产品演讲,"三明治"点评法。

通过"制作喂鸟器"的项目体验与浸入,帮助参与黄勋章培训的种子教师打造出了开启 STEM + 大门的钥匙:

(1)理解 STEM 教育的内涵和外延、STEM 教育的多元形态及其核心特征,掌握思维方法;

(2)知道实施 STEM + 项目学习的核心要素,修炼专业技能;

(3)学习使用 STEM + 课程的教学工具,组织高效合作的探究型课堂,尝试开放引导;

(4)能够采用 STEM + 课程评估体系支持教学,注重多维评价;

(5)学会指导学生选择和应用新技术、新工具支持项目学习,提升指导水平。

教师的成长像学生一样是需要伙伴的,这样的区域联盟教研机制为教师的发展注入了新动力。

3. STEM + 提升

获得黄勋章的种子教师必须经过一学期的 STEM + 课程教学,在拥有亲身实践体验的基础上,从课堂模式、信息技术、科学精神和过程记录四个模块的课堂实例进行剖析,发现问题和挑战,提出解决方案和分享课堂经验,专家还对教师的课堂经验进行针对性指导,从而实现高效合作的课堂模式。

表 6 - 12　蓝勋章"我的岛"沉浸式项目体验

环节	主题内容	教师活动
热身活动	全脑游戏	用全脑学习法来调动大脑的各个功能区域,借助一根绳子就可以练习左右脑神经元链接,增强大脑的学习能力。
设计制作	设计"我的岛"平面图纸和 3D 建模	组内成员学科背景的差异呈现出了不同思维特色:科学老师善于从环境和生态出发,保障岛上资源的可持续应用;数学老师侧重从设计图出发提出模型的匹配尺寸;信息老师建议将整个制作修改过程进行记录,以便作为原始资料备查;美术老师则关注美化建筑使之与大自然完美融合,等等。各小组在讨论合作中,一步步构建出小岛的雏形,在完成文化和历史建设后,又着重进行了地标建筑模型的设计。
反馈	三明治点评,思考并展开深入讨论。	每组分派 1 名成员作为岛主,其余成员则作为上岛的旅行者,到其他小组欣赏作品,并就过程展开深入讨论。
离开舒适区	创作"我的岛"歌舞	小组成员需要根据本岛的习俗、历史等,选取一首歌曲重新填词编排成岛歌,并以艺术化的形式呈现出来。如《小苹果》版说唱、《两只老虎》版合唱、"hello"版舞蹈。

环节	主题内容	教师活动
接受真实世界的挑战	应对自然灾害,合作制订解决方案,通过表演呈现解决方案	每3个小岛合并为一个大岛群,通过3分钟的表演介绍角色和冲突,并凸显出英雄形象。
总结	告别平庸,整合概念,达成共识,延伸案例——"我是英雄"学生展评活动。	

以"我的岛"沉浸式项目体验为例,种子教师将收获多种让学生和课堂充满激情的教学策略和方法,并深度体验一个注入了 STEM + 灵感的项目式学习课程案例课程。在此过程中,教师将项目式学习的概念、目标和方法与 STEM + 创新实践相结合,探索旨在激发学生学习动力和能力的课堂教学设计。教师将在学生—老师的角色之间无缝切换,从而更清晰地了解作为课程的策划者、课堂的管理者和学生的指导者,应该如何开展工作。

(三) 激发潜能: 为变革课堂做准备

STEM + 不仅是学习方式的改变,更是在学习方式的更迭中,由学习者共同创造出新学习内容的过程。要推动这一改变的发生,首先要让变革发生在教师身上。教师自身成长过程中接受的都是传统的分科教育,从小学时期过少的跨学科课程安排,到大学时期被单科专业所划分,加上教科书和主题类书籍的分化,这种"孤僻"的教育方式,造成了教师自身在协作和整合能力上的弱势。虽然竞争的力量能让他们爆发出惊人的"小宇宙",但最终只有合作的文化才能让教师的成长和学校的发展走向丰富圆满,共同抵达彩虹桥的彼岸。因此在提供可迁移的技能培训后,从教师自身最擅长、有优势的教学技能中提取可迁移的技能要素,给他们提供更多的机会,让他们像玩一样地去接受新事物,去参与到课堂的实践中,才能真正发现、识别、了解学生的学习状态,为变革课堂做准备。

1. STEM + 理念的校内渗透

智能时代的来临,为教育的培养目标、教学方式等多方面带来了机遇和挑战,要重构课程,转变学习方式,首先教师要从理念上发生改变。

表 6-13 基于 STEM+学习的教师发展工作坊论坛

活动主题	STEM+与未来对话
活动时间	2017 年 3 月 31 日
活动目的	学习 STEM+学习方式,促进学校课程整合。 展望未来,以绘画的形式呈现未来教育,畅谈 2030 教育。
活动人员	华东师范大学鞠玉翠教授 凯旋教育集团严国忠理事长、张晓娟副理事长 茅以升实验学校全体教师
活动方式	自主畅谈、访谈式汇报
活动流程	
走进 STEM+	(1)"掀起你的盖头来——走进 STEM 课程"。 (2)观看 STEM 教育宣传片。
教师谈 STEM+	围绕 STEM 教育结合教育教学实际进行访谈式汇报。 (1)学科组:结合自己的学科特点围绕关键词构建、模式、内生,说说基于项目的 STEM+学习。 (2)班主任组:结合班级管理、主题实践活动等,请班主任谈谈基于项目的 STEM+学习。
家长谈 STEM+	从家长视角谈一谈对 STEM+的思考。
专家谈 STEM+	华东师范大学鞠玉翠教授,凯旋教育集团严国忠理事长、张晓娟副理事长围绕两组访谈式汇报进行专家互动点评。
畅想 2030 未来教育	每位老师以绘画的形式呈现未来教育的场景和画面。

作为 STEM+种子校,茅以升实验学校这次的以"STEM+与未来对话"为主题的教师发展工作坊,打破了以往同学科同年级进行教学研讨的模式,增加了跨学科、跨年级、跨领域、跨群体,横向互补、纵向贯通的新方式,其核心是"用教师的智慧解决共同的实践难题"。这样同伴之间构成了最近发展区,在专家的引领下协同互助,能够帮助教师获得群体性的胜任感,为变革课堂做好心理准备。

2. STEM+理念的区域推进

STEM+作为教师变革教学方式的载体,主阵地是课堂,STEM+教师要从研究"如何教"转向研究"如何学",从"如何教"转向思考"教什么",要引导学生的"思维发展",就必须让他们进入到真正的课堂中去。

资料卡 6-6

表 6-14 凯旋教育集团 STEM+区域联盟种子教师上海参访、交流、研讨、感悟

地点	参访、交流、研讨内容
闵行实验小学 （网球特色学校）	基于校本化的 STEM+案例学习 二年级"制作'虫虫盒子'" 三年级"超轻网球拍"
万科双语实验学校	八年级"人体的呼吸系统"
蘑菇云创客空间	创客教育以及创客技术与 STEM 课程结合的案例介绍
世博家园实验小学	艺术融合的 STEM 案例

翁乐：不论是 STEM+还是创客空间，都是教师在顺势引导中，把更多选择、思考、实践和表达的机会交给学生。在校本课程推进中，教师需要有意识地进一步营造自由浓郁的氛围，予以学生更多的时间，去定义、思考问题，以拓展思维、提高其解决问题的能力。

周玲：开展 STEM+教学，如何认识"+"，如何开展"+"、如何实现"+"有待不断探索，但明确的是需要考虑采用学科间知识融合的教学方法帮助学生建立学科知识与真实世界之间的联系，其所创设的课堂活动和教学要有开放性，要整合其他学科的内容和思维方式，重视学科融合的教学设计。这对教师提出了新的要求，自己作为教师也应该养成多学科思想融合的教学意识。

沈琪琪："虫虫盒子"课堂中的发现、解决问题，创客空间体验的创造性和 sawr 中感受的技术魅力，这些无不是在说明创造、探究、实践的重要性。基于对真实问题的发现理解和学生兴趣也是在开展 STEM+中所需要的，这些有助于丰富学生的创造力，加上信息化的技术与团队化的协作，通过反复实践应用来培养学生的综合能力，这样的课堂将多学科内容进行了有机整合。

戴珈颖：从之前校内我们作为听课者的 STEM+学习到近两天我们又作为旁观者看孩子们上课，可以感受到无论是我们还是孩子都是投入其中的，除了孩子本身的素质以外，是什么可以支持他们这样长时间的全身心投入呢？可见 STEM+的魅力。作为教师，在起步阶段应该发挥我们的长处，利用现有资源从模仿开始，提出疑问进而改进，在慢慢改变中逐渐找到适合自己的方式。

让教师走出去，看看已经开展 STEM＋的学校基于学校特色开展的真实的案例，在这样的过程中传递情感，砥砺信心，让教师看到，其实 STEM＋并不是想象中那么遥远。STEM＋课程看似模式化，可以借鉴这种模式改变课堂的形式，但是它实际上是让教师们有一个契机去改变课堂、转变理念，在实践过程中去探寻什么才是真正合适孩子的课堂。身处真实的学校案例中，可以让教师去安全地体验"变"的经历，打消因为惧怕而抵触"变革"的情绪，萌生"试着去做一做"的想法，为"变革"课堂，展开实践做准备。

三、STEM＋课程的影响辐射

团队协作既是 STEM 教育的特色，同时也是 STEM 教师的工作模式与方法。成立学校内 STEM＋跨学科组和成立区域 STEM＋教育联盟跨学科的工作团队和协作团队，是行之有效的方法。如果仅是理论学习、实地考察、听（评）课，并不能让教师经历科学和工程的完整过程，也不能促进其理解科学研究和工程设计的真谛和教育价值。因此，定期开展教学实践，同时积极反思，是提高 STEM 教师的专业素养，构建起 STEM 教育课程观所必须经历的过程。STEM＋教育本身就在促使每一位参与 STEM＋教学的教师成为课程的设计者和实践者。

（一）　从模仿到创造：立足校本的"文化焕新"

教师从来都不缺少对未来的认知，导致其缺乏积极行动的重要原因在于认为变革就是革自己的"命"，一切都要自己去创造。如果从一开始就很畏惧或是抵触，那么就会给课程的落地带来很大的问题，如果有唾手可得的资源，那么教师就会有尝试的意愿。引进已经开发成熟的 STEM＋项目及课程资源包，可以让教师勇敢地走出 STEM＋实践的第一步。

表 6-15　"设计桥梁"STEM＋项目引进

执行教师：通过 STEM＋黄勋章培训的 5 名种子教师，每次 2 名教师执教，分主教和助教，每位教师经历都要主教和助教的角色，根据上海史坦默国际科学教育研究中心引进的项目进行开展。			
开设情况：STEM＋实验班 30 人			
课时	内容	课时	内容
第一课	身边的桥梁	第七课	设计桥梁 2——跨江大桥：定义问题

续 表

课时	内容	课时	内容
第二课	桥梁的结构	第八课	设计桥梁2——跨江大桥:创意与设计
第三课	桥墩	第九课	设计桥梁2——跨江大桥:制作
第四课	牛顿三定律与桥梁	第十课	设计桥梁2——跨江大桥:分享与测试
第五课	设计桥梁1——湖上的桥梁	第十一课	STEM+技能评估
第六课	设计桥梁1——桥梁的检测	第十二课	知识拓展——水底隧道

茅以升实验学校为了能够让参加黄勋章培训的每个教师都有实践实施的机会,结合学校的桥梁文化,引进了"设计桥梁"项目,既能减轻实施教师的负担,又能让更多的种子教师开展 STEM+教学实践与反思。

当前新的改革背景下,实施校本课程的学校本位更加凸显,学校更加自主、自发,根据国家的教育目标结合学校的外部环境、实际情况,利用本校特点、优势为特定的学生群体开设适应学生需求的课程,以满足学生对课程的需求。虽然引进的项目经过专家认证,有配套的材料,教师执行起来更加游刃有余,但是选取恰当的形式和内容,结合学生的年龄特点和学科知识,因地制宜地开展项目活动,才能让 STEM+真正地在学校生根发芽,焕发活力。

资料卡 6-7

立足校本文化的 STEM+项目打造——"钱塘江上的桥(杭州段)"

茅以升实验学校立足学校桥梁特色,聚焦钱塘文化,选取钱塘江上十座桥(杭州段)为探究核心,融合科学、技术、工程、数学、艺术、信息、人文等学科,设计打造了 STEM+项目"钱塘江上的桥(杭州段)"。

项目围绕不同的研究主题,规划了科学、技术、艺术、阅读四个学习中心。学习中心是一种让学生独立进行自主学习的课堂组织形式,它是由教师建立的多个学习区域,每个区域里有预先准备的各种学习资源,供学生进行不同形式的探究活动。学生既可以独自学习,也可以与同学合作,将概念型知识转化为业务型知识。

项目中开放学生选择的权利,让他们能够基于自身的能力和兴趣爱好,自主选择进入学习中心,借助成果汇报展示学习成果,也通过倾听、评价等环节学习其他学习中心的知识。

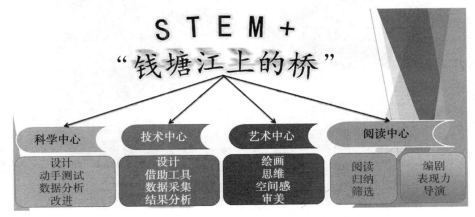

图 6-25 "钱塘江上的桥(杭州段)"学习中心

四个学习中心分别对应不同的学习能力:科学中心注重学生的创造,通过动手设计、试错等过程获得相应的知识经验;技术中心涉及对探究方案的设计、对新器材的认识与结合运用,要求学生能对结果作出相应的解释;艺术中心需要学生具备美学基础、对信息的整合能力,以及较为细致的动手能力;阅读中心分为 2 个方向:一个方向是需要学生具备搜索能力、对信息的提取和归纳能力,另一个方向是需要学生对已有文本信息进行艺术化处理,赋予它表现力,通过表演等形式呈现成果。

实践教师感悟:

一是敢于退出,做一个隐忍的"旁观专家"。在学生遇到难题的时候,教师不急着给出解决方案,而是鼓励他们在观察、思考、试错的过程中增强解决问题的能力。

二是适当融入,做一个恰当的"干预专家"。基于课程适应与年龄特点,并非所有的问题都适合交予学生自行解决,教师应当找准契机,予以适当的干预,避免他们过度钻入"死角",合理提高学习效率。

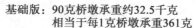
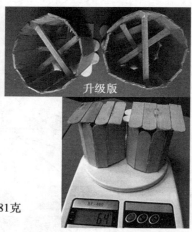

基础版：90克桥墩承重约32.5千克
　　　　相当于每1克桥墩承重361克

升级版：64克桥墩承重超过50千克
　　　　相当于每1克桥墩承重超过781克

图 6-26　科学中心—桥墩作品(基础版 & 升级版)

图 6-27　技术中心—传感器收集数据及分析汇报

图 6-28　阅读中心—海报设计与结业证书

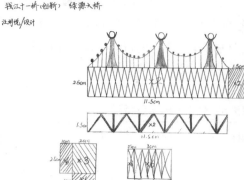
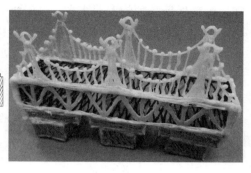

图 6 - 29 艺术中心——3D 设计图及作品(钱塘江上的第十一座桥)

茅以升实验学校基于桥梁校本特色的创新与共创课程的打造,在引进 STEM + "桥梁设计"课程的基础上,结合杭州特色,将学校桥文化与 STEM + 理念相融合,开发"大课时"式学习项目,从偏向劳技学科的学习方式转变为多学科融合的新样态课程实践。茅以升实验学校作为种子校,牵头引领区内联盟校探索 STEM 教育,将 STEM 理念吸收内化,激发校本课程活力,使学校文化积淀在发展中与时俱进。

项目第 3 课时分别在 2018 年江干区第 17 届"钱塘之春"教育高峰论坛:核心素养与课程建设之 STEM 教育专场活动、2018 年杭州市劳技学科教研活动中进行课堂展示。活动特邀上海市特级教师余安敏,复旦大学徐冬青教授,华师大基教所鞠玉翠教授、杭州师范大学王凯教授,杭州市小学地方课程教研员李胜权、综合实践教研员余丽萍、劳技教研员林杰,区教育局领导与各学科教研员莅临指导,吸引了省内外 300 余位老师前来观摩互动。

(二) 从个体到团队: 基于合作的软实力提升

STEM + 课程,特别是具有校本特色的 STEM + 课程的开发和实施必须依赖于一支扎根于学校、立足于学生的教师团队。STEM + 并不隶属于某一个具体的学科,跨学科、学科的融合和碰撞贯穿在课程开发与课堂实践的每一个环节。作为学科专业人才,每位教师的思维方式、授课方式都有着比较明显的学科特点,这保证了传授内容的专业性,但从跨学科综合的角度看,又带来了很大的局限性。

如何既能保证教师的专业水平,又能恰到好处地做到跨学科的融合与运用呢?解决这一问题最直接有效的方式就是组建一支覆盖不同学科、包含不同教师的STEM教研团队,凝聚各个学科背景与专业知识,互帮互助,运用集体的力量完成系统的教学任务。

表 6 - 16　STEM+"纸的认识"教育课例研讨活动

"纸的认识"教学过程　　执教者:翁乐			
教学环节	教师活动	学生活动	设计意图
活动一: 纸的认识	1. 播放宣纸制作视频,引出主题 2. 交流:对纸的已有认识	自由表达对纸的已有认识	通过视频回顾对纸的认识,知道已有经验是零散的,激发探究兴趣
活动二: 纸的发展	1. 前测进行分组,小组分工阅读资料 2. 各组制作"纸"的海报 3. 交流、分享、评价 4. 满意度小结	1. iPad阅读资料,整理、归纳信息 2. 拼图式合作完成海报,拍照上传 3. 小组交流、抢权、点名进行班级汇报	促使学生能够有效进行组内分工合作,在浏览信息的过程中运用概括能力,协作完成汇报
活动三: 纸的污染	1. 讨论:纸在文明发展中起着至关重要的作用。它只存在有利的一面吗? 2. 学生举例阐述观点 3. 图示引导学生了解造纸过程对环境的威胁 4. 小结	1. 学生思考、发表观点 2. 根据图片信息较全面地认识造纸对环境的威胁 3. 满意度评价	知道纸在文明发展中至关重要,但也引发许多环境问题,建立辩证关系的意识
活动四: 纸的再利用	1. 思考:随着环保意识的加强,人们采取了哪些环保方式保障对纸的需求? 2. 小组讨论,对主题模块排序 3. 分享、评价 4. 播放视频 5. 满意度小结 6. 思考:你能为身边的废纸找到哪些好的处理方法?	1. 学生思考,简单交流 2. 小组讨论,对主题模块进行排序,拍照上传 3. 抢权汇报	小组成员在思维的碰撞中形成逻辑的初步统一,并尝试按顺序介绍。能够在全班的信息组合中捕捉信息,为制作防水纸作铺垫

　　茅以升实验学校全体老师都是学校STEM+团队成员,结合翁乐老师的课,STEM+团队的老师,自主选组参与主题讨论,围绕学习方式的改变、教学方式的改变、现代技术的应用三个主题展开研讨。各小组通过头脑风暴的形式,用关键词+海报的形式呈现自己对课例的观点。通过这样的形式,既提升了种子教师案例开发与教学组织水平,又让更多的老师参与到STEM+团队建设中,汲取更多

智慧,提升了 STEM + 教师的合作水平。鲁聪校长结合参加多伦多全球 STEM 高峰论坛后的体会和教师们共同探讨了作为"方式"存在的 STEM + 教育,引领全体老师们反思,STEM + 不仅是跨越四门学科的整合行动,更是一种需要付出长期努力去培养人才的过程,它带来的是学习内容的更新、学习过程的重构和思维能力的重塑。

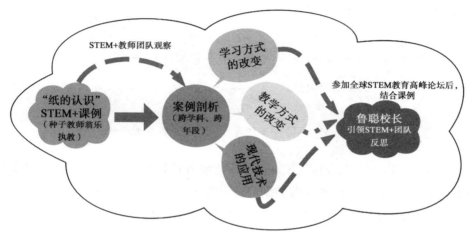

图 6 - 30　"纸的认识"STEM + 课例团队研讨

(三)　从学校到区域:依托联盟的共创发展

STEM 作为一种跨学科综合教育形态,对培养大批高科技创新人才、增强国家未来竞争力具有重大意义。在英美等发达国家,STEM 教育不仅是具体的教育行动计划,更是被纳入国家人才培养和创新发展的重大战略之中。在《国家创新驱动发展战略纲要》《关于深化教育体制机制改革的意见》《教育信息化"十三五"规划》等相关文件精神指导下,STEM 教育在全国呈现出蓬勃发展的态势。在与上海史坦默国际科学教育研究中心的合作下,区域内多所学校已经开始实践和探索,但实践层面依然面临很多问题和挑战。

区域 STEM + 教育联盟的成立,将跨学校组建一支 STEM + 教师种子团队,搭建一个 STEM + 教育成果的分享展示研讨平台,加强校际间的合作,更有利于梳理推广 STEM + 教学经验与成果。区域 STEM + 教育联盟从成立至今走过了四个历程:培训,实践,再培训,再实践。在这样的过程中,以一个种子校为核心,整个 STEM + 教育联盟才能从生根发芽到苗壮成长。

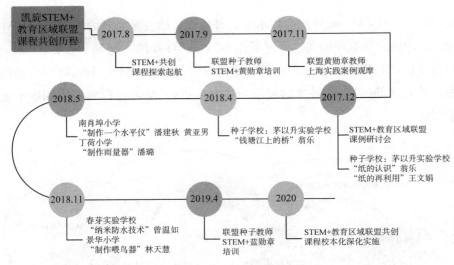

图 6-31　STEM+教育区域联盟课程共创历程

　　为保证 STEM+课程在区域联盟校中能够真正地实施落地,相应的监督体制必不可少,以表 6-17 的执行书为例,每个学校每年至少需要开设一门 STEM+课程,项目执行书分为学校自评和教育局评价两部分,通过这样的制度,保障 STEM+共创课程的顺利实施。

表 6-17　STEM+教育区域联盟校执行书

项目名称		备注
项目理念		备注
项目方组织	(组长、副组长、组员)	
项目执行流程	(环节、时间、地点、人员、内容)	
项目执行方人员的职责		
项目执行后成效	(学校自我评价)	
项目执行后成效	(教育局评价)	
其他		

表 6-18　"制作一个水平仪"　执教人:南肖埠小学　潘建秋　黄亚男

教学环节	学生活动
真实问题:家里的墙上需要做一面照片墙,可是照片怎么挂都有点歪,怎么来解决这个问题呢?	头脑风暴:说一说解决的办法
什么是水平仪? 水平仪有什么特点?	认识水平仪原理

续　表

教学环节	学生活动
提供材料：1—5 号大小不一的透明瓶，水	两人一组讨论设计，制作一个水平仪
要求：能够简单测量物体是否水平 　　　成本控制在 30 元内	制作、测试水平仪 "三明治"评价（从成本，测量准确度，任务完成效率，小组合作程度等方面进行评价）

从学生感兴趣的"做照片墙"这个生活场景出发引出问题，让学生在动手动脑设计、制作、应用的过程中，综合学习数学、科学、技术、工程这 4 个方面的内容。在学校 STEM＋课程的实践过程中，可以看到种子教师在课堂执行力上的进步，也得以窥见教师在教学方式上发生的变化，但是这只是 STEM＋课程落地的一小步。在基于 STEM＋理论的课堂中，教师要引导学生发散思维，求异不求同，充分尊重并支持学生的想法；要给学生充分的时间与机会，将制作好的工具运用到各种各样的情境之中，让学生体会使用自制工具的喜悦之情；包括如何让技术服务课堂；等等。我们还有很长探索之路要走。

四、"三三四"模型深化中的"三生"价值

茅以升实验学校的特色文化建设，从成长走向发展，在发展中走向深化。尤其在区域层面进行共创探索以来，以更开放的姿态打破传统壁垒，打造课程建设的新样态，形成"三生"价值体系，分别指向和谐生态、课程生成、人的生长。

（一）　和谐生态

我们用"生态"喻指区域共创联盟的发展状态和环境氛围。依托区域联盟的集群效应，一批课程建设的先行者组建成共同体，共同学习、共同实践、共同转变。这个过程不是机械化的，而是个性化的。联盟中的每个成员都是平等的，他们的经验背景造就了差异性，他们的思维状态锻造了多样性，他们的行为模式造成了选择性。于是，在阶段性的研讨中，每个个体轮流担任课例展示的主人公，呈现出鲜明的授课特点，形成百家争鸣的良好氛围。随着共创课程成效的日益凸显，STEM＋联盟的良好生态还吸引了省内外兄弟学校如太仓市科技新城实验小学、合肥市翡翠学校、桂林市秀峰区教师代表团等前来交流。杭州凯旋教育集团各校

还先后与美国学区教育长协会（AASA）、新西兰北岛学校结对，为 STEM＋教育理念更新、课程赋活打开新路径。

（二） 课程生成

课程生成是具有实际意义的探索价值。STEM＋区域共创联盟共同体中的每一位成员，不仅仅是共创课程建设的先行者，更肩负着由点到面的辐射使命——作为理念的传播者和实践的带动者，助推 STEM＋教育在学校落地。以茅以升实验学校为例，"种子教师"引领，带动学校的 STEM＋团队，积极从综合实践活动、拓展性课程等方面入手，实施长达一学期的实践探索，还在理念的不断更新中尝试向 PBL 项目化学习过渡转型。这些实施经验和成效，可以经过整理提炼，成为 STEM＋课程体系化的基础，也可以在区域共创联盟中形成新的 STEM＋样本，激发全新活力。

表 6-19　茅以升实验学校 STEM＋实践项目

类型	主题	教师	实践时间
基于解决真实问题的 STEM＋综合实践	"我的运河　我的桥"——STEM＋理念下的综合实践学习主题活动	章森梅等	2018 学年第一学期
	"探寻钱塘江文化"——学习素养视角下的 STEM＋实践	秦怡等	2018 学年第二学期
	"未来社区"——拥江发展时代背景下的 STEM＋实践	翁乐等	2019 学年第二学期
拓展性课程中的 STEM＋探索	"阅赏数学"	张莹莹	2019 学年第一学期
学科内容整合中的 PBL 探索	"杆秤的前世今生"	章森梅	2019 学年第一学期

（三） 人的生长

"三三四"模型形成的 8 年间，时间轴直接指向了"人的生长"，它折射的也是理念和思维的生长，既包含老师，也包含学生。不论是课程建设还是课程改革，首先要基于教师课程观的改变和建构，才能实现课堂教学方式与学生学习方式的双转变，使之有"有人性、有温度、有故事、有美感"。特色形成、集团共享、区域共创三个递进阶段，助推老师们以开放包容的姿态，迎接应对不同时代背景、不同教育特点下的挑战，在联盟共同体的技能学习、实践研讨中增强学习力、行动力和反思力，一步步开启"课堂革命"，打破传统"填鸭式"教育的藩篱，关注学生发展中核心素养的形成，为其习得适应终身发展和社会发展的能力作出积极尝试。

第七章

千里之行，积于跬步
——杭州凯旋教育集团南肖埠小学课程发展之路

杭州市南肖埠小学是一所百年名校，加盟集团的七年，是她特色彰显、内涵丰富、品牌提升的七年。七年里，国际象棋特色课程在集团内共享，惠及集团各校学生，自身也在交流共享中获得了提升和优化的动力。2013年，以国际象棋为基础的国际理解课程发轫，也开启了创生之路，该课程从无到有、从小到大、从起步到发展、从单一到多元，正逐步构建起新的特色课程、品牌课程，正是"从共享到共创"理论框架下一个极为典型的案例，一个鲜活生动的注脚。

第一节　特色课程：社区配套小学的立校之本

杭州市南肖埠小学位于江干区凯旋街道南肖埠社区，是一所社区配套小学，其教育服务区覆盖周边8个社区，现有教学班24个，教师65名，学生946人。学校历届领导班子和教师团队树立"特色立校"理念，通过近20年的努力，国际象棋成为学校特色项目，实力强劲、远近闻名，在杭州凯旋教育集团成立之前，就选送学生参加杭州市权威赛事，获得了六连冠。近年来，依托凯旋教育集团搭建的资源平台，在华东师范大学基础教育改革与发展研究所、中国教育科学研究院基础教育研究所等专家的指导下，学校实施基于文化内生的课程再造，逐步构建起传承南肖埠小学文化基因的"步景课程"体系。

一、基于"其乐少年"培育的"步景课程"体系

学校特色课程建设总是与学校文化密不可分，课程目标也必然指向育人目标。南肖埠小学从自身文化出发，将所培养的学生命名为"其乐少年"，体现着中国学生核心素养的学校表达。"步景课程"就是扎根于学校百年历史，创生于集团特色联建，服务于"其乐少年"培育的特色化学校课程体系。

(一) 百年老校内生文化

杭州市南肖埠小学创办于晚清宣统二年,即 1910 年,至今已有 112 年的办学历史。这样名副其实的百年老校,在江干区并不多见。回顾历史,学校起步于私学,后被政府征为公办学校,1949 年后作为庆春门一小,曾有过至今令老教师们引以为豪的强校历史,为区域培养了以特级教师俞铭为代表的一批名优教师。1987年,江干区创办采荷一小,有许多骨干教师就源于当时的庆春门一小。1995 年,学校迁入太平门直街 185 号,一直沿用至今。原定规模为 18 个教学班,当时曾作为房地产企业为政府和社会建设的示范项目,引起广泛关注。时过境迁,进入 21 世纪以来,面对江干区城市化发展高峰,人们的关注点逐渐转向如雨后春笋般涌现的新学校,资源也向新城区、新品牌集聚,该学校校舍、场地和硬件设施逐渐落后,为满足入学需求,办学规模扩至 24 个教学班后,教育空间、专用教室、设施配备更是捉襟见肘。同时,教师队伍相对固化,流动性不足,新鲜血液的补充有限,造成教师专业发展进入高原期。进入 21 世纪第一个十年后,江干区大力推行"教育新共同体"模式,原先城乡接合部的众多新开办学校依托高校及科研机构的引领飞速发展,在内外环境的协同作用下,学校发展面临巨大挑战。作为社区配套小学,如何在做好教育服务工作的同时,谋求自身的特色发展? 这是近 20 年来,南小人一直在反复求索的问题。

国际象棋特色兴起之后,学校将棋理之中的核心理念"走好每一步"作为校训,经过数年的努力,已深深地扎根于每一位南小人的心中。随后,又从"走好每一步"引申出"成就每个人"的办学宗旨,生发出"信步童年,健步征途,阔步未来"的育人理念,提炼出"锲而不舍,自强不息"的学校精神,总结出"循序渐进,慎独精进"的教风,酝酿出"日有所进,携手共进"的学风,由此构建起更为完善的学校文化系统,命名为"步凡"文化。"步凡"文化的核心理念是"悦纳平凡,崇尚不凡",意为立足平凡的角色,扎根平凡的岗位,悦纳自我的不完美,通过学习、实践、感悟和成长,逐步超越平凡。"步凡"也是"不凡"的谐音词,寓意将"不凡"作为梦想,起步平凡,憧憬不凡,积淀"不凡"的阅历,创生"不凡"的智慧,成就"不凡"的价值。

(二) "其乐少年"核心素养

育人目标是学校文化的重要组成部分,育人目标的确立需要综合考量国家教育目标、地域特色目标、学校办学目标等多项因素。南小育人目标的确立也从国际象棋中受到了启发。在国际象棋的各个棋子中，"马"行动灵活、易于调动，对弈时善用"马"常能反败为胜。作为全国国际象棋特色学校，南小将"马"作为 logo，寄托着立德树人的愿景：始于平凡，潜力无限，踏实进取，造就不凡。

　　培养"马"所蕴含的品质被南小列入育人目标，学校将具有鲜明本校文化基因的学生称之为"其乐少年"。"其乐"是"乐在其中"的简称，原词意思是喜欢做某事，并在其中获得乐趣。该成语最先出自《论语·述而》："饭疏食、饮水，曲肱而枕之，乐亦在其中矣。"所表现的是一种因追求意义、追寻梦想而不怕困苦、不图享乐的高雅志趣。吸收了这一传统精神内涵的"其乐"，意即胸怀远志，专注当下，乐在其中，享受生长。经过系统研究，学校将"自主、明智，宽厚、坚毅"确立为"其乐少年"的内在品格，将"懂礼仪、善学习、勤实践、有特长"确立为"其乐少年"的外显特征，将"家国情怀、全球视野，现代精神、未来智慧"确立为"其乐少年"的关键能力，以此建构中国学生发展核心素养的校本化表达。

　　值得一提的是，在上述校本化核心素养体系中，"国际理解"是"其乐少年"的必备素养，其内涵包括自我理解素养（Identity）、沟通合作素养（Interpersonal）、跨文化理解素养（Interculture），即"3I 核心素养"。

（三）"步景课程"框架体系

　　有了校本化的"其乐少年"核心素养框架，就需要构建系统化的学校课程以实现育人目标的达成。南小将"每个人都有望从平凡的起点步入非凡的境界"作为学校课程哲学，其课程观是：课程是生命的养料，儿童从中汲取能量，获得生长的动力；课程是成长的阶梯，孩子沿着课程的通道前行，实现对过往的超越；课程是美好的体验，学生在课程学习中享受美丽风景，体验自由和幸福。南小将本校专属的具备以上特征的特色课程体系命名为"步景课程"。"步景"一词来源于古代神话，是一种神马的名称，现泛指好马。"课程"一词的英文名称"Course"也包含着"跑道"的意思。"步景"课程契合学校 logo 的寓意，也与校训一脉相承，将"走好每一步"的教育哲学渗透于学校教育的各个侧面，促进师生在生命成长通道上获得"移步换景"般的美好体验。

　　"步景课程"坚持"信步童年，健步征途，阔步未来"育人理念，提出了以下教育主张：让儿童立于学校的中央，尊重儿童的天性，营造自由、安全、可信赖的内外环境，给他们充分的选择空间，在选择中培养自信、构建自我，获得"胜似闲庭信步"的自在感；立足小学教育的基础性、启蒙性定位，聚焦国家课程，推进学科育人，践行"全面、全员、全过程"的"三全"育人观,实现德、智、体、美、劳五育融合;着眼于未来世界的形势与需求,奠基融通中外、畅行世界的具备全球胜任力的未来人才培养。

"步景课程"体系下分三个分支:"健步"课程群、"信步"课程群、"阔步"课程群。"健步"课程群是基础性课程的总称,包括国家课程、地方课程和必修的"国际象棋"等学校特色课程,课程理念:日有所进,日积月累,日新月异。健步课程群追求"有人性",倡导"走好每一步"中"好"字所蕴含的价值观:"大家'好'才是真的好""长远'好'才是真的好""更加'好'才是真的好",以教师"厚德"孕育"德厚"学生。"信步"课程群是选修类拓展性课程的总称,课程理念:自由选择,自主发展,自信满满。"信步"课程群追求"有温度",运用"双轨制""跳槽制""走穴制"等多种策略,努力为学生提供尽可能多的选择机会,允许学生在体验多种课程之后再作选择,在自由选择中发现自我、成就自我。"阔步"课程群是综合实践活动类课程的总称,课程理念:走出校门,走出城门,走出国门。"阔步"课程群追求"有美感",学校将之视为学生言行方式的客观投射、丰厚素养的外在彰显。

图7-1 "步景课程"图谱

二、国际象棋课程:在传承中积淀

在学校课程框架体系中,特色课程在培养个性化学生方面发挥着主导作用,同时又与其他课程协调共生,共同培养全面发展的人。特色课程的形成,需要几代人的努力。南小国际象棋课程发轫于 1995 年,最初以双休日兴趣班的形式进行,随后纳入学校课程实施,历经多次课改的洗礼,逐步积淀、逐步完善,目前已形成有普及、有提高,有实践、有成果的区域精品课程,在学校发展史上享有重要地位。

(一) 课程目标与内容:着眼技能,聚焦品格

特色课程的立项和建设既需要考虑学生需求、师资条件,也需要考量该课程与学校育人哲学、课程框架的内在关系。南小为什么将特色课程锁定于国际象棋呢? 棋类课程普遍有利于增强学生的思维力、专注力、观察力、记忆力、耐挫力,而国际象棋比起围棋和中国象棋,具有风格务实受欢迎、规则简单易上手、对弈省时好练习、通行世界利交流这四个特点,因此在三大棋中更适合中小学生学习。

在"步景课程"体系中,国际象棋课程以三种形态存在,在"健步"课程群里,有面向低段学生实施的国际象棋必修课程;在"信步"课程群里,有面向中高段学生实施的国际象棋选修课程;在"阔步"课程群里,有面向全校学生实施的国际象棋竞技课程。在课程目标的设定、课程内容的选择上,都以核心素养为指针,三类课程各有侧重、螺旋式上升,形成系统。必修课程面向全体,排进课表,重在普及,其课程目标是初步培养学生对国际象棋的兴趣,了解国际象棋的基本常识,认识棋盘、棋子,知道棋子的各种走法,行棋的基本规则,掌握最基本的开局方法、初级战法;简要了解国际象棋的由来和发展情况,了解卡斯帕罗夫等世界顶级国际象棋大师;初步培养专注力和观察力。选修课程面向具备一定基础的初学者,重在提高,利用社团活动时间开设,其课程目标是进一步学习初级战法,丰富战术运用,赏析例局,从中获得智慧启迪;学习国内世界冠军谢军等的成长故事,培养荣誉感,增强思维能力、观察能力、专注力、独立选择与判断能力。竞技课程的目标是增强规则意识,遵守比赛规则,在备赛课程的学习中提升战术和思维水平,在比赛中培养专注、坚毅的品格。这些技能与品格的培养,同样指向"其乐少年"核心素养,南小将之归结为提升"七种意识",即规则意识、团队意识、大局意识、进取意

识、快乐意识、精品意识、反思意识。

在课程内容上,特色课程除了安排通用的基本常识和基本技能的学习之外,更加注重结合学校实际,加以校本化的改造,开发源于学生身边的,源于学生既有经验的课程资源。南小的国际象棋课程突出"以棋激趣,以棋益智,以棋怡情,以棋育德",从四个方面入手对课程内容进行校本化的建构:

1. 棋趣。在认识棋盘、棋子、走法等,掌握基本常识、基本规则、基本规律方面,抓住形象化、情境化的特点,突出"趣"字以吸引学生。

2. 棋理。在各类开局、初级战法、战术运用、战术组合等内容上,运用游戏化、冲突化策略,突出"理"字以启迪学生。

3. 棋情。在介绍国内外国际象棋大师故事的基础上,自主开发学校国际象棋发展历史、本校国际象棋冠军故事,挖掘人物的思想情感,突出"情"字以感染学生。

4. 棋品。在国际象棋的学习和对弈中提升情商,培养自律、责任、进取、关爱等品德,健全人格,突出"品"字以熏陶学生。

以上四个模块的课程内容在课程目标的统领下,在三类国际象棋课程中差异化分布,螺旋式上升。

(二) 课程实施与评价: 分层拓展,以赛促评

课程实施是学校特色课程建设的关键一环,决定着课程的生命力能否得以焕发。课程实施的方式往往由学校文化、师资队伍、课程特点、学生素养等共同决定。有的学校为凸显"特色",不惜举全校之力面向全体、涉及全面、部署全程,强行推广,这种"高控制"的做法的确可以使学校"特色"创建迅速见效,甚至成果显著,学校短期内形成品牌效应,却忽视了学生的差异性和选择权,与因人而异、因材施教的适性教育理念背道而驰。南小国际象棋特色课程的实施经历过校外拓展、校内试点、校内推广等几个阶段之后,逐步形成如今的"分层拓展,以赛促评"模式,将实施与评价融为一体,协同推进;将必修与选修立体穿插,分合有度;将普及与提高前后衔接,密切配合,收到了良好的效果。

1. 分层拓展的实施范式

(1)开设必修课程,在普及中奠定基础。在一、二年级各班,每周安排一节国际象棋课,排进课程表,由具备国际象棋专业执教资格的教师开展教学。从零起点出发,通过两年必修课的学习,帮助学生获取国际象棋的入门级知识与技能,并激发学生对国际象棋的兴趣,培养"其乐少年"文明礼仪、友好协作、热爱学习、善于思考、珍惜时间等基础层级的素养。

（2）开设选修课程,在分层中珍视差异。经过低段两年的基础性课程学习,学生已经有了入门级的基础,其在国际象棋方面的兴趣、特长和禀赋等差异性进一步显现。到了三到六年级,学校开设拓展性课程,并根据学生的技能掌握水平,分设多个中级班、高级班,纳入"信步"课程群统一管理,在学生自主报名选择的基础上,经指导教师综合评估后,编入不同班级。

（3）开设竞技课程,在选拔中发现自我。作为前两种课程的补充,开设更加开放的班级、年级、校级三级竞技课程,纳入"阔步"课程群统一管理。详细制定"其乐杯"赛事规则,明确报名、组织、评比、奖励制度,开发学生备赛、参赛事迹,邀约新闻媒体报道,同时将以上内容作为课程资源,形成赛前互动、赛中实践、赛后评议诸环节衔接配套的课程序列。

2. 隐性课程的系统设计

除一般意义的课程之外,隐性课程的作用也越来越受到教育者的关注。在基本完成显性课程、物化课程的建设之后,南小启动了隐性课程的设计实施。自2013 年开始,学校以"国际象棋"为特色开展全方位隐性课程设计,包括学校 logo、辅助图样及相关的配套设施,从而形成浓郁的国际象棋校园特色文化。至 2014年底,全套课程系统全部设计完成并投入使用,包括班级举牌、楼层标识、教室牌、科室牌、信封信纸等。设计充分体现了国际象棋的育人元素,棋盘纹样和卡通棋子相得益彰,以橙色为主色调,跳跃的黄色和沉稳的咖啡色互相补充,显得精致而明快。学校特地举办了班牌授牌仪式,校长为每班代表授予了新班牌,这也意味着隐性课程完成系统设计,正式启用。

校园走廊、楼梯的墙壁也被开发为课程载体,创设"冠军之路""成长足迹""跋涉历程"等栏目,针对空间特点,开发利用阶梯、通道、转角等"盲区",宣传推介国内外国际象棋大师,尤其注重挖掘事件背后的人文故事,以熏陶和浸润学生。在校园空地,设置可供孩子徒步、探索、攀爬、穿越、跋涉的小微体验区域,激发对于"步"的哲学思考,希望同学们能体会校训"走好每一步"的深意,用国际象棋的棋理和精神激励自己,让国际象棋"吉祥物"见证自己的成长。

3. 以赛促评的评价机制

评价是推进课程实施,促进素养提升的必备环节,有了课程评价,才能避免课程实施偏离育人目标。国际象棋课程在评价上利用其适合对弈的特点,将比赛作为评价的主要形式,实现赛评结合、以赛促评。

（1）制定标准化评价制度。所制定的各级评价标准如表7-1所示。

表7-1　杭州市南肖埠小学国际象棋课程评价标准

年级	等级		
	优秀	良好	合格
一年级	国际象棋感兴趣，了解比赛规则。认识棋子，知道国际象棋的棋子、棋盘、各棋子的基本走法、吃法。理解胜、负、和的局面。	国际象棋感兴趣，了解比赛规则。认识棋子，知道国际象棋的棋子、棋盘、各棋子的基本走法、吃法。基本理解胜、负、和的局面。	国际象棋感兴趣，认识棋子，知道国际象棋的棋子、棋盘、各棋子的基本走法、吃法。
二年级	理解胜、负、和的局面，能够较好地保护王的走法，走棋目的性较强，着法合理。理解并能看懂记录。理解简单战术并能熟练运用。	理解胜、负、和的局面，能够较好地保护王的走法，理解并能看懂记录。初步理解并掌握简单的战术。	理解各棋子的基本走法、吃法。基本理解胜、负、和的局面，基本理解记录方法。
中级、高级班	理解并掌握一种以上布局、比赛规则，有大局观念，熟练运用规则和合理的战术进行比赛，在各类比赛中成绩优良，胜率超过70%。	掌握简单的开局、布局、杀局，较熟练运用规则和合理的战术进行练习和比赛。在各类比赛中成绩优良，胜率超过50%。	能够较好地保护王的走法，知道如何简单地布局，并运动规则和基本套路进行比赛练习。乐于参加学校组织的各种国际象棋活动。

（2）完善系统化赛事规程。学校每年举行"其乐杯"团体对抗赛和棋王争霸赛，分为三个阶段：第一阶段为班级海选赛，各班学生在自愿报名的基础上可全员参与，根据比赛成绩，对学生的课程学习情况进行评价；第二阶段为年级对抗赛，低年级各班选出三男两女，高年级选出两男一女，在班级循环赛中按总分决出班级成绩，各年级分别选出男、女最佳棋手各一名；第三阶段为校级夺冠赛，组织各年级男、女最佳棋手开展冠军争夺赛，决出男、女冠军各一名，授予"棋王"称号。一般每年各组织一次冬季公开赛和夏季公开赛，以尽可能丰富小棋手们的课余生活和实战经验。

（3）构建立体化考评机制。联合学校大队部，开设"棋乐章"，作为学生国际象棋课程学习的评价载体，针对棋趣、棋理、棋情、棋品四个维度，通过小报创编、知识竞答、棋艺对抗等形式，开展表现性评价，达到相应标准的授予"棋乐章"，获得一定量的"棋乐章"，可优先参评"其乐少年"。"其乐少年"的评选将国际象棋课程学习情况作为必备条件。利用儿童节等契机，举行"其乐少年"颁奖典礼，运用走红地毯、佩戴绶带、授予证书等方式激发学生的荣誉感，使"其乐少年"成为每名学生梦寐以求的校级荣誉。

4. 专兼结合的师资队伍

师资是课程实施中最重要的力量,也是特色课程普及中面临的最大挑战。为破解师资难题,南小探索实施了"两个结合"的路径。一是专职和兼职相结合。重点培养一名专业化国际象棋教师,同时将国际象棋纳入全体教师的通识培训。目前,南小范良伟老师具备中级教练员资格和国家一级裁判员资格,周燕菲、孔亚娜老师具备初级教练员资格,其他教师具备基本的国际象棋素养。二是校内和校外相结合。拓宽思路,南小早在 2010 年就与中国棋院杭州分院开展战略合作,成为共建单位,引进棋院专业师资,与本校教师共同承担教学和辅导任务,这一做法已坚持了 10 余年,两家单位的合作关系历久弥坚。目前,每学期均有 5—10 名棋院教练员常态化进校开展教学。

(三) 课程成果与影响: 彰显特色,创建品牌

1. 各类竞赛获奖数迅速累积

近 10 年来,在区、市两级国际象棋比赛中,南小几乎蝉联所有团体冠军,并多次包揽区级、市级个人前三名,实现了市级比赛的 12 连冠。如 2013 年举行的杭州市第十八届运动会,就一举夺得市运会团体总分、男子个人、女子个人三枚金牌。在省级比赛中,也屡屡创造惊艳的成绩,如刘羽桐同学曾在浙江省国际象棋等级赛(温州)夺得男子 A 组第一名。在各类国家级赛事中,南小战队也往往异军突起、多有斩获,如曾在首届"白雪杯"全国青少年儿童国际象棋冠军赛中摘下男子 B 组第一名,在"华源杯"全国国际象棋公开赛中拿下男子 D 组第一名。

南小不满足于国内竞技,还将目光投向了世界,在世界青少年国际象棋锦标赛、世界青少年奥林匹克团体赛、美国太平洋海岸公开赛等国际赛事中,都有"其乐少年"代表杭州甚至全国参赛,均有不俗的表现,其中胡思来就曾在美国太平洋海岸公开赛中取得个人第二名的佳绩;刘羽桐代表中国队参加 2014 东盟国际象棋比赛,获得男子 10 岁组团体第一,快棋个人第五,刘羽桐也和心目中的偶像卡斯帕罗夫合影,并有幸得到棋王的签名;2014 年 8 月,朱恒佚代表中国棋院杭州分院参加世界国际象棋公开赛获得个人第二。

据不完全统计,近 10 余年来,南小获得各级各类国际象棋领域的奖杯不下200 座。

2. 课程育人影响力持续辐射

特色项目总是与课程建设相辅相成,作为体育特色项目,国际象棋在各级赛

事中摘金夺银,这些为国际象棋课程建设带来丰厚的课程资源;同时,逐步完善的课程建设又进一步把特色项目推进到新的高度。早在 2010 年,在江干区首届精品校本课程评选活动中,面对激烈的竞争,南小国际象棋校本课程以预赛第一的好成绩成功问鼎。精品课程的成功建设,使国际象棋在南小从单一的体育技能成为综合促进学生素养提升的实践类课程。

如今,人人会下国际象棋已经成为南小"其乐少年"的"标配"。而国际象棋课程的推广,也综合增强了学生的专注力、记忆力、推理力、想象力等智力因素,锤炼了耐挫力、协作力、坚持力等非智力因素,这些关键能力与必备品格的养成,反哺着南小学子国家课程的学习。近年来,南小教学质量稳步提升,2018 年,从江干区教学质量二类学校跨入一类学校行列,并在区中小学校综合考评中取得了优秀单位的荣誉。

3. 学校品牌美誉度显著提高

随着特色课程建设成果的彰显,南小也从原先名不见经传的小区配套小学,逐渐拥有了自己的独特地位,成为江干区首批体育特色学校。在区、市两级,但凡提到国际象棋,无不联想到南肖埠小学;同样地,提到南肖埠小学,人们也自然而然地联想到国际象棋。2008 年,南小凭借国际象棋的强劲实力,经层层选拔过关,被认定为全国国际象棋特色学校。随着学校美誉度的提高,从教育服务区范围外流选择民办名校的学生逐渐减少,学校生源丰厚度逐步增加。原先 18 个班规模的小班化学校,增加到了 24 个班,班额也从原先的 36 人扩增到如今的将近 45 人,作为杭州市小班化教育实验学校,南小的"小班化"越来越"名不副实"。

第二节　共享课程:中小规模小学的兴校之策

在区域教育发展格局中,不同规模的学校拥有不同的优势,也各有其深感棘手的痛点。对于中小规模学校来说,由于场地空间、班额、学生数、教师数的限制,容易走精品化路线,但资源的丰厚度、利用率是其天然的短板。在这样的情况下,校际合作、抱团发展,无疑是拓宽发展空间、丰富课程资源、提高办学效率的有效路径。2013 年,凯旋教育集团成立后,所推行的"共享课程"就为集团所属各中小规模学校突破原有短板创造了新机遇。依托集团化联建平台,各校将自己的特色优势课程向兄弟学校辐射,同时也享受来自其他学校的优势项目,为学生的发展提供了更多可能,课程视野拓宽了,选择空间更大了,校园文化活动品类更丰富了。南小因其历史文化和特色课程优势,在集团中扮演着非常重要而关键的角色,在课程输出的同时也享受着共享课程带来的发展红利。

一、特色定位与目标找寻

(一)"区域联盟"共同体中的南小角色

为推进区域教育优质均衡发展,杭州市江干区创造性地提出了"教育新共同体"治理模式,针对凯旋街道辖区内的四所小学两所中学,提出了"区域联盟共同体"的集团化办学新模式,其运作的典型策略是活动联合、特色联建、资源联享,这就决定了同为中小规模学校的四所小学必须找寻自己的特色与优势,走差异化发展之路。

比较而言,南小具有以下几大优势:一是历史优势,四所小学中,唯有南小是真正的百年老校,悠久的办学历史积淀下更为丰富多样的发展经历,拥有更多的毕业生资源,在各层面社会群体中的知晓度也更高一些。二是区位优势,南小所处的南肖埠社区在江干区发展历程中是最早的市中心、最老的城区,周边有杭州市第九中学、浙江省农业科学研究院、武警浙江省总队、浙江大学华家池校区等大型单位,江干区人民政府近在咫尺,加上完善成熟的商业配套,使得该区域的人文积淀颇为深厚。三是特色优势,集团所属各校均有特色鲜明的校本化课程,比较而言,南小的国际象棋具有更大的影响力,已经创建全国国际象棋特色学校。这三个方面的比较优势,使得南小拥有更扎实的共享课程基础,具备更充分的培育集团发展典型案例的条件,自然也肩负着更大的使命与责任。实际上,在集团化发展的 7 年时间里,南小始终呈现出一种积极主动的活跃状态,在对接集团、承办活动、横向联络、整合资源等方面,均扮演着积极分子的角色。

(二) 国际象棋课程的南小担当

凯旋区域地处江干区西部,南有采荷街道、北有闸弄口街道。采荷区域拥有"采荷"品牌名校多所;闸弄口区域拥有"濮家""天杭"两大老牌名校,近几年浙江省教育科学研究院附属学校依托专业科研机构资源,也跻身名校行列。随着"决战东部"等城市化战略推进,彭埠、九堡、笕桥等区域内学校也快速崛起,给凯旋区域学校发展带来新的挑战和压力。凯旋教育集团成立后,迫切需要整合资源,运用创新思维激活各校发展潜能,提升办学水平和质量,迅速扩大集团影响力,增强凯旋辖区居民对家门口学校的信任感和认可度。在共享课程理念下,各校都需要将"人无我有"的最佳课程成果贡献出来,纳入集团分享平台实现互惠共赢。

在输出课程的选择上,南小自然将目光锁定在国际象棋上。国际象棋是集团范围比较稀缺的"国字号"品牌,在区内外都有较大的影响力,也备受其他学校学生、家长的关注。南小将国际象棋输出为共享课程,既符合集团的需要,又满足了学生和家长的需求。升级为集团共享课程后,国际象棋课程的目标也变得更加立体:集团层面,能为各共享课程作出典型示范,探索形成可复制推广的共享课程管理和运作机制,增强集团各校的凝聚力,助力集团创建新品牌;学校层面,丰富各校的课程文化,在相互交流中萃取智慧,提升共享课程自身的品质;学生层面,培养对国际象棋的兴趣,在实践中获得相应思维能力、意志品质等素养的综合提升,培养和发现国际象棋竞技型选手。纳入共享课程后,国际象棋课程跳出了单所学校的限制,承担起助推集团发展的重要使命。在满足更多层面需求的同时,课程的价值将得到放大,研讨交流的途径和视野得以拓宽,资源辐射面变得更宽广,由此获得了新的发展动力。

二、内容萃取与课程优化

(一) 集团化背景下的课程再造

成为共享课程之后,学校课程的实施背景发生了巨大变化,从面向单一学校到面向多所学校,文化不同、学情不同、师资不同、原有课程基础也不同,课程目标也已经发生变化。这些变革因素决定了特色课程成为共享课程不是简单的平移和复制,而是需要经历再造的过程。

作为共享课程,国际象棋课程在原有基础上进行了萃取和整合。以下是集团成立伊始,共享课程管理者拟定的课程内容纲要:

1. 国际象棋的技能教学

(1)棋盘、棋子:棋子的各种走法;行棋的基本规则;打将应将;和棋。

(2)国际象棋的初级战法:基础残局;单个棋子杀王;多子联合杀王;常用的战术。

(3)教学例局讲评:傻瓜斜线;危险的F7;"窝心马"真窝心;迷途的皇后。

(4)战术运用:闪击;牵制;消除保护;击双;双将;引离开线等战术,各种战术组合应用。

（5）各类开局:意大利开局;苏格兰开局;双马防御;西班牙开局;西西里防御等。

2. 国际象棋相关知识

（1）国际象棋的发展

A. 起源于中国; B. 起源于印度。

（2）国际象棋大师介绍

国内女子世界冠军:谢军、许昱华、诸宸、侯逸凡等

国内男子特级大师:王皓、王玥、丁立人、叶江川等

世界男子世界冠军:卡斯帕罗夫、卡尔波夫等

世界女子世界冠军:齐布尔达尼泽等

（3）南肖埠小学国际象棋重要事件,南肖埠小学国际象棋冠军介绍

A. 南小冠军榜

廖凌霄、王佳懿、陆迤炜、陈高伟、胡思来、徐巍、刘羽桐、周蕊蕊、骆江月、邵安晴等

B. 南小国际象棋史

1）学校国际象棋发展简介

2）2008 年本校师生一行 30 人与新加坡道南小学进行交流

3）2012 年代表江干区参加杭州市比赛包揽全部小学组 6 块金牌

4）2012 年 12 月参加江干区小学生国际象棋比赛获得团体十连冠

5）2013 年 3 月代表江干区参加杭州市十八届运动会包揽三枚金牌

（4）国际象棋心灵鸡汤,从心理学角度帮助学生提高棋艺水平,进行适当的心理疏导

A. 面对失败。（输、赢棋后你的感受,你会怎么放松）

B. 各个阶段如何提高。（多练习、多做题;认真做记录等）

（二） 精缩版国际理解课程应运而生

共享课程使得学校特色课程获得了更宽广的审视视角,部分潜藏的课程特质与优势获得了展示契机。"国际象棋"包含"国际"二字,正是其在世界范围 100 多个国家流行的写照,学好国际象棋,在国际交往中具有天然的优势。正是在集团层面共享课程的背景下,学校开始了新的尝试——借助国际象棋实施国际理解教

育。实践证明,在国际理解课程实施中,国际象棋同样可以挖掘相关的教育理念,有效利用其教学资源,对学生进行国际理解教育。基于国际象棋的精缩版国际理解课程应运而生,其课程目标和内容主要包括以下四个方面:

1. 结合当前国际象棋的发展趋势及我国国际象棋大师的故事,进行爱国主义精神教育,形成民族认同感和自信心。

2. 感受国际象棋的无穷变化,体验国际象棋走法中所蕴含的文化思想,如各类开局和防御方式,从中发现被世界各国广泛接受的思维方式。

3. 学生在训练、下棋的过程中潜移默化养成自觉遵守国际象棋规则的习惯,在社会交往中形成规则意识,学会尊重对手、尊重他人,强化公共空间意识。

4. 通过训练,帮助学生克服急躁和优柔寡断的不良性情,培养学生积极进取、顽强拼搏的精神和纵观全局的整体视野。

三、共享机制与传习方法

共享课程的实施需要面对的困难更多,需要解决以下问题:

第一,师资力量如何调配,如何满足迅速扩增的专业师资需求?

第二,学生招募如何开展,如何建立面向全体的公平选择标准?

第三,教学时空如何调度,如何选择互利共惠的最佳时间场所?

第四,课程评价如何进行,如何设计促进发展的适性评价手段?

第五,经费保障如何实施,如何健全能够持续的常态运营机制?

(一) 国际象棋集团化共享的机制与策略

为提高学校办学品质,打通校际时空壁垒,凯旋教育集团提出了"五联"构想,通过共享课程开发,学生将享受到共同体学校的各种特色课程。南小提供的国际象棋特色课程于 2013 年 6 月 30 日进行了第一次体验课程。当日上午 9 时未到,校园三楼国际象棋棋室已经迎来了很多前来体验的学生和家长。该课程以它特有的魅力,吸引着大家一起投入练习,感受弈棋的无穷乐趣。经过短暂的尝试体验,2013 年 9 月,区域共享课程在集团全面推开。

1. 完善共享机制

成立课程指导委员会,制定相应的校本课程的管理制度,编制学生选课指导手册,以保证校本课程的开发与实施。管理制度主要包括:课程申请与审议制度、教师工作量计算制度、教师岗位职责、课程评价制度、激励制度、课程建设档案制度、学生选课指导制度等。各类人员要严格执行各项管理制度,学校负责人要定期检查制度的执行情况。

2. 加强财物保障

对国际象棋微型课程的开发与实施应给予经费上的支持。学校要加强图书馆、实验室、专用教室等设施建设、设备配置等;设立课程管理专项保障基金,用于共享课程开发、网络课程建设、教师培训与考核奖励、对外交流、校外兼职教师聘请等方面。

3. 形成教学常规

表单准备:课程招生简章、课程报名表、家校协议书。

招生流程:由各学校代理集团向相应年级学生、家长发放招生简章、课程报名表、家校协议书,学生在家长指导下,根据自己的兴趣、爱好、特长选择课程,填写报名表,家长签订家校协议书,学校经全面评估后确定推荐名单,将报名表送课程开设学校,家校协议书留本校存档。

课时安排:每周3课时,包括社团课、地方课、校本课各一节。

4. 组织跨校研习

教师定期举行相关的教研活动,探讨国际象棋课程实施策略。

除了在正常的教学课时内进行练习之外,还注意创造各种校内和校外交流研习机会,重点以“比赛”的形式开展。如指导开设以国际象棋为主题的班队会,组织学生之间开展升级比赛,安排在每周六实施“半日活动”,借助跨校少先队活动时机安排组员之间开展友谊赛,跨校开展班级对抗赛,每年6月份举办“国际象棋节”“家庭积分赛”等。

5. 开展立体评价

共享课程具有“共享”属性,总是力图盘活资源,扩大课程的受益面。在学生学习评价上,依据集团层面进行家长、学生两方面的问卷调查。在学习效果评价上,每学期期中、期末两次进行学习成果汇报。在专家智囊团的助力上,由华东师范大学基础教育改革与发展研究所根据课程评价体系进行评价。

(二) 线上视频直播,实施普惠式共享

有报名意向,但没有被录取区域共享课程的学生,由所在学校组班开设网上集团区域共享课程,每班派一位指导教师组织学生学习,通过集团区域共享课程

光盘或互联网云传送的视频进行教学和学习。

为此,学校量身定制以微视频为载体的网络化课程资源。从 2014 学年第一学期开始,每当双周的周五下午 1:30—3:00,学生都会来到开设课程的"云教室",通过网络或光盘的视频学习区域共享课程。

南小并不满足于此,而是力图利用现代信息技术,建设区域共享课程网络资源库,开展网络远程教学。打破学校时空壁垒,拓展网络学习空间,实现个性化教学。网络教学采取同步共享方式和异步共享方式两种,同步教学是实时双向交互式网络教学,实现在线同步授课。异步共享方式包括视频点播、资源库、MoocS 式、BBS 论坛和 Email 交流等,实现随时随地自主学习。共享课程需要制作成为视频材料,建成视频资源库、课件库、案例库、课程资源库等。对于上网条件有限的学生,也可制作成共享课程光碟,供有兴趣选择该课程的学生课后学习或在家学习。

为保障共享课程的顺利运营,南小同步推进数字化校园建设,着重实现了以下功能:

1. 在线教学(视频教学)。学生可以跨越空间进行教学,不受天气、路途等影响。

2. 资源平台。教学资源库里学生可以观看教学视频,题目训练,国际象棋的名人和重要事件了解。

3. 人机对弈。学生可以根据自己的水平调节难度,进行合适的等级分练习,快速提高学生的对弈水平。

4. 在线对弈。在平台上,开设不同的房间,学生根据自己的水平进入房间对弈。也可以在线观看其他同学的对弈。

5. 对局分析。学生在平台进行对弈,结束后可以导出学生的对弈过程,并进行相应的分析。

通过合理的配置硬件和开发相应软件,为智慧校园建设做好保障措施,通过智慧校园的硬件与软件建设,增强专业技术能力和统筹安排能力,由此,E-Learning(数字化学习)平台建立起来了。教师通过数据整理、分析,找到适合学生自主学习的学习社区建设经验,对学习社区不断开展功能和模块上的提升,使其能更好地为 E-Learning(数字化学习)服务,帮助学生利用信息技术主动学习、自主学习和探究学习,做到有针对性地分层练习。

探索"线上＋线下融合式"国际象棋课程教学模式。通过教学实验和教育实践对该教学模式的主要特点、关键环节、可行性和有效性进行研究，为国际象棋教学与现代信息技术的融合进行了有益的探索和尝试，积极探索信息化在提高国际象棋教学质量等方面的创新性作用，并引领、示范、带动教育信息化建设。

运用线上的普惠式共享，南小的国际象棋课程每年至少惠及外校学生 600 余名。2018 年，由于该项工作的出色成效，南小被评为杭州市智慧教育示范校。

（三）　线下走读走教，实施提高式共享

根据不同学生的成长需要，我们把课程分为普及类与提高类两个层次。普及类课程面向所有学生，重点培养学生的兴趣爱好；提高类课程面向有特长的学生，重点是培养学生的专业特长。教师可根据学生的情况与课程的特点，自主确定上课形式，可采取大班授课、小组合作、社团体验或对弈等教学方式。线下的课程实施主要通过学生走读、教师走教、组织竞赛三种方式进行，各共享课程的负责人可以根据学校的实际与学生的成长发展需求选择一种或多种方式。

1. 学生走读

学生走读即教师在自己学校的专业教室组织教学，学生跨校选课。这种"教室固定、教师坐班、学生走班"的上课形式是区域共享课程实施的主要形式。每学期结束之前，集团办公室给各校学生发放下一学期的共享课程的《凯旋教育集团共享课程选课指导手册》和《共享课程选课表》，由学生自主选择校本课程。学校根据学生选课情况进行遴选，安排课程，为选课学生制作《个性化课程表》，并通过《家长告知书》书面通知家长和学生需要准备上课的资料、工具以及学生接送等事宜。如果选课人数过多，需要限定选课的对象，可以尝试学生选课名额分配法，按学校、年级分配人数，或者采取面试遴选录取学生。

2. 教师走教

教师走教意即区域共享课程的执教教师跨校上课，送教上门。这是"学生走班"的一种补充形式。在学生年龄较小、学生走班不便或该校选课人数较多的情况下，可以考虑这种形式。教师跨校走教是优质教师资源辐射的重要举措，对教师个人的专业成长和打造骨干教师团队，以及实现优质教师共享具有重要意义。各校应为教师跨校走教创造条件，提供必要的教学场地、设备和工具等。为了解决教师走教师资力量的不足问题，鼓励集团内有相关特长的教师加入，或者聘请校外社会团体的专业人员加盟，组成共享课程的教师团队，共同执教，领衔人由开设共享课程学校的教师担任。

3. 举办赛事

校园活动课程化,是推进课程育人的有效途径。比赛,作为学校教育的重要载体,若能将之课程化,将更好地发挥其育人功能,有利于促进各项活动之间、学科教学与课外活动之间的衔接配套,实现减负增效。在共享课程理念启发下,南小将课程视野从校内拓展到校外,依托棋协、棋院、体育局等资源平台,以学校为主体,面向集团乃至区域内外,举办大型赛事。2016 年,首届"南小杯"揭开帷幕,至今,该赛事已经举办了四届。2019 年 5 月 18 日,杭州市第四届"南小杯"国际象棋公开赛隆重举行,共迎来全市各中小学、幼儿园 800 多名选手参赛。该比赛采用国家体育总局审定的最新规则执行,并采用瑞士制电脑编排,共赛七轮,经过为期一天半的激烈角逐,共产生了男、女共计 14 个组别的个人奖和团体奖,颁出了数百座奖杯。所有参赛小棋手均可依据比赛成绩申请中国国际象棋协会等级称号。2019 年的比赛比起以往,在规模增长、品质提升、管理精细、品牌更响等方面都有大的进步。

集团内外,所有参赛选手经历了赛前、赛中、赛后一系列完整的课程实践,无论在见识、技能、经验、情感、意志还是习惯、品德等方面都呈现出良好的发展态势。

四、资源辐射与差异发展

1. 学生在共享中适性发展,体验美好教育

中小规模学校资源相对有限,无法满足全体学生个性化的学习和发展需求。而共享课程,依托原有的十分成熟的课程建设,为学生提供了新的选择,为其未来发展创造了新的可能。南小在"让学生学会选择课程,让课程促进学生成长"的教育理念指导下,以新一轮课程改革为契机,积极实践集团区域共享课程,形成集团区域共享课程群,用多元课程来落实素质教育,促进师生共同持续发展,提升科学素养和人文素养。

对于课程输出校的学生而言,共享课程扩大了同龄人之间的交往面,丰富了与他人互动的经验,学生还在对外交流、担任小老师等活动中增强自信,以教促学。

对于课程引进校的学生而言,共享课程为其打开了一扇新的窗户,让其领略到了不同于本校文化特色的课程风景,在接受知识、悦纳帮助的过程中增强对外

界的信任感。

共享各方的学生都获得更宽广的展示平台。学校体育部曾和艺术部联合打造过一个展示节目——国际象棋"真人秀"。随着激昂的音乐，巨大的棋盘上红白双方手持兵器，展开一场国际象棋的高手对决，变幻莫测的对弈棋局，不停变换的队列行进，将国际象棋的智慧与美妙展现在观众眼前。这个节目先后在凯旋集团的"凯旋少年才艺汇"、学校的六一文艺活动中演出，新颖的方式，炫目的造型，得到了师生家长的赞叹。依托集团这一更加宽广的展示平台，美好教育风景得以尽情展现，美好教育成果得以辐射更广范围。

通过共享课程，还实现了中小幼一体化的教学衔接，成为特长学生的一大福音。南小发挥国际象棋课程的示范引领作用，将辐射的触角伸向了配套的华家池幼儿园、南肖埠幼儿园，有利于尽早培养兴趣，发现有特殊禀赋的学生。经过小学六年的培养，一部分国际象棋特长突出的学生将升入配套的景芳中学，在集团共享课程机制下，中学能为之提供适合的升级版课程，这样经过 12 年一体化栽培，就能大大提高培养效率，为国家队输送专业化的国际象棋人才。于是，在 K12 的时间维度上，特长生培养的绿色通道"入门—初级—中级—高级—专业"就此畅通。

2019 年，一位 15 岁少年声名鹊起，被省市媒体广泛报道。他拿下了第四届全国智力运动会国际象棋比赛混合团体金牌，成为近 20 年来获得此项冠军的第一个本土杭州人。2019 年 11 月 22 日，他来到南肖埠小学，找到一张挂在墙壁上的少年冠军像，与它合了个影。这位少年叫朱恒侠，画像的主人公也正是当年的他自己。朱恒侠就是集团共享课程受益者的典型代表。6 岁时，在南肖埠幼儿园入园的他，被国际象棋的有趣造型吸引了，加入了兴趣班；7 岁，他进入了与幼儿园一墙之隔的南小，轻车熟路地学起了国际象棋课程，南小得天独厚的国际象棋优势使他如鱼得水，迅速成长，在省市乃至国际赛事中多次夺得冠亚军。升入集团内初中后，同样得益于共享课程，他的特长发展之路实现了中小学的无缝对接。

2. 学校在共享中丰富资源，拓宽发展边界

共享课程的推行，使得学校拓宽了资源平台，扩大了教育格局，增加了对外交流机会，获得了高端智库的引领，各校在输出资源的同时汲取资源，实现了抱团发展、合作共赢。

2014 年 9 月 21 至 22 日，依托华东师范大学资源平台，凯旋教育集团成功举办第八届两岸四地"学校改进与伙伴协作"学术研讨会，吸引了来自澳大利亚堪培

拉大学、香港中文大学、澳门大学、台湾师范大学等 15 个地区 34 个团队共计 329 位专家学者参会。南小国际象棋课程团队展示了棋王、棋后分别对战两大阵营的"车轮大战"。南小推进集团共享课程的做法在大会上作为典型进行推广。范良伟老师展示了国际象棋共享课程的公开课,并代表学校从发展现状、特色活动、共享机制、取得成效等方面介绍了集团共享课程的"南小经验",赢得与会嘉宾的广泛赞誉。

2014 年 9 月,英国小学校长访华代表团来校观摩国际象棋课程。一走进棋室,来宾们就啧啧赞叹。众多金灿灿的奖杯、蕴含棋文化的环境布置、摆放整齐的棋盘棋子,引得来宾们迫不及待地合影留念。"小棋后"骆江月还邀请英国校长迪娜与她对弈。精彩的对弈吸引了众人的关注,小棋手们纷纷给迪娜出谋划策。虽然语言交流未必通畅,但国际象棋就是最好的通用语言,一个眼神、一个动作,默契尽在不言中。迪娜所在的英国杉山社区小学也是一所国际象棋特色学校,两校一见如故,迪娜校长热情表达了希望两校开展合作的意向。这次来访,南小与 4 所英国学校签订了结对交流协议。

随着学校交流边界的拓展,新的发展机遇正在酝酿。

3. 集团内共享课程的成效与反思

南小的共享课程实施工作和其他兄弟学校一样,做了大量工作,进行了一系列创新举措的尝试,并收到了一定的效果。同时,也暴露出一些尚待解决的问题,如所制订教师、教学、学业评价方案是否合理可行,是否真正发挥评价的正确导向作用,等等,需要在以后的实践中不断地探索、完善和总结。

展望未来,学校将进一步推进国际象棋特色化、共享化,尊重学生的个性发展,培养学生的一技之长,打造学生的"当下幸福";形成"走好每一步"的核心校园文化,提升师生的校园生活质量,为形成区域内有较高知名度的精品特色学校打下坚实基础。

第三节　共创课程:区域精品小学的强校之举

随着城市化进程的加快,江干区城市中心区的地位进一步凸显,市民对优质教育的需求也水涨船高,就读"家门口的品牌学校"成为呼声最高的心愿。作为社区配套小学,要面对新时代,实现转型发展,实现既能满足居民就近入学需求,又能让本校家长满意、学生喜欢的目标，品牌化成为社区配套小学的必由之路。对于中小规模的学校来说，"精品化"是走向品牌化的必由之路。而课程作为学校教育的核心产品，就需要率先走向"精品化"，新时期区域教育的治理方式变革，为课程的精品化之路创造了诸多条件。

一、国际化视域下的课程重构

（一）　城市国际化趋势下百年老校的机遇与挑战

新时代，学校与城市、社会的联系越来越密切，在时代发展大潮中，学校当顺势而为、因势而动。2013 年是凯旋教育集团成立之年，这一年，杭州国际化步伐明显加快，新签约两座国际友好城市，以杭州为主体参与的中外教育、科技、艺术、商务等领域的交流合作频频推出新动作。这一年，《杭州市推进教育国际化四年行动计划（2014—2017 年）》即将推出，《杭州市推进城市国际化行动纲领（2015—2017 年）》正在酝酿，杭州打造世界名城的雄心初显。南小坐落于新老城区的衔接点上，入可传承"精致和谐"的传统地域文化，出可拥抱"大气开放"的当代杭州胸怀。这一年，依托全新的凯旋教育集团，学校可以近距离得到华东师范大学基础教育改革与发展研究所的指导，这些都为学校发展创造了全新的机遇。

机遇总是与挑战并存，同样是这一年，南小办学历史走进了第 103 年，离 1995 年搬入现址也已过去了 18 年，硬件的老化、场地的局限已经明显呈现。教师队伍流动性大、年龄偏大、专业发展动力不足的问题逐渐凸显。唯有运用创新思维，寻求新的发展增长点，激发师资队伍专业发展内驱力，方能扬长避短，在新形势下成为"弄潮儿"。

（二）　从国际象棋课程到国际理解课程

回首从特色课程到共享课程的发展之路，国际象棋在不断推陈出新，扩大影响。顺应城市国际化大潮，国际象棋课程也需要重新认识和定位，方能与时俱进，满足师生不断增长的教育需求。

1. 从单一到综合

作为担当立校之本重任的特色课程，肩负兴校之策使命的共享课程，国际象棋课程决不能窄化为技术的操练、智商的较量、参赛的成果，"棋趣、棋理、棋情、棋品"四个维度不可偏废，应运用主题式、跨学科的新理念，不断丰富其新的内涵，拓展有关历史文化、人文积淀、艺术审美、科学探究、文学欣赏、哲学思辨等内容,使课程从单一走向综合,更显厚度与温度。

2. 从技艺到素养

在课程的实施上,不能满足于学生对国际象棋知识的熟知、技艺的娴熟,而应从学生发展的终极命题去思考,如此耗费时间精力地实施特色课程、共享课程,其在学生未来发展中到底能发挥什么作用? 能否帮助学生奠定终身发展的根基? 这就需要聚焦核心素养,从学生的真实问题出发,通过触动学生的心灵,调动学生的经验,营造认知的冲突,让课程的营养融入学生的生命。

3. 从表象到本质

国际象棋课程的价值何在? 决不能满足于赢得了一场比赛、获得了一块奖牌、收获了一项特长,而应深入其本质,汲取其精髓。国际象棋历史悠久,已流传了近 2 000 年,是当今世界参与人数最多、流传范围最广的棋类活动,深受欧美各国和俄罗斯等众多国家各界人士的喜爱,被称为"第二体育",我国旧时称之为"万国棋"。从这个意义上讲,国际象棋就是沟通世界的桥梁、理解世界的密码、畅行世界的语言。抓住这一课程的本质,才会让学生从中获取最大的收益。

基于以上三点新认知,南小在共享国际象棋课程的同时,开始了全新的拓荒之旅,逐步构建起内涵更为丰富、外延更为广博的国际理解课程。

(三)"国际理解"核心素养的校本化实施

核心素养是学生为适应个体终身发展和未来社会发展所需要的必备品格和关键能力。它是基础性的、综合性的、可以习得的。在中国学生发展核心素养框架体系中,"国际理解"是 18 个基本要点中的一个,从属于 6 大素养中的"责任担当",3 个方面中的"社会参与"。国际理解素养即全球素养,根据 OECD 的观点,可以定义对其作如下定义:一种能够从全球视野批判性分析全球跨文化议题的能力,一种基于尊重人类尊严和多元文化背景的理解能力与行动能力。

国际理解素养包括自我理解能力(理解自我,Identity)、沟通合作能力(理解他者,Interpersonal)与跨文化理解能力(相互理解,Interculture),简称"3I"核心素养。

1. 自我理解素养(Identity)。对本国文化艺术有一定欣赏能力,形成对本国、本民族的正确认识,建立自我认同感、民族认同感与国家自豪感。

2. 沟通合作素养(Interpersonal)。掌握与他国交往的技能及行为规范,有一定的母语能力和外语能力、适应能力和沟通合作能力，能够正确看待国家与地区矛盾，尊重不同国家与民族的差异化、多元化。

3. 跨文化理解素养(Interculture)。尊重和理解民族、宗教、文化的差异性，正确认识竞争与合作、和平与发展、环境保护、多元文化共存等全球问题，建立起共同的基本价值观，培养公正、民主、热爱和平、关心人类的共同发展的情操。

核心素养导向下，南小的国际理解教育以"一带一路"倡议为重点，建设"丝路春雨"课程。以"三体"(利益共同体、责任共同体和命运共同体)为引领，以"五通"(政策沟通、设施联通、贸易畅通、资金融通、民心相通)为机制，发挥学校教育在"民心相通"中的巨大作用，让国家的宏观政策在学校中的具体课程中落地，开展民族认同教育、国别理解教育和跨文化理解教育三大主题教育。

二、共同体背景下的课程开发

(一)　国际理解教育 1.0 版：拓展性课程建设

南小校自 2013 年开始逐步实施国际理解教育，学校在省级课题"小学国际理解教育特色课程建设的实践与研究——基于'3I'核心素养的视角"引领下，获杭州市国际理解教育特色品牌立项项目校，自主研发编写了《走向世界》《国际礼仪》等校本教材。自 2015 年学校被评为江干区首批课改实验学校以来，加强课程改革研究，着力推进国家课程校本化，校本课程特色化的研究。这是国际理解课程的1.0 版本。

学校以"为每一位孩子的幸福人生奠基"为教育理念，以培养具有国际视野的"懂礼仪、乐学习、勤实践、有特长"的"其乐少年"为目标，整体架构了南小课程。

根据学习的内容和培养的目标，将南小课程分为五大领域，分别是：艺术与审美、运动与健康、品德与社会、人文与语言、数学与科技。每一个领域的课程，既有国家规定的必修的基础性课程，学校开设的特色校本课程和主题活动课程，也有供学生自主选修的拓展性课程、体艺类课程。这些课程囊括的学习科目，因各个课程的时间、时长设置分配不一，进入课程的方式丰富多样，课程种类齐全。在学生在校时间不变，学习总时间不变的前提下，架构起了基于学生个性培养的特色课程体系。

在课程的实施过程中，对于基础性课程学校主要从以改变学生学习方式入手进行课堂转型研究，确保国家课程的落实。在拓展性课程建设上，以特色课程为依托,以多元评价为载体,注重学生兴趣的培养。

1. 基础性课程,加强课堂转型研究

本校作为区课堂转型研究的试点学校,学校以市级课题"学生学习新常规"研究为引领,在基础性课程研究方面着力从转变学生学习方式的角度入手开展了一系列的主题研究活动。

(1) 以课题为引领,开展课堂转型研究。

学校先后组织老师进行了理论学习,我们邀请了浙江师范大学大学附属杭州笕桥实验中学的高琼校长到校做了"现代视野下初中课堂形态的变革与创新"讲座,特级教师童承基老师做了"新课程下的课堂常规要求""漫谈怎样备课",杭州师范大学王凯教授的"为了每个孩子的个性发展"等培训。各备课组在循环教研中开展了以"拓展学习路径,转变学习方式"为主题的大讨论,对课堂转型的策略谈了自己的想法,并从教学设计中的问题设计、学生体验活动、行为方式等方面入手进行摸索。各教研组也积极立足本学科教学撰写了校级的课题研究方案。其中语文教研组的"'3+3'教学模式在小学语文课堂教学中的运用研究"被确立为区重点课题。

(2) 以课堂教学为阵地,开展实践探索。

① 以主题教研为载体,开展多渠道课堂研究。

本校成立了学校的课堂转型研究的领导小组和相应的组织机构,确保研究顺利进行。在教研过程中,我们得到了区教育发展研究院的大力支持,教研员纷纷参与到我们各教研组的活动中,对我们的研究进行了指导和帮助。

语文组邀请到了区教育发展研究院朱慧副院长开展了"立足学习方式的转变,培养学生核心素养""同课异构、切磋教艺、聚焦核心、提升素养"的专题教研;数学组开展了"立足教学技术的改进,培养学生核心素养"的多途径的校际教研活动;科学组在陈敏老师的指导下开展了以"生疑　解惑　提升课堂探究的有效"的主题教研;英语组开展了以"跨文化理解教育"为主题的系列教研活动。

② 以媒体运用为助力,拓宽多纬度教学平台。

本校自 2017 年 12 月开始有幸成为江干区第一批智慧课堂的试点学校,配备了一整套全景课堂的设备,以硬件 IPAD 为媒介,开展智慧教育课堂。全景课堂是利用移动终端开展泛在学习、无边界学习和项目式探究学习的有效载体。通过集实时分享、实时诊断、学科控件库等多功能于一体,重构了课堂的教与学结构,突出数字化学习方式的变革和学习手段以及学习途径的多样性。为了更快地让老师们能上手,校信息组通过学习软件平台,准备具体课程,开展了全员培训。在寒假期间本校共有 23 位教师通过培训获得 Apple teacher 证书。从此,开始以三年级作为试点年级,部分学科开展全景课堂教学试点。

③ 以教材使用为重点,落实新课程改革理念。

从 2017 学年开始,现有的一年级开始使用部编版《道德与法治》教材,为了更好地落实教学目标,本校品德组开展了"部编教材课例探讨"为主题的活动,设计并执教的课例作为部级示范课在全国推广。科学组针对一年级开设的科学课,举行了"学习新课标、实践新课程"的校本教研活动。语文组以加强教材研读为核心开展了"让学习真实地发生——落实语文核心目标的建议",围绕如何提高低段学生字词句运用以提高学生说话、写话,以及遣词造句的水平为主题的"漫谈写作"学习。

在每学年的 10 月,我们以"导·航"展示活动分层开展阶段汇报。学校集中用近三周的时间,围绕"立足'新课堂'研究,提升学生核心素养"的主题,由本校的二、三层次的骨干老师集中展示了各组如何从转变学习方式入手,向全校展示了各教研组在课堂转型研究过程中的阶段性成果。

2. 拓展性课程,促进个性发展需要

"棋乐院"课程是本校的社团课程。每学期期初第一周,学生通过网上选课的形式,从网站上自主选课。学生可以用自己的账号登录学校选课网站,并根据网页上的课程的内容和教师的介绍自主选择课程进行学习。在选课结束后,每名学生拥有属于自己的个性化课表。这样的选课方式,对于每个孩子来说,是具有很大的选择性和自主性的。学校在每周五下午集中时间开设"棋乐院"课程。通过近几年的积累,本校共有比较成熟的拓展性课程 42 门,其中 STEM 课程、Scratch 编程等都是比较受学生欢迎的。

为了让更多的孩子在通过选修课的学习后有更多展示学习成果的平台和空间,每年学校结合"社团节"的形式,让学生进行课程的成果展示评价。"棋乐院"社团课程成果展示评价是学生在学习完一年的课程后结合社团节以动态和静态相结合的方式进行的评价。在评价过程中,注重对学习结果的展示交流,让老师、同学、伙伴来点评欣赏自己的成果作品,在成功中培养学生的毅力,激励自己增强信心。如我们的合唱队、舞蹈社、管乐队、篮球、跆拳道社团课以动态的表演形式进行展示,书法、儿童画、绘本等社团课以静态的作品展示的形式进行展示。其中本校的乒乓球已经获得区乒乓球比赛团体八连冠,在省市也频频获得一等奖。在上海举办的 2017 WER 国际机器人比赛中获一等奖。国际象棋曾获杭州市国际象棋比赛十连冠,学校特色工作得到了《新华日报》《新京报》等主流媒体的关注和报道。2018 年本校还举办了"南小杯"全国国际象棋棋协大师赛,本次赛事由中国国际象棋协会主办,本校承办,来自国内外 600 多名选手参加比赛,中国棋院国象部田红卫主任为活动致开幕词。学校 2018 年承办第二届亚洲国际象棋锦标赛,2019 年在全球范围内寻找国际象棋特色学校并发起国际联盟。

(二) 国际理解教育 2.0 版: 综合实践活动课程

2017 年,由国际象棋延伸出的国际理解教育被列入杭州市教育国际化特色项目。在市教育局的关心和支持下,依托凯旋教育集团,我们得到了华师大基教所专家的精准指导。在 2017 年 12 月经过华师大专家团队的论证,课程从开始的 1.0 版本升级到 2.0 版本。在前期实施的过程中,我们基于顶层设计,逐步积累、完善课程的架构。

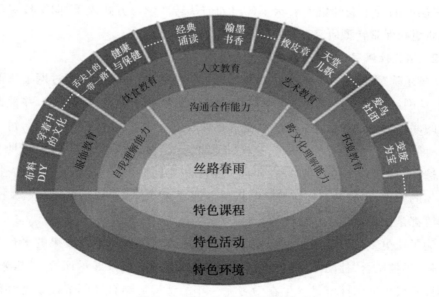

图 7-2 "丝路春雨"课程框架

"丝路春雨"课程是本校实施的特色课程,习近平总书记在党的十九大报告中强调,要推动形成全面开放新格局,"以'一带一路'建设为重点,坚持引进来和走出去并重"。

丝路精神和我们学校的培养目标(培养具有国际视野的"懂礼仪、乐学习、勤实践、有特长"的现代中国公民——"其乐少年")正好不谋而合,我们就借"丝绸之路"的特殊历史地位,通过学校教育的有效实施,以达成我们的培养目标。

丝路漫漫,落花缤纷;春风化雨,润泽童心。这就是我们的"丝路春雨"课程。主要是立足于让学生了解多元文化、全球问题等国际背景知识,在探究与体验的基础上,初步培养学生运用国际交流语言的能力、全球视野和国际交往等方面的能力,培育学生国际视野与中国意识,为他们将来参与国际竞争与合作打下扎实基础。

"丝路春雨"课程的实施主要有特设课程、特色活动、特色环境三大途径。

国际理解教育之"丝路春雨"课程结构与设置

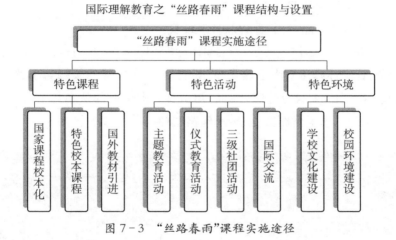

图 7-3　"丝路春雨"课程实施途径

在学校"丝路春雨"课程的统领之下,以南小娃儿"西游记"为主题的综合实践课程的开发与有效实施,逐步达成学校培养具有国际视野、国际胸怀、国际责任感和国际交往能力的现代中国公民——"其乐少年"的培养目标。

表 7-2　杭州市南肖埠小学"其乐少年"综合实践活动课程培养目标

"其乐少年"综合实践活动课程培养目标	"其乐少年"综合实践活动课程主要内容
培养自我识别能力: 自我理解、认识国学、立足于本土	了解本国文化、历史、习俗与社会发展,学会使用本民族语言交流,对本国文化艺术有一定欣赏能力,形成对本国、本民族的正确认识,建立民族认同感与国家自豪感。
培养沟通合作能力: 理解他者、学会沟通、走进五大洲	了解其他国家文化、历史、习俗,掌握与他国交往的技能及行为规范,有一定的语言能力,适应能力和沟通合作能力,能够正确看待国家与地区矛盾,尊重不同国家与民族差异化、多元化。

续　表

"其乐少年"综合实践活动课程培养目标	"其乐少年"综合实践活动课程主要内容
培养跨文化理解能力： 理解世界、关注全球、做世界公民	尊重和理解民族、宗教、文化的差异性，正确认识竞争与合作、和平与发展、环境保护、多元文化共存等全球问题，建立起共同的基本价值观，培养公正、民主、热爱和平，关心人类的共同发展的情操，担负起"世界公民"的责任和义务。

在全面践行"一带一路五通"倡议的背景之下，我们学习"一带一路"沿途国家文化，在体验中感受中国心、民族魂、世界眼。

1. 综合实践活动课程特色环境布置

（1）整体架构"丝路春雨"课程软环境设置

在教学楼前设计制作了展示丝路地图上沿线国家地理位置，以及相对应班级的丝路版图，让全体师生对南小娃儿"西游记"有一个整体的架构与了解。通过南小特有的丝路版图，大家对丝绸之路的知识有一个全面的认知与了解，孩子们能搭乘"南小"专列去感受丝路文化、传承丝路精神。

图 7-4　丝路春雨版图

在教学楼各楼层的转弯路口，学校分别设置了丝路版图，各楼层相关班级所对应的国家版图、国旗、所在位置等信息，孩子们课间走过路过均能浏览、学习，加深印象，这样的设置不仅能让孩子们了解到自己班级所对应的国家，还可以去了解别的国家的相关知识，加深印象。

（2）重点打造娃儿"西游记"综合实践活动走廊设计

学校的德育走廊根据主题，分别设计了以海洋蔚蓝为底色的海上丝绸之路与从绿洲到沙漠再到绿洲颜色渐变的陆上丝绸之路，在相应的底板之上，我们制作了该国国旗、版图、标志建筑、简要介绍、对应班级等信息，让孩子们可以整体了解丝绸之路沿线国家概况，更清晰地对应自己班级的国家，更深入地去了解对应的国家，更可以整体了解丝绸之路上的国家人文特点，增进整体认识与了解。

另一侧走廊以火车和飞机为载体制作了南小娃儿"西游记"的人物照片，主要展示了南小孩子们到过的相应丝绸之路上的国家或地区，展示他们的照片和一句话研学感受。通过这样的展示，学校能带着更多的孩子去学习考察，孩子们也能在父母的带领下继续出去走走看看，实地了解沿线国家或城市，重走丝绸之路，体验丝路之行，让孩子们的外出旅行更富有意义。

（3）精心设计"一班一国"班级外墙展示内容

各个班级按照丝路沿途城市或国家，以班级坐落的教学楼地理位置作为路线贯通设定了海上丝绸之路经济带和陆上丝绸之路经济带，一个班级对应一个国家或地区开展从风土人情、历史文化、自然景观、典型人物等方面的认识、了解与展示。通过学习、了解，按照年级不同，从不同的视角，用不同的方式，结合春秋游研学、上网查找资料、和父母外出研学的情况，分别制作小报、美术作品、调查报告等按照一月一次的频率在教室门口进行有主题的展示和分享。

表7-3　杭州市南肖埠小学各班国家(城市)安排

	班级	国家或城市		班级	国家或城市
陆上丝绸之路	101	西安	海上丝绸之路	301	福州
	102	兰州		302	广州
	103	乌鲁木齐		303	海口
	104	哈萨克斯坦		304	北海
	201	吉尔吉斯斯坦		401	越南
	202	乌兹别克斯坦		402	马来西亚
	203	塔吉克斯坦		404	印尼
	204	伊朗		403	斯里兰卡
	604	土耳其		504	印度
	603	俄罗斯		503	肯尼亚
	602	德国		502	希腊
	601	荷兰		501	意大利

（4）合理布局"特色展现"墙面环境育人效果

让每一面墙都会说话，是学校德育浸润的手段和方式，学校的教学楼各墙面、各楼层楼道、过道，甚至是厕所里面也根据学校国际理解特色进行了相应的布置和更新，使之更贴合学校国际理解课程、德育课程实施的需要，让教育无形却留痕。

走廊文化的设计与学生参与相结合，构建"参与性"课程环境，将原本功能单一的走廊充分利用，增加了学生与空间的互动，把区域的使用性功能发挥到最佳，无疑是南小实践活动区域与环境设计的优选。校园中临时性环境的设计可供学生体验生活、操作实践，把"生活体验"的概念贯穿整课程环境的设计，让校内各个区域能够有更多的机会和时间参与其中。

2. 综合实践活动课程活动开展

在国家规定的课程之外，为落实学校的办学理念、发展学生良好的个性和促进教师的专业发展，学校可以通过多种形式进行活动或者课程的设置。通过跨文化理解教育系列活动的开发和开展充分体现我们的办学特色，凸显"智慧育人"的办学理念。以丰富活泼的形式开展各种教育教学活动，在潜移默化、身体力行、精神感悟中，丰富生命底色、润泽生命成长、提升人文修养、丰满心灵世界、增强学习活力。让学生接受不同文化的熏陶，尊重民族、文化上的差异性，开阔眼界，提高跨文化理解水平。

学校在活动的开展上，始终围绕着一个最终目标——促进学生的个性和谐全面的发展。"四看"主题活动能够给学生带来课本以外的体验，并在活动的准备、参与中学生的综合素质得到提高。

以活动为载体，增强学生综合能力。我们依托教学理论，并结合教学实践，构建符合学生需求的，能开发学生潜能，培养学生良好个性，促进学生全面发展的校园活动，为学生提供学习过程中的空间选择和内容选择，从而培养"智慧型学生"。

（1）借力仪式教育，拉开南小娃儿"西游记"课程实施的序幕

学校德育部门一直重视仪式教育，让学生在隆重的仪式活动中收获成长一直是学校仪式教育开展的目的。2018年初，学校开展以"共沐丝路春雨　传承中华文化"为主题的开学典礼仪式，结合少先队寒假实践活动，旨在传承中华文化的同时，提高少先队员们对"一带一路"的认识，感受丝路文化，培养既有家国情怀、又有国际视野的学生。学校大门口以红包墙的形式开展了"丝路"小知识竞赛和"走好每一步"的集校训活动。这样的形式既结合了我们的年俗，又贴合我们的主题。

孩子们进入校门欢欢喜喜领取红包，对丝路知识有了初步的认识。在红包内我们还设置了集校训的活动，更增加了趣味性，也在无形中增强了学生的班级凝聚力，提升了学生合作、沟通的水平，开启了南小娃儿"西游记"课程的序幕。

（2）开展文化月活动 续写德育课程活动新进程

南小整体规划设计"丝路春雨"活动课程，具体分为服饰、饮食、人文、艺术、环境等，3月份学校开展"丝路春雨"课程国际文化月活动，根据学生的年龄特点，细化阶段课程目标，设计系列化课程内容，并分阶段实施。

各班根据设定的国家（地区）分年级用各种形式做好班级外墙、黑板报的布置，组织班会课。

在"丝路春雨"课程下，302班的6支小队，分别走进"一带一路"的6个沿线国家，他们通过网络搜索、查阅书籍、询问家长等方式，调查了解了"一带一路"沿线国家的服饰、建筑、饮食等风土人情和该国在"一带一路"倡议下取得的发展。在课堂内，把调查的结果用不同的形式展示出来。通过各个小队的分享，同时也了解了除自己调查外的另外5个国家的风土人情和"一带一路"对相应国家的影响，进行国际理解教育。在汇报活动中，让学生重走"丝绸之路"，在真实的历史、真实情境中锻炼探究方法，收获深度成长。

（3）借力第二课堂，走进场馆，共同探寻丝路奇迹

用好各类德育资源，是助推我们开展好南小娃儿"西游记"德育课程的有效保障。学校结合第二课堂活动，组织全体队员开展了南小娃儿探寻丝路奇迹的活动，全体孩子分春游和秋游分别走进了丝绸博物馆和茶叶博物馆，去了解杭州在"一带一路"倡议战略中的重要历史地位，将春秋游研学活动中了解到的丝路知识以知识小报、调查报告、实践作业、美术作品等形式进行了展示，结合教室门口一月一次的展示要求，开启了丝路知识了解的环境展示与分享。

（4）借学校各类活动，推进综合实践课程的实施

学校在春季运动会中，对班级展示进行了内容和形式的布置：24个班级代表的是24个丝绸之路上不同的国家或地区，孩子们用服装、国旗或城市特色、口号、表演等各种方式展示了他们了解到的丝路文化和特色。同时也展示了南小国际理解课程的实施情况。

学校2018艺术节活动，举办以"丝路春雨"为主题的艺术节暨社团节展示活动。孩子们参观学习了各个班级丝路特色墙面展，表演了带有丝路特色的艺术节目，更进一步地加深了对丝路的认识和了解。

2019年元旦，本校以“丝路寻宝，南小娃儿齐跨年”为主题开展相应的闯关活动。寓教于乐的形式，丰富多彩的内容，孩子们玩在其中，乐在其中。丰富了知识，拓展了能力，增长了见识。

（三）国际理解教育3.0版：学科渗透型基础性课程

2018年5月，学校又被确认为杭州市教育国际化示范校创建学校。从此，本校国际理解教育3.0版本正式启动，以国家课程校本化为主要途径，将国际理解教育的理念融合到多学科教学中去，开展基于国家课程的学科渗透和学科拓展。同时，该项目已经被区教育发展研究院列入2018学年区域教育重点推进项目。

1. 学科教学中渗透国际理解教育

在课程设置中，体现了基于学科渗透和学科拓展的国际理解教育。学科渗透首先以语文、品德、艺术学科为试点，充分尊重原有课程体系，结合学校实际进行有机渗透。语文、品德学科每月上一节渗透国际理解教育的课，艺术学科则要求每两个月上一节。学科拓展借助周三谈话课实施，隔周上一次国际理解的短课，同样要求结合学生已学的某学科内容，进行跨学科、主题式的学习。

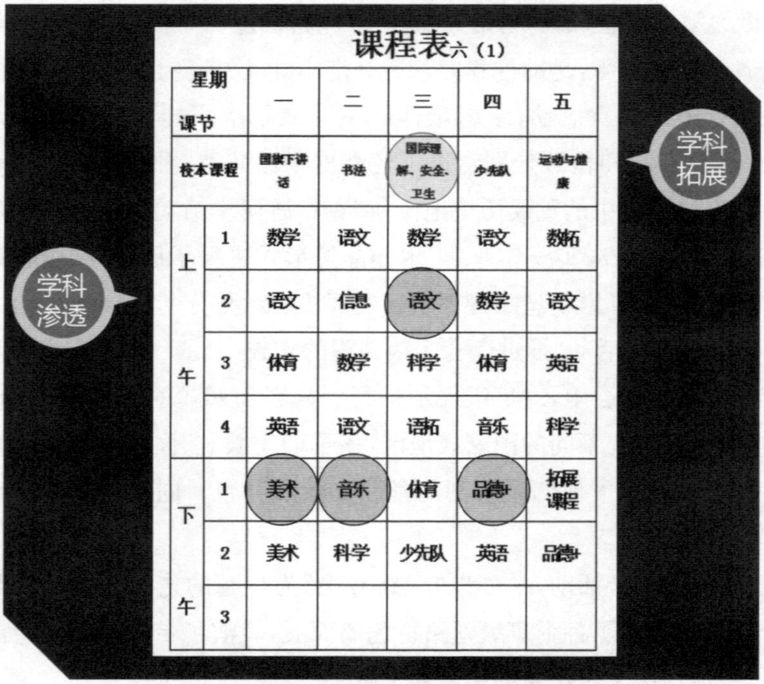

课程表六(1)

星期/课节		一	二	三	四	五
校本课程		国旗下讲话	书法	国际理解、安全、卫生	少先队	运动与健康
上午	1	数学	语文	数学	语文	数拓
	2	语文	信息	语文	数学	语文
	3	体育	数学	科学	体育	英语
	4	英语	语文	语拓	音乐	科学
下午	1	美术	音乐	体育	品德	拓展课程
	2	美术	科学	少先队	英语	品德
	3					

图7-5 杭州市南肖埠小学六(1)班课程表

2. 编写《我和世界》国际理解课程学本

利用 2019 年的暑假，学校给每个老师布置了一项特别的暑假作业——编写与自己所教学科融合的国际理解课程学本。各学科根据课程标准整理出了学科国际理解教育目标框架。

表 7-4　语文学科国际理解教育目标框架

主题	内容	学段	知识	能力	情感、态度、价值观	行动
国际议题	人口、环境、和平、人权、可持续等	低段		1. 能就感兴趣的内容提出问题，结合课内外阅读共同讨论。 2. 结合语文学习，观察大自然，用口头或图文等方式表达自己的观察所得。 3. 结合活动，用口头或图文等方式表达自己的见闻和想法。	1. 对周围事物有好奇心。 2. 热心参加校园、社区活动。	实践活动（综合性学习）
		中段		1. 能提出学习和生活中的问题，有目的地搜集资料，共同讨论。 2. 结合语文学习，观察大自然，观察社会，用书面或口头方式表达自己的观察所得。	1. 在家庭生活、学校生活中，尝试运用语文知识和能力解决简单问题。 2. 能在教师指导下组织有趣味的语文活动，在活动中学习语文，学会合作。	实践活动（综合性学习）
		高段	初步了解查找资料、运用资料的基本方法。	1. 为解决与学习和生活相关的问题，利用图书馆、网络等信息渠道获取资料，尝试写简单的研究报告。 2. 策划简单的校园活动和社会活动，对所策划的主题进行讨论和分析，学写活动计划和活动总结。	对自己身边的、大家共同关注的问题，或电视、电影中的故事和形象，组织讨论、专题演讲，学习辨别是非、善恶、美丑。	实践活动（综合性学习）

主题	内容	学段	知识	能力	情感、态度、价值观	行动
国际文化	语言、风俗、礼仪、信仰、历史、地理	低段	背诵优秀诗文 50 篇（段）。		积累自己喜欢的成语和格言警句。	背诵与积累（阅读）
		中段	1. 能初步把握文章的主要内容。 2. 背诵优秀诗文 50 篇（段）。	能对课文中不理解的地方提出疑问。	1. 体会文章表达的思想感情。 2. 积累课文中的优美词语、精彩句段，以及在课外阅读和生活中获得的语言材料。	阅读与表达（阅读）背诵与积累
		高段	1. 在阅读中了解文章的表达顺序，初步领悟文章的基本表达方法。 2. 背诵优秀诗文 60 篇（段）。	在交流和讨论中，敢于提出看法，作出自己的判断。	体会作者的思想感情。	阅读与表达（阅读）背诵与积累
国际联结	国际关系与合作、人口流动与交往、科技网络	低段	学说普通话。	1. 听故事、看音像作品，能复述大意和自己感兴趣的情节。 2. 能较完整地讲述小故事，能简要讲述自己感兴趣的见闻。	1. 能认真听别人讲话，努力了解讲话的主要内容。 2. 与别人交谈，态度自然大方，有礼貌。 3. 有表达的自信心。积极参加讨论，敢于发表自己的意见。	表达与交流（口语交际）
		中段	能用普通话交谈。	1. 听别人说话能把握主要内容，并简要转述。 2. 能清楚明白地讲述见闻，说出自己的感受和想法。讲述故事力求具体生动。	学会认真倾听，能就不理解的地方向人请教，就不同的意见与人商讨。	表达与交流（口语交际）
		高段		1. 表达有条理，语气、语调适当。 2. 能根据对象和场合，稍作准备，做简单的发言。	1. 与人交流能尊重和理解对方。 2. 乐于参与讨论，敢于发表自己的意见。	表达与交流（口语交际）

在目标框架的指导下,老师们竭尽所能,从网络、书籍等处收集材料,特别强调要开发源于学生身边、学校实际和教师经验的第一手课程资源,再结合自己所熟悉的教材,共编写了 42 篇学本初稿。国际理解教育学本创编团队召开了多次讨论会,探讨学本的内容和形式。2019 年 9 月 18 日,江干区教育发展研究院的曾老师和汪老师来校指导我们的国际理解学材编写,为老师们提出了宝贵的意见和指导。

2019 年 12 月 3 日上午,首届江干区中小学教育国际周国际理解教育精品论坛隆重举行,为首届江干区中小学教育国际周拉开了序幕。由杭州市南肖埠小学编写,浙江人民出版社出版的学科渗透型国际理解教育学本《我与世界》新书首发。

图 7-6 《我与世界》新书首发式

图 7-7 国际理解课程《我与世界》封面

3. 开展国际理解课例研究

本校有专门的国际理解课程团队,以磨课的形式打造经典课例,为后期的教学实践提供范式。2019 年 11 月 21 日江干区中小学项目学习 24 学时分散培训班第四次培训暨国际理解教育专题研讨会在本校举行。国际理解教育磨课团队从 11 月初开始启动,三位教师,五次磨课,凝聚了团队所有成员的心血。最终从三节候选课中精选出一节长课和一节短课,从学科渗透和学科拓展两个角度展示本校国际理解教育的实施情况。

通过磨课研讨,我们探索出了有效触发学生国际理解素养提升的多条策略,比如中外对比、异域情境、文化交融、任务驱动,等等。

我们邀请专家研讨论证国际理解教育学材,打磨出精品课程,分学科定期开展国际理解教育专题研讨,积累经典课例,不断推进国际理解教育 3.0 版向纵深发展。

三、项目制理念下的课程实施

(一) 依托江干区国际理解教育联盟,实施师生国际素养提升项目

1. 提升国际素养 南小教师在行动

自 2016 年 9 月《中国学生发展核心素养(征求意见稿)》发布以来,课改进入 3.0 时代。杭州随之迎来 G20 峰会,并迅速进入"后峰会,前亚运"时代,随着城市国际化进程加快,教育国际化步伐加大,杭州提出了打造独特韵味、别样精彩的"世界名城"这一高标杆的城市建设目标。2017 年 10 月,党的十九大的召开标志着中国特色社会主义走进新时代。2018 年底,市委市政府出台《杭州市推进教育国际化三年行动计划(2018—2020 年)》。对于我们这些杭州的老师们来说,可以感受到时代的强烈脉动——国际理解教育也走进了新时代,我们必须运用新思维、新视野、新理念、新行动面对当前的教育现状。全球化进程加快,我们教师,尤其是教育国际化走在全国前列的杭州教师,必须要具备国际化视野,不能关起门来思考、备课和上课。在备课、上课、观课、研课、议课、评课等诸多环节,都必须把相关内容和思维触角放置于国际化的背景下加以审视,这就对教师的素养提出了新的要求。

《国际素养教师读本》一书是由杭州市教育局组织编写,贯彻落实《杭州市推进教育国际化三年行动计划(2018—2020 年)》的具体举措。全书分国际社会认

知、国际教育前沿、国际教育项目、国际教育印象、中国教育走向世界五个章节，附录中还安排了《常用教学交流英语 100 句》，基本包含了有关教育国际化领域必备的基本常识。了解和掌握这些知识，非常有利于大家形成国际素养。作为管理者和一线教师，当把此书当作基本读物，人人读好，充分利用。

南小的全体教师在认真研读《国际素养教师读本》的同时，还要思考着如何借助学科将知识更加国家化，如何将德育管理、教学设计更加国际化，教师在提高自身的知识水平的同时，可以潜移默化地引领孩子们走出校门、走向世界。

2. 共享国际理解教育研讨盛宴 放眼教育中的"国际理解"

2017 年 11 月 24 日在本校举行江干区凯旋国际理解教育联盟研讨会。孙国彩老师给大家展示"我们的食物"课堂，从食物中看国际理解教育，这是国际理解教育和品德＋融合的展示课。孙老师从我们身边熟悉的食物入手，让孩子们了解到了中西方食物的不同，从而走进中西方文化，探讨文化的不同。郑海英老师围绕着"童眼看世界，大步走天下"的主题为大家讲解了国际理解教育下的"品德＋"课程实施情况，并结合各个年段品德书的单元内容和学校开展的快乐考察日、英国游学等活动向大家展示了国际理解教育要在活动中进行，与学生的生活结合，增加学生的体验感。

黄忠敬教授的微讲座围绕着"3W"——"我们的起点在哪里？""我们的目标是什么？""我们如何行动？"三个方面向大家解释了国际理解教育的概念，明确了以后发展的目标。杨小微教授提出理解国际从理解自己开始，国际理解归根到底是文化的理解。费蔚副局长非常重视学校的课程建设，结合十九大对于课程改革原则提出的"扎根中国和融通中外相结合"的理念，认为课程改革的主题和国家的教育改革是同步的，并对下一阶段的推进工作提出了四点要求：1. 精心规划课程；2. 变革学习方式；3. 加强联盟的研讨；4. 局部实施整体推进。

各国际教育理解学校及专家们进行了圆桌研讨会。南肖埠小学、春芽实验学校、景华小学、景芳中学、茅以升实验学校、钱江外国语学校、采荷一小代表分别汇报了国际理解课程改革的推进工作。本次国际理解教育联盟研讨会让老师们从课堂、理念上进一步走近"国际理解"，这不仅是一次学习的研讨会，更是一场思维碰撞的联盟研讨会。

3. 从这里走向世界——江干区凯旋教育集团考察团赴上海交流学习国际理解教育

2018 年 1 月 4 日，江干区凯旋教育集团考察团一行约 40 人，赴上海市福山外国语小学及上海市金汇实验学校进行为期一天的参观考察,交流学习国际理解教育。考察团不仅参观了校园,并进行国际理解教育课堂观摩,听取了上海市福山外国语小学吴屹老师的一堂精彩纷呈的国际理解教育课——"印度"。

上海市福山外国语小学钱校长从"为什么要开展国际理解教育""开展国际理解教育的几个阶段""开展国际理解教育取得的成果"这三个方面向我们介绍福山外国语小学国际理解教育的进展及成果。金汇实验学校尹纪平校长陪同我们一起观看金汇实验学校的专题片,并为我们带来精彩的专题讲座——聚焦国际理解提升办学品质,介绍了金汇实验学校国际理解教育 CDE 课程的实施:1. 打造多元融合的校园文化课程,追求真实的生命成长;2. 创设优质丰富的学科教育课程,助推个性化成长;3. 建设"自主开放"的对外交流课程,提升学生的国际交往水平。

这次国际理解教育的考察之旅虽然短暂,但意义非凡。我们也将立足于本校特色,博采众长,走好每一步,谋求带有独特色彩的国际理解教育,让我们的孩子享受更精彩的课程,更优质的课堂;拥有更丰饶的成长沃土,更开阔的国际视野。

(二) 依托区教师专业发展基地学校,实施"种子教师"培训项目

1. 开启江干区中小学国际理解教育"种子教师"培训项目

城市国际化、教育国际化的大背景,对教师素养提出了新的要求,要使教师快速适应新时代,除了个人读书、研修,还需进行专业化的培训。

本校在 2018 年获得了区教师专业发展基地校的荣誉,上半年举行了江干区中小学国际理解教育"种子教师"16 学分培训,在华师大基教所、杭州市江干区教育发展研究院、上海市浦东教育发展研究院、杭州市江干区教育国际交流中心等专业机构指导下,组织了高端研修,对区内近 60 位教师进行专题培训。

表7-5 江干区中小学国际理解教育"种子教师"培训专题

培训日期	培训开始时间	培训结束时间	授课专家	培训学时	课程(专题)名称	授课形式1	授课形式2	授课地点
4.24	09:00	12:00	黄忠敬	2	国际理解教育核心素养与课程建设		专题讲座	杭州市南肖埠小学
4.24	09:00	12:00	杨小微	2	跨文化沟通与交流	专题讲座		杭州市南肖埠小学
4.24	13:00	16:30	黄忠敬	2	区域实践交流	专题讲座		杭州市南肖埠小学

续　表

培训日期	培训开始时间	培训结束时间	授课专家	培训学时	课程(专题)名称	授课形式1	授课形式2	授课地点
4.24	13:00	16:30	严国忠	2	国际理解教育课堂展示	教学观摩		杭州市南肖埠小学
5.21	13:30	16:30	曾宣伟	2	基于"介入式"学科渗透的国际理解教育	专题讲座		杭州市南肖埠小学
5.21	13:30	16:30	严国忠	2	国际理解教育论坛	教学论坛		杭州市南肖埠小学
6.11	13:30	16:30	刘世清	2	教育国际化:国家政策与基础理论	专题讲座		杭州市南肖埠小学
6.11	13:30	16:30	严国忠	2	国际理解教育实施常态化论坛	教学论坛		杭州市南肖埠小学

2. 以课堂研修方式,开展国际理解教育

开展新时代国际理解教育,我们的新思维和新策略必须和课改3.0时代相适应,紧扣国家课程,以此为核心进行学科渗透,推进国际理解教育的普惠化、常态化、序列化、系统化实施。

江干区中小学国际理解教育"种子教师"连续三次的集中研修,南小都安排了基于学科渗透的国际理解教育示范课,涉及音乐、书法、道德与法治等学科,形式上既有上海、杭州、成都三地联动的课堂,也有纯粹回归传统的课堂,更有与成都等地一起围绕专题进行异课异构的教研。

(三) 依托长三角国际理解教育联盟,实施课程演进与教学改进项目

1. 长三角"国际理解教育联盟"揭牌仪式

2019年4月24日,首届长三角国际理解教育联盟论坛暨杭州市江干区第18届"钱塘之春"教育创新论坛在杭州市南肖埠小学如期举行。南肖埠小学林霞校长以"素养导向的国际理解教育多元评价"为题作了分享。华师大基教所杨小微、华师大教育系主任黄忠敬、杭州市江干区教育学会副会长费蔚、江干区教育发展研究院院长陈仲弘、凯旋教育集团南肖埠小学校长林霞共同为长三角"国际理解教育联盟"揭牌。

2. 新时代国际理解教育的课程演进

2019年6月11日,长三角国际理解教育联盟专题研修暨杭州市江干区国际

图 7-8 长三角"国际理解教育联盟"揭牌仪式

理解教育"种子教师"16 学分培训第 3 次集中研修在杭州市南肖埠小学开展。本次活动的主题是新时代国际理解教育的课程演进,在杭州、成都分设两个会场,两地通过互联网实现远程同步参与。

南肖埠小学张玲玲老师带领着 204 班的孩子开展基于《道德与法治》的国际理解教育学科渗透"我们有新玩法"教学展示。张老师以"世界游戏推广会"为主线,精心制作视频拓宽学生对游戏的国际视野,学生讨论学习、合作展示各国游戏,在游戏中学会分享与理解,提升创新与批判精神。课堂末尾,现场通过 Team Model 系统,远程连线"安吉游戏"创始人程学琴老师。琴老师分享了将游戏推广到世界的正确方法,通过现场问答,帮助孩子了解大胆玩、大胆想是游戏创新的开始。

成都高新实验学校也是国际理解教育示范学校,它积极推进课改,重视跨学科融合式教育,把国际理解教育融进学科教育之中。成都高新实验学校的舒悦老师展示了他们自主开发的美术课程"彝族漆器"教学。舒老师通过教学展示,让城市学生也能看到专属于少数民族的艺术形式,理解少数民族艺术的审美价值,从而促进了更多学生形成自我的审美认知,树立民族认同感与自信心。

通过远程连线,在成都师范学院徐猛教授的指导与引领下,成都、杭州的国际理解教育教师代表一起就"新时代国际理解教育的新内涵与新策略"主题进行深入探讨。杭州与成都分享了各自在国际理解教育方面的推进策略与实施效果,在尽可能的扩大国际理解教育的受众面,同时也积极发掘教师特长融合课程,让国际理解教育更加多元化,培养出更有特色的教师与学生。为更好地实现国际理解教育,研讨聚焦"如何实现理解",杭州提出"交流""沟通""尊重",成都提出"了解""合作""共识",徐教授总结了国际理解教育有助于人类共存与有序发展,在实施过程中建议使用"关联""迁移""反思"等策略,让国际理解教育更好地为中国教育服务。

3. 拉开首届江干区中小学教育国际周序幕

2019 年 12 月 3 日,首届江干区中小学教育国际周国际理解教育精品论坛隆重举行,为首届江干区中小学教育国际周拉开了序幕。本次教育国际周主题为"SEE YOU SEE ME——中国心　世界眼",由江干区教育局主办,江干区教育发展研究院、江干区青少年活动中心、江干区教育国际交流指导中心承办,区内 8 所中小学协办。

图 7-9　2019 首届江干区中小学教育国际周国际理解教育精品论坛

(1)《我与世界》读本正式首发

由杭州市南肖埠小学编写,浙江人民出版社出版的国际理解教育精品课程《我与世界》正式首发。该课程采用的是"学科渗透"模式,以国家课程为中心,让国际理解教育融入常态课堂,进行全员式、渗透型、系统化的浸润。《我与世界》新书首发是江干教育"新共同体"实践成果的一个生动注脚,国际理解课程将与长三角国际理解教育联盟共享。

（2）圆桌论坛激起智慧之花

教育国际化不是单一的"教育"问题。省内外多领域专家以三个学校的做法为样本，围绕"国际理解教育的前沿理念与创新策略"这一话题开展圆桌论坛。

浙江人民出版社傅寒晴社长以《我与世界》的课程价值与实施建议为立足点，为我们详细介绍了这部国际理解教育精品课程丛书出版元素的设计细节与教学考量；浙江大学教育学院教育研究与评估中心方展画主任为我们提出了素养时代国际理解教育的创新策略；上海浦东教育发展研究院院长助理李军先生提出做长期、有用、有特色的"非时装"课程；杭州师范大学城市国际化研究院张卫良院长提出要侧重自我感知和理解，达到国际理解教育目的；原杭州市基础教育研究室主任曹宝龙博士给出了"我与世界的课程"概念，强调国际理解教育要回归到基础课程教育中；爱圣国际教育副总经理苏强先生提出国际理解教育要时刻不忘对人本身的理解与尊重；杭州钱江贝赛思国际学校校长 Alan Wilkinson 从国际教育的变迁入手，为我们分享了许多在不同国家做国际教育 20 多年的经验；杭州采实教育集团何志英理事长提出要注重深层培养学生的跨文化交际能力、独立意识、解决问题和创造价值的能力；杭州凯旋教育集团严国忠理事长强调，国际理解教育不能放弃中国优秀的人文传统。

华东师范大学基础教育改革与发展研究所副所长黄忠敬教授作《新时代基础教育的国际视野与本土行动》的报告，从"如何理解新时代""基础教育改革的国际视野""基础教育改革的本土行动"三个方面为大家解读这次报告的内容。

近年来江干区通过"教育新共同体""全国创新性教育研修联盟"等一系列创新的举措，积极推进改革发展。借助此次国际理解周的举办，师生国际化理念将进一步得到提升，江干教育国际化将迈上新的台阶。

四、多元化框架下的课程评价

（一）基于真实情境的表现性评价和发展性评价

评价建立在课程基础之上，需要明确的目标引导。在评价方式上，本校采用多元评价体系，既注重过程性评价，也关注成果性评价；既有活动性评价，也有展示性评价等。在评价维度上，从学生、教师、课程三个视角切入，构建"三位一体"的评价体系。

1. 开展"棋乐院"社团的评价

表7-6 杭州市南肖埠小学"棋乐院"社团过程性评价

"儿童画社团"自评表　　　　　　　　　　　　　班级:　　　姓名:

评价指标	评价内容	自我评价
活动情况	主动积极的参加课程活动	☆☆☆
活动表现	绘画有创意	☆☆☆
活动结果	掌握绘画的技能	☆☆☆

"儿童画社团"作品评价表　　　　　　　　　　　班级:　　　姓名:

评价内容	绘画	创意	总分
学生作品完成情况20分	10分	10分	
作品内容10分	5分	5分	
作品质量20分	10分	10分	
个性表现10分	5分	5分	
作品按时上交20分	10分	10分	
期末作品20分	10分	10分	
总体评价			合计:

在学生学习"棋乐院"课程的评价上,我们采用过程性评价和成果展示评价相结合的形式进行。过程性评价是学生在社团课程学习过程中,从知识、兴趣、收获等方面进行的评价,主要由任课老师和学生一起完成评价。如学生在选修"儿童画社团"时,在一学期结束后,学生根据参与课程的学习状况,从活动情况、活动表现、活动结果等方面进行自我评价,任课老师则会从学生出勤、作品的质量、学习的表现等纬度对该生进行过程性和结果性相结合的评价。

2. 构建"未来公民通行证"评价体系

作为具有国际素养的未来中国公民,本校的每一名学生都有一本属于自己的"未来公民通行证"。"通行证"立足学生日常家庭、社区和校园生活场景,围绕"3I"核心素养,细化为15条基本标准,指定南小"其乐少年"显著的行为识别系统,分段确立达成细则。每一条指标内容具体明确,文字通俗易懂,便于学生理解与践行。

表7-7 "未来公民通行证"评价体系

核心素养	基本标准	显著标志	分段目标达成细则
自我认同素养	了解本国文化、历史、习俗与社会发展。		
	能流利使用本民族语言交流。		
	了解认识本国、本民族的文化与历史。		
	建立民族认同感与国家自豪感。		
	热爱家乡,能发现家乡的独特之处,愿为家乡发展效力。		
沟通合作素养	了解其他国家文化、历史、习俗,能说出5个以上国家、民族、地区文化的基本精神及风俗习惯。		
	掌握与他国交往的技能及行为规范,有一定的语言能力、适应能力和沟通合作能力。		
	能够正确看待国家与地区矛盾。		
	尊重不同国家与民族的差异化、多元化。		
	能与同伴合作完成一些作业和项目。		
跨文化理解素养	尊重和理解民族、宗教、文化的差异性。		
	正确认识竞争与合作、和平与发展、环境保护、多元文化共存等全球问题,建立起共同的基本价值观。		
	了解国内外大事,以及世界各国的特色活动。		
	培养学生树立公正、民主、热爱和平、关心人类共同发展的意识。		
	树立"人类命运共同体"理念,担负起"世界版图中的中国公民"的责任和义务。		

3. 量身定制"活动评价手册"

"活动评价手册"是我们为国际理解活动课程量身定制的独特评价方式。手册评价指的是学生在参与专题活动课程学习中,以物化的一本手册来作为评价的呈现载体进行过程性与综合性相结合的评价。在课程的学习活动中及时进行过程性的评价,综合考评学生的学习能力。

如海外游学周课程,通过《访学探究手册》将游学课程的内容、活动安排、探访名校、活动体验等过程整合起来,引导学生有目的地去参与活动,在活动结束后及时进行自我评价。如在参观博物馆时,让学生思考:哪个馆内展出的文物反映的是古代中国杰出的文化? 你为英国同学带去的伴手礼是什么? 有什么意义?

又如在国际理解教育与综合实践课程整合实施过程中,将品德与生活(社会)课程与综合实践活动课、少先队活动课、地方课进行整合,统整为"品德+"的校本课程,围绕主题开展学习和相应的主题活动,探索实施"我体验,我快乐"为主题的"品德＋快乐考察日"主题活动课程。学生在课程前期设计活动计划、活动收获,并在这过程中教师和学生一起完成自评、互评和总评。

表7-8　杭州市南肖埠小学品德＋"快乐考察"特色活动评价表
（样表一）

姓名		班级		日期	
活动记载(50—100字)					
今日成长(描述自己的收获与进步)					

（样表二）

班级		组长		组员	
小组名称					
	团结协作		设计制作		
★	每个组员都积极参加		设计制作的作品外形美观、能够使用		
★★	有不同意见时大家讨论决定		设计制作的作品有创意		
★★★	能相互帮助一起完成工作		能针对发现的问题提出解决方法		
评价	（　　）颗星		（　　）颗星		

（样表三）

姓名		班级		日期		
评价主体	评价内容		评价结果(在相应栏内打"√")			
			★	★★	★★★	
学生自评	你积极参与本次活动了吗?					
	你与小组成员相处愉快吗?					
	你是否努力克服困难?					
	你对自己的表现满意吗?					
	你的特长爱好得到发挥了吗?					
教师评价	学生遵守纪律情况					
	学生参与活动情况					
	完成预期的活动任务					

续 表

评价主体	评价内容	评价结果（在相应栏内打"√"）		
		★	★★	★★★
	学生独创性的表现			
	学生的集体观念			
	同学之间能互相帮助、团结友爱			

学校在课程建设中，注重评价作为保障。学校教导处在期末"棋乐院"课程满意率调查表明，在接受调查的一至六年级同学中，有近 97％的学生表示对所学课程满意，对自己的学习成果满意。本校教师也在坚持对学生多元评价的同时，更深刻地领会了新课程改革的精神，在肯定学生差异、发展学生差异等方面都做了大量细致的工作。之后，我们将结合大数据的发展趋势，积极探索国际素养与学校国际化的测评工具和量表，开展基于数据的测评与评估。

（二） 基于新载体和新平台的多元化评价改进

评价是课程实施中必不可少的环节，也是实践操作的难点。要使评价向指向学生发展核心素养，倡导多元化评价改进。在形式上，完善常规评价、成长记录评价、活动册评价和激情闯关等相互补充的评价系统。在评价对象上，从学生、教师和课程三个维度展开。

1. 学生发展评价。主要包括学生核心素养发展评价和综合实践活动评价两部分。采取学生参与评价、同伴互评的评价方式，并尝试学分制的评价方式，学生以修学分的形式选修"丝路春雨"课程，通过校本课程的修读和各种主题活动、社团活动的自主参与，累积学分进行过程性评价。评价结果可以作为评选优秀学生和各分项荣誉称号的依据。

2. 教师发展评价。具体包含教师所具备的关于国际理解教育的专业知识、教学活动设计能力、实施能力、反思与改进能力等，帮助教师发现国际理解教育行为，进行反思和调整，促使教师提高教学水平，积累教育经验，提升课程实施层级。

3. 课程发展评价。依托"步云智库"，聘请有关专家成立课程评估中心，对课程目标定位是否科学、内容组织是否科学化生活化、过程设计是否重体验与探究、是否有效利用了各种教育资源等方面进行评估。通过科学的评价，及时诊断国际理解课程的主要问题与不足，促使课程不断发展完善。

物化载体和网络化平台是推进课程评价落地的重要抓手。通过建立互动评价新平台,将上述三个维度的评价功能统一管理,实现教师评学生、学生评教师、教师评教师、学生评学生、学生评课程、教师评课程、家长评学生、家长评课程等多维度评价信息的互通共享,平台也能累计、分析相关数据,形成实证分析报告,为学校管理者和第三方评价机构的全系统评价提供重要参考。

(三) 学教评一体化理念指导下国际理解课程的使命与未来

随着核心素养的逐步落地,第三轮课程改革的系统推进,我们在盘点教育改革发展成果的同时,学生负担过重、教育繁复化、教学表浅化、评价走过场等成为了发展中的痛点,造成这些"痛点"的一个重要原因是学习活动、教学行为、素养目标、评价任务诸多要素发生脱离甚至是冲突。改变这一现状的首要方法就是追求"教学评一致性",即美国著名教育评论家韦伯(Norman L. Webb)所说的:"事物各个部分或要素融合成一个和谐的整体,并指向对同一概念的理解。"基于"教学评一致性"理论,结合新课程标准指导意见,我们提出了"学教评一体化"理念,即以学科核心素养为旨归,综合学生学习活动、教师教学行为、学校评价任务等各层面诸多要素进行统筹设计,使其相辅相成、衔接配套,形成高度融合、同向助推的教育行为系统,共同促进学生的核心素养提升。

实现"学教评一体化"的关键策略是运用威金斯(Grant Wiggins)等人提出的"逆向教学设计",推进素养导向、评价先行、教学适配。要挑战这样的学术难题,仅靠一所学校或集团几所学校难以胜任,正好可以借助区域共创平台,研发国际素养与学校国际化的测评工具和量表,开展基于数据的测评与评估,以指导学校教育国际化的协调推进,以评促建,以评促改,有效推动学生国际理解核心素养的整体提升。

当前,《杭州市推进教育国际化三年行动计划(2019—2021 年)》正在火热实施,杭州市江干区正抢抓"后峰会,前亚运"的历史机遇,致力于打造"世界名城首善之区",作为区域共创课程的典型代表,国际理解课程已显现天时、地利、人和等诸多利好。南小正当借势借力,运用"学教评一体化"理念进一步提升国际理解课程建设与实施的整体水平,把学校建成有人性的特色化学校,有温度的精品化学校,有故事的现代化学校,有美感的国际化学校。

在"面向未来培养人"视野下共融共创、不断升级的国际理解课程,将担当使命,引导学生迎接三大认知变革:从"世界是平的"到"世界是通的",从"思考世界"到"从世界思考"(天下观念),从"各美其美"到"美美与共",将把江干学子培养成"畅行世界,融通中外"的钱江少年。

第一节　特色课程:石之语·篆刻

一、明确办学理念,树立发展愿景

(一)　恬静善思、关爱景行

杭州市景华小学创建于 2000 年,现有 18 个教学班级,700 多名学生,占地面积 8 886 平方米。学校现有专任教师 48 人,获得市、区级以上荣誉近 60 人次。学校办学过程中,形成以防震减灾为载体的生命教育、以工艺篆刻为亮点的特长培养、以笛子普及为基础的民乐特色。学生团体在省市各级比赛中获奖达 30 余项,课本剧《小兄妹》获得浙江省中小学生艺术节一等奖,实现了江干区在该比赛项目中零的突破。DI 思维创新现场比赛荣获全国创新奖。学校先后获得浙江省健康促进银奖学校、浙江省防震减灾科普教育基地、浙江省青年书法家协会篆刻教育实验基地、浙江省"竹笛进校园"教学基地学校、杭州市文明单位、杭州市绿色学校、杭州市家庭教育示范学校、杭州市心理辅导优秀站、杭州市卫生先进集体。

为了凸显学校的办学特色,在华师大专家的帮助下,学校确立了"恬静善思、关爱景行"为办学的核心理念,凝练关爱文化内涵,建设关爱共同体。通过管理服务、常规教育、主题活动深化关爱文化实践,在学校和老师之间,同事之间,师生之间,亲子之间,学校、家庭和社区之间建立关爱共同体。从 2013 年开始,"恬静善思、关爱景行"这一办学理念无论是在校园文化的创设中,在课程改革的进程中,还是在学生核心素养的培养等方面,一直起着主导作用,影响着学校的方方面面。

(二)　追求做"有思想的关爱者"

在"恬静善思,关爱景行"理念的引领下,孩子与教师(教育工作者)在育人的过程中,聚焦核心素养,学会关爱,感受关爱,倡导每一个景华人追求做"有思想的关爱者",成事成人,共同发展成长,从而形成一种充实的、积极的、成功快乐的成长体验。力争把学校建设成为一所具有教学品位、课程品牌、文化品质,促进师生终身成长的现代化学校。

二、架构关爱课程,培育关爱品质

景华小学在原有"善良、乐学、向上"培育目标的基础上,以关爱关系为维度,致力于培育具有自主行动、友善交往、融洽社群、和谐自然能力的景小少年。这一目标定位不仅是基于学校实际的选择,同时也与《浙江省教育厅关于深化义务教育课程改革的指导意见》(以下简称《指导意见》)的德育要求是内在一致的。《指导意见》明确提出:"以培育和践行社会主义核心价值观为主线,加强中华优秀传统文化教育和法治教育,突出强调个人修养、社会关爱、家国情怀,着重培养学生良好的品行和学习、生活习惯。"

(一) 凸显关爱,架构学校课程体系
具体来说,"关爱"课程体系的目标是促进每个学生:在关怀自我中学会自主

图 8-1　学校"关爱"课程体系

行动,包括:明自我、有自信、能自立;在关爱他人中学会与人交往,包括:懂尊重、能分享、会合作;在关心社群中学会参与社群,包括:守规则、能参与、有归属;在关切自然中学会友好环境,包括:敬自然、能节约、护环境。

1. 主题的模块化。根据上述目标,"关爱"课程主要包括四大模块(群):关怀自我(悦课程群)、关爱他人(善课程群)、关心社群(融课程群)、关切自然(谐课程群)。每个模块又包括若干更为具体的主题,这些主题贯穿于基础性课程和拓展性课程之中,并促进了二者的整合("关爱"课程体系与基础性课程和拓展性课程的关系,如图 8 - 2)。

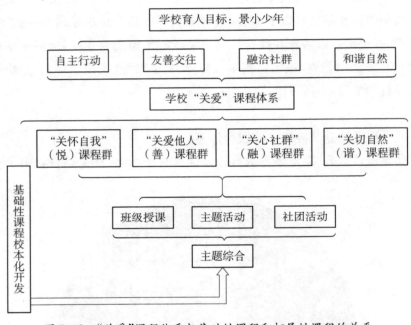

图 8 - 2 "关爱"课程体系与基础性课程和拓展性课程的关系

2. 主题的载体化。在基础性课程中,主要是在国家和地方规定的课程内容中挖掘和整合相关的主题;在拓展性课程中,主要是围绕课程模块及其主题,结合区域或校本的资源,开发一些增进学生核心素养的主题综合的课程。除此类课程之外,学校或班级日常的主题教育活动也围绕这些模块及主题进行设计、组织和实施。形成的各板块课程情况如表 8 - 1:

表 8-1 "关爱"课程体系课程群模块规划表

主题指向	基础性课程	学校拓展性课程		
		班级授课课程	主题活动课程	社团活动课程
关怀自我悦	认识自我，善待自我，救护自我，展示自我	艺术、体育，其他学科根据主题，挖掘和整合国家和地方课程	"石之语""地震与生命（自救）""行之善"	"认识我自己"心理健康活动 生活自主秀 自救自护演练 我的学科节	体育健康、艺术类、生活类社团：快乐篮球、舞蹈形体、羽林争霸、书法天地、美妙声乐、石之语·篆刻、简笔绘画、快乐厨房、生活小主人……
关爱他人善	敬爱师长友爱同伴关心他人	语文、外语、品德与社会，其他学科根据主题，挖掘和整合国家和地方课程	"行之善""地震与生命（大爱）"	"孝敬"活动 "微笑在我身边"活动 "小小红十字会"活动	实践合作类："小小红十字会"、爱心公益社、绳艺天地、快乐拼盘……
关心社群融	国际理解国家认同社会服务学校意识班级归属社团参与		"石之语（识字 画字 释字）""行之善""地震与生命（家园）"	涉外游学活动，快乐英语节 少先队主题活动 寻访社会实践活动 学校自主管理活动 班级自主管理活动 社群自主活动	社会实践类活动：跟着英语去旅行、小小英语讲解员、小红帽学雷锋小队、生命飞扬志愿者、假日雏鹰小队、鼓乐队……
关切自然谐	爱护校园节约资源保护环境	数学、自然，其他学科根据主题，挖掘和整合国家和地方课程	"地震与生命""石之语（石头创意）""行之善"	我与春天有个约会 "春华秋实" 低碳与我同行 亲近自然环保志愿活动	科技探究类：玩转百拼、DI思维、车辆模型、航空模型、养护社、水的探究队、地震科普组……

3. 主题的系列化。在课程建设中，学校充分考虑学校的条件和学生的需求，采取循序渐进的策略推进拓展性课程的开发和实施。学校大力推进精品拓展性课程的完善，形成贯穿整个学段的主题内容的系列，初步确立"关爱"课程系列体系（列举精品课程建设如表 8-2）。

表 8-2 "关爱"课程主题系列

课程名称	一年级	二年级	三年级	四年级	五年级	六年级
"石之语"	识画释字	创意拼字	石头创意	篆刻赏析	篆刻临摹	篆刻创作
"地震与生命"	家园	灾害	自救	大爱	地震	创意寻访
"'我说我心'演讲"	吟诗小明星	绕口令大王	故事小达人	快乐小主播	小小导游员	小小辩论家

课程名称	一年级	二年级	三年级	四年级	五年级	六年级
"生活小主人"	整理物品	布置房间	简易手工	理财	闲暇管理做计划	学会调节自我
"悦读"	七彩童书馆(1)	七彩童书馆(2)	快乐读书吧(1)	快乐读书吧(2)	博学天下社(1)	博学天下社(2)
"童眼看社会"	寻访家园的生态印记	寻访家园的风俗印象	寻访身边的传统文化	寻访身边的追梦人	寻访家乡的名人古迹	寻访家乡的幸福元素(公益策划活动)
"跟英语去旅游"			学习世界儿歌	世界童谣诗歌	观影知世界风俗	世界礼仪情景剧
"景华笛韵"	笛子启蒙(1)	笛子启蒙(2)	笛子演奏(1)	笛子演奏(2)	笛子社	笛子社
"春华秋实"	环保花盆手工制作	认养盆栽植物	种种草本花卉	学会简单种植,会记环保日记	学会种果类蔬菜(种番茄)	选种我们的毕业树

(二) 多维整合,有效实施课程教学

1. 促进课堂教学的参与性。建立关爱型的师生关系,探索为每个孩子的学习提供支持的关爱型课堂。微学习、慢课堂、静体验,通过提问、讨论、游戏、角色扮演、教育戏剧表演等多样化的手段,促进学生的主动参与,强化学生自主学习方式的培养。充分尊重学生主体地位,树立"儿童本位"观念,尊重个体经验;真诚对话,耐心倾听每一个真诚的发言,尊重他人,尊重内心;课堂充满着欣赏,欣赏每一次发言,鼓励每一次有意义的学习,充分肯定孩子的积极表现,对孩子充满着美好的期待。在课堂的合作学习中,善于协作,相互帮助,认真承担自己的角色内容,共同完成组织任务。课堂学习身心愉悦,充满着正能量。

2. 扩展社团活动的多样性。进一步优化"关爱"课程体系,一方面将原有近40个社团中的特色精品社团进行整合,形成综合性的或系列化的拓展性课程;另一方面,充分利用校内的优秀师资和校外的专家名师,新增一些与核心素养有关、体现课程主题的社团。这些丰富的社团进一步增强课程的"选择性",有助于激发学生的自我潜能,强化学生的自我意识,真正成为学生自我展示的舞台、自我教育的阵地。

3. 提升实施途径的有效性。为实现学校的课程体系实施,凸显"关爱"主题,

进一步合理设计教学课时安排。根据《指导意见》,在区教育发展研究院专家的指导下,整合原有教学课时安排,强化学生的主题综合活动。整合地方课程、综合实践活动、德育实践活动的主题内容与课时安排,集中一个课时开展学校的特色普及型拓展校本课程教学(第一学期"石之语"等人文类拓展课程,第二学期"地震与生命"等科学类拓展课程)。同时,每周下午安排两个课时进行课程教学以及社团活动,同时依托春、秋假及寒、暑假前期集中进行综合实践活动,集中组织学校主题活动的教学活动时间:每周半天的"关爱·绚丽星期五"社团活动、每月一次的"关爱·主题实践日"活动,期末集中实践"关爱·悦动成长季"活动。

(三) 注重激励,践行充满关爱软评价

在各课程实施过程中,对学生践行充满关爱的软评价,学生的评价以表现性评价、发展性评价为主,利用"荣誉银行""展示台""美言堂"等载体,着眼于学生的发展,建立评价激励机制,营造孩子的内心舒适感,激发他们亲近学习的欲望。结合少先队考章,利用学校网络平台,采用特定"课程年段等级(学分、等级、积分)"和"简要评语"进行评定,进而带动学生整个学习面貌的改善。

1. 从评价路径入手,重"情"。主要从感情上吸引学生,营造轻松活泼的自我评价氛围,重视对孩子努力程度的评价,调动他们对校园生活的积极性。

2. 重视孩子的亮点,寻"美"。就是让我们的老师有一双善于发现"美"的眼睛,去发现每个孩子的优点,放大之,鼓励之,试着去保护每一个孩子的自尊,呵护他们的心灵。

3. 借助多样的展台,示"趣"。通过各种主题展示活动,发现自身特长、展示"亮点",感受到学习的成功,在选择中寻找并尝试发展自己的学习兴趣点,从而提高自己坚持学习的兴奋点。

三、打造篆刻课程,亮出课程特色

篆刻艺术是中国传统艺术门类中相对独立的一门艺术品种。传统中习惯于将"金石诗书画"并称,这"金石"便是我们现在习称的篆刻艺术。杭州市景华小学的"石之语·篆刻"课程从一个社团起步,发展到从儿童的角度出发设计教材、开发教学内容、寻找适恰的教学策略深入课堂教学,成为学校的特色课程。学生在各级各类篆刻比赛中屡创佳绩,积累了非常丰富的优秀篆刻作品资源。校园长廊

墙面和廊柱选用篆刻名家作品和学生优秀作品进行布置,营造了浓郁的篆刻环境。同时,2013 年学校被浙江省青年书法家协会授予篆刻教育基地,青年书法家协会的篆刻教学专家黄国杰等也成了学校实施课程的重要专家资源。同年,学校的"石之语·篆刻"校本课程被评为江干区首届优秀校本课程,也为课程的深化拓展奠定了坚实基础。

本课程以熟悉中国古文字书法为前提,了解和掌握刻印工具和材料,将古文字书法表现在印材上,提高学生的篆刻艺术基本技能和篆刻艺术水平。通过篆刻学习,培养学生耐心、静心的品质以及对书法的兴趣,让学生学会自主、学会沟通、学会参与,潜移默化地激发起学生的民族自豪感,可谓是一举多得。

(一) 课程目标

在学校关爱教育核心素养引领下,从关注学生个体发展的角度出发,我们制定了篆刻校本课程总目标:了解篆刻的基本知识,培养对篆刻艺术的兴趣,掌握篆刻的基本技能;在中国传统文化熏陶下,陶冶情操,提升综合素质,努力成为有一技之长的景华学子。

1. 培养艺术素养

了解汉字形体演变的基本过程,重点了解从甲骨文到金文再到小篆的过程,感受汉字的魅力,从中受到传统文化的熏陶;了解和学习秦汉实用性书体——小篆,重点学习秦汉印章文字;认识"六书"之说,强调正确用字的重要性;了解刻印工具——印刀;了解刻印材料——印石的特点及各品种性能,并通过对工具材料的把握进行有效实践;通过对印章历史发展的基本了解,逐步提高篆刻艺术的鉴赏及审美水平。

2. 培养民族情怀

篆刻是中华民族的文化瑰宝,以篆刻校本课程为抓手,有目的、有计划地实施篆刻教学,深入挖掘和利用传统文化中的道德精髓,弘扬中华民族优秀传统美德,从而达到加强学生思想道德建设的目的。在篆刻教学过程中,潜移默化、持之以恒地进行民族文化、民族精神教育,从而培养具备传承民族文化、弘扬民族精神的景华少年。

3. 涵养校园文化

学习篆刻有调节心理结构,启发智慧的作用,学生大多数是动大于静,通过坐下来一笔一划的画、刻,能够培养学生观察和分析的能力。学习篆刻可以培养审美情操。而篆刻之美,必须在静静地赏、静静地刻的过程中得以领略,从而营造和涵养"恬静善思、关爱景行"的景华小学校园文化。

在这一总目标的支持下,依据不同年级学生的情况在知识技能、过程与方法、情感态度价值观等方面制定了细化的目标要求。

表8-3 "石之语"课程目标

	主题	汉字故事
一年级	知识	欣赏两千多年来中华民族的篆刻艺术,领略印章艺术的博大精深
	技能	初步认识篆刻艺术
	态度	对篆刻艺术有兴趣,学习态度端正
二年级	主题	美丽汉字
	知识	了解汉字演变的基本过程,以及甲骨文的产生、字形特点和书法特征
	技能	初步学画线条,学描篆文
	态度	加深对汉字的了解,挖掘汉字艺术之美
三年级	主题	汉字书写
	知识	认识几十个简单的小篆字,以及一些常用的偏旁、部首,欣赏十个左右篆刻名家的印章及艺术成就
	技能	按照老师提供的例子或书本上的范例,用铅笔学写简单的小篆,初步学习摹刻简单的印章
	态度	加深对印章艺术的认识和理解
四年级	主题	篆刻赏析
	知识	认识篆书的各个偏旁、部首
	技能	从简单的偏旁、部首入手,练习篆书,为摹刻稍复杂的印章打下基础
	态度	进一步加深对印章艺术的认识和理解
五年级	主题	篆刻临摹
	知识	认识汉印,学会欣赏汉印
	技能	临刻十方左右的印章,学会基本刀法,为创作做准备
	态度	对印章艺术有较深刻的认识和理解,有浓厚的兴趣
六年级	主题	篆刻创作
	知识	学会印章的布局与章法,学会篆刻的章法布局
	技能	能创作一字印、多字印
	态度	对印章创作有浓厚的兴趣,乐于参与各种篆刻活动

(二) 保障机制

1. 精心组织校本课程的实施

学校以课程设置为本、师资建设为基、社团活动为翼、氛围营造为辅精心组织并实施校本课程。

课程设置为本。学校从普及与提高两方面抓好课程设置,各年级每周一节普及型特色校本课、每周二与周五下午固定时间开设精品社团课,分别由专任教师按教材进行教学,较为扎实地引导学生学习篆刻基础知识和技巧。无论校本课还是精品社团课,教师都坚持课前认真备课,精心设计练习,课后仔细批改学生作业,及时讲解和纠正学生作业中的错误,保证教学质量。

师资建设为基。学校通过请进来走出去的培训方式建设了一支高水平的篆刻教师队伍。在教学目标制定与教学内容组织上,我们发挥教师的主观能动性、工作积极性,教师在对校本课程边学习、边实践、边探索、边完善的过程中增强自己的课程开发与实施能力。

社团活动为翼。篆刻是书法、章法、刀法三者完美结合的一种中国传统艺术,它既有豪壮飘逸的书法笔意,又有优美悦目的绘画构图,更兼得刀法生动的雕刻神韵。本校在中高年级成立"石之语"精品社团,利用一周两次社团时间提高学生的篆刻水平,让学生既感受到篆刻的艰辛,也享受到篆刻的乐趣。

氛围营造为辅。学校篆刻教育氛围的营造紧紧围绕"恬静善思、关爱景行"的办学理念。从校园围墙、走廊、专用教室门口及宣传橱窗等处着手布置,将篆刻教育特色融入到校园文化建设中。特别是学校利用走廊宽敞、通透、明亮的长处,开辟了篆刻长廊,使篆刻之美与校园环境之美共融。走廊版面有计划地进行展览布置,既有篆刻名家及其经典作品介绍,拓展师生视野,丰富知识,也有学生篆刻习作中优秀作品的展示。学校还打造了特色篆刻墙,让墙面"说话",营造浓厚的教育氛围。各班级根据班级环境用有限的空间布置展示学生篆刻优秀习作的角落。

2. 不断探索特色课程实施课型

本校主要通过特色课程的课堂教学、学科渗透、主题活动等方式加以实现校本课程普及实施。在"石之语"特色校本课程的教学过程中,我们的老师不断探索篆刻课程可实施的类型,形成以下课型:

① 欣赏课型。篆书、篆刻作品本身就具有极高的观赏性,在篆刻实践操作之前要对篆书、篆刻有一个欣赏认识的过程。学校形成"赏—评—议"三步推进的欣赏课。一是为篆刻实践奠定了基础,二是一定程度上化解了学生的畏难情绪,在

优秀作品的欣赏中增强了兴趣和信心。"眼高手低"也无妨,开阔眼界是关键。

②　操作课型。篆刻步骤比较多,有磨石、打稿、上石、刻印等基本过程,环环相扣,每一个过程都很重要。学校形成"范—讲—做"三步实施的操作课型。

③　讲评课型。一段时间的学习实践之后,教师将平时收集到的学生作品进行汇总整理,选择有特点的作品到课堂上进行讲评。讲评课采用"展—评—改"三步进行推进。这样的集中讲评课是对一段时间内学习成果的巩固。

3. 实施多元参与的软评价

篆刻校本课程评价既关注学生对篆刻基本知识、基本技能的掌握,也关注日常态度和良好习惯的培养;既关注其篆刻规范与艺术性,也尊重他们的个性化审美趣味。通过多元评价来增强学生的篆刻学习兴趣和自信心。

①　重视兴趣激发。在课程实施过程中,组织学生通过上网、查阅书籍、欣赏优秀作品等方法,激发学生的兴趣,让学生动手创作感兴趣的作品,把激发学生的兴趣作为学习评价的一个内容。

②　关注参与评价。本课程从最初搜集资料到参与学习,自由表现创作,重点关注和激励学生学习积极性。

③　注重情感体验。不仅要关注学生的知识和技能,更重要的是让学生在获得篆刻知识和能力的同时,培养他们的情感态度,升华他们的情感价值。

积极探索"小印册"档案袋评价实践,重视过程性的总结和评价。孩子通过一本专门的印集,收集历次篆刻习作,形成一本属于自己的作品集。同时我们设置了学生作品评价表格,采用自评、互评、师评相结合的评价方式。

第二节　共享课程:石于方寸之间,语之气象万千

根据《杭州凯旋教育集团区域共享课程实施计划》,本校本着提升集团学生艺术核心素养的总体目标,选择了篆刻作为区域共享课程。篆刻艺术是具有中华民族特点并深受书法家和书法爱好者钟情的艺术形式之一。学习篆刻可以抒发情感、陶冶情操、健身益智,是传授中国传统文化教育和传承民族精神的有效载体。

校本课程开发有三个基本点:学科、学生、社会。本校的篆刻课程是基于学生发展需要、立足服务学生的课程,主张以学生的需要、兴趣、能力和已有的经验作

为课程开发的出发点,并以此确定课程的目标、内容和方法。选择篆刻作为集团的共享课程,正是基于学生综合素养提升这一原点思考。

一、规划课程,明确共享课程实施目标

(一) 让喜爱篆刻艺术的孩子走到一起来

2014学年,在凯旋教育集团打造"个性化"的学生形象,发挥学生特长,促进学生全面发展的理念引领下,我们选择了篆刻作为区域共享课程,立足提高学生的核心素养,基于以下思考:

浸润传统文化。篆刻融万千气象于方寸之间,向为历代文人墨客所钟爱。自篆自用,馈赠文友,钤记落款,观赏把玩,人们从中获得无尽的审美愉悦和艺术享受。为让中华民族这株艺术奇葩重放异彩,集团的学生通过对这一共享课程的学习,浸润于传统文化之中。

提高艺术修养。篆刻艺术从学生核心素养的角度关照,可以培养学生细致的观察能力、丰富的想象能力、空间造型能力、初步的欣赏能力等。这种潜移默化的熏陶和训练可以让学生观察事物从形象思维向抽象思维过渡,综合运用水平也会随之提高。通过篆刻的欣赏和创作学习,学生的情感世界得到了陶冶和提升。

培养创新能力。篆刻课是一种心灵的劳动,学生是知识掌握过程中活跃的、兴趣盎然的参与者,篆刻需要知情意行共同参与,使学生产生愉快感、激动感、情绪振奋感,从而愿意主动参与、主动创造,也培养和强化了学生在篆刻实践过程中交流讨论能力,以及动手能力,培养了学生的自主、合作与探究精神,提高了创新水平。

(二) 在篆刻的艺术世界感受美好、练好本领

本校在历经多年的篆刻教育中,根据篆刻技能的学习特点,以及不同年级学生身心发展的特点,对课程进行了分年级的规划,循序渐进,有序推进。

表8-4 课程内容主题年级分布表

年段	主题	内容举例
一年级	汉字故事	汉字之美、汉字典故、汉字传说……

续　表

年段	主题	内容举例
二年级	美丽汉字	汉字演变、字体欣赏、字体创作……
三年级	汉字书写	摹写篆字、创编汉字图画、了解"六书"……
四年级	篆刻赏析	名家篆刻、名作欣赏、走读西泠印社
五年级	篆刻临摹	单字印、肖形印、姓名印、奥运会徽摹刻……
六年级	篆刻创作	肖形印、姓名印、主题创作……

但是，成为共享课程之后，共享课程主要面对集团内五年级学生开放。由于学习年段的关系，所以教学内容无法直接照搬，因此本着基于儿童立场的理念，对教学内容进行"精选与整合"。既要保留篆刻教学内容的精髓，又要照顾到其他学校五年级孩子的学习基础和学习特点，最终确定主要板块如表8-5：

表8-5　课程板块具体内容与课时安排

版块	具体内容	实施途径	课时安排
文化熏陶	篆刻的熏陶与感染、篆书的欣赏、参观校园	欣赏课	3课时
作品赏析	篆刻名家名作欣赏、历年优秀作品欣赏	欣赏课	3课时
基本练习	笔画练习、单字印、肖形印、奥运会徽摹刻	操作课	7课时
简单临摹	"假司马印"等典型作品的临摹与赏评	操作课、讲评课	7课时
简单创作	简单创作自己的姓名印，展示交流评价	操作课、讲评课	4课时

篆刻共享课程的学生基础有差异、时间有局限，所以以激发兴趣作为课程导向，以提高欣赏美、创造美的审美水平为目的。学校在课程实施中通过多种渠道激发学生学习兴趣：

名家名作欣赏——通过欣赏名家作品，取法乎上，感受作品气韵，为后续学习打下基础；

姓名章创作——通过姓名章的制作，获得成就感，激发学习兴趣；

优秀学生作品欣赏——通过多年的实践，我们积累了大量的学生优秀作品，这些作品为学生提供了榜样和示范。通过欣赏，可以增强学生学习篆刻的信心。

（三）　我的篆刻艺术，我的成长与收获

在篆刻这门共享课程的评价上，我们从评价的方式、评价的标准、参与评价的

人员等方面进行了设计和实施。

1. 评价方式的多样性:结合篆刻学习的艺术性特点,我们沿用该课程原有的档案袋评价结合期末描述性语言评价的方式,以记录展示和肯定鼓励的方式对参与本门共享课程的学生学习状况做评价。

表8-6 课程评价表

我的作品	自评	互评	师评
 503班 赵泽烽	花了一节课完成这帧作品,自我感觉线条比较匀称,有进步。	赵泽烽这幅作品两个字排得不错,笔画均匀,如果笔画之间的间隔再均匀些就好了。	经过一段时间的学习,看得出你的悟性不错,这方白文根据字体大小布局不错,笔画力度可以再加强些!再接再厉!加油!

2. 参与评价人员的多样性:在评价中,学生是参与的主体,自我评价和生生互评都是以学生为主。学生评价时,教师制定简易的操作标准,以方便学生进行合理的评价。家长和其他教师也是参与评价的人员。通过各种途径,比如微信投票等方式进行优秀作品的评选。

社团课程教师的评价任务比较重要,他们既要制定评价标准,组织各种评价活动,也要及时记录评价结果,汇总结果,最后呈现给学员。

学员评价档案袋资料目录见表8-7:

表8-7 杭州市景华小学共享课程学生档案袋目录

自我评价优秀作品 (小印册中的作品)	篆刻展示作品	活动投票百分比	课程学习同伴 评价表	课程教师评价表
(　　)份	(　　)幅	(　　)%	(　　)份	(　　)份

二、路径多样,实现方便快捷与高效

(一) 走校教学:打通壁垒,走出校门,共享集团课程

我们通过集团实体课程共享体验,为集团内学生创设一个良好的体验环境,由资深篆刻指导教师执教。教学内容集知识性和趣味性、理论性和实践性为一

体,以篆刻的欣赏、品鉴、临摹为主。

　　1. 刚实施的时候,集团采用的是"学生走校"的方式。在共享课程教学的过程中,对参与共享课程的学生来说,不仅享受到了区域内最好的相关项目教师面对面、手把手地教学,而且受到该校的文化熏陶。但客观上,孩子的走读还是要靠家长的接送。

　　2. 后来采用"教师走教"的方式。每月学校安排共享课程教师到其他学校各一次实地教学,其余三次由自己学校的老师跟进辅导。这样虽然利用了优质资源,但是,需要场地设置与对口教师的跟进,否则就成了讲座式的一月一次教学。

(二)　空中课堂:突破空间,远程学习,共上一节课

　　随着集团学校在智慧教育方面的建设,在实体课程体验的基础上,通过线上远程教学,实现更多共享课程的校际共享。

　　1. 校园网微课共享。集团在校园网开辟集团课程共享微课学习。通过微课学习,不仅让参与课程实体共享体验的学生得到进一步学习和巩固,也使集团内其他学生得到一个学习和交流的平台。

　　2. 录播教室实时共享。通过使用每个学校设置的录播教室设备,进行共享课程的教学。本校教师在景华小学录播教室执教篆刻指导课,集团中的其他学校学生可以在自己学校的录播教室中跟着视频进行学习,还可以通过事前约定好的手段与本校教师进行互动交流。

第三节　共创课程:学科＋儿童哲学　历练思维共成长

　　"儿童哲学课程"是一项目前尚在探索中的课程。本着"真实的自我,自由的思想"为追求,从"课文中"的哲学,到"课堂中"的哲学,以及"课外活动"中的哲学,一步一步推进。当前在语文学科中开展了"语文＋儿童哲学"的重点研究,在专家的带领下,梳理出语文学科中的哲学点,总结了初步尝试的一些成功做法,为进一步推进,发展学生的哲学思维打下基础。景华小学在与华东师范大学基础教育改革与发展研究所合作的过程中,不仅找到了发展儿童哲学课程可能性,而且在语文学科中逐步探索出了整合的路径和策略。

一、儿童哲学课程在小学学科教学中的探索

（一） 语文＋儿童哲学课程开发背景及在学校课程中的地位

在语文学科中引入儿童哲学，是课程与教学层面落实学校核心办学理念的要求。多年来，景华小学在办学过程中，逐渐沉淀和凝练出"恬静善思、关爱景行"的办学理念。其中，"恬静善思"所表达的就是希望学生在恬静的状态中学会思考，善于思考。为切实落实这一理念，学校重视为学生营造"自主、专注、合作"的学习氛围，提出注重"主问题""民主对话""自主学习"三个要素在课堂教学中的体现。这一核心理念和课堂"三主"，不仅与儿童哲学所强调的思维发展目标是契合的，也在很大程度上体现出了儿童哲学所主张的探究共同体的主要特征。因此，引入儿童哲学，并将其与语文学科融合，有助于强化学校的核心理念，让学生真正学会"善思"。本课程实施具体表现为以下三点：

1. 课程应该基于"语文"，关注学科素养，体现学科的厚度。当前尤其需要在语文教学中积极关注学科核心素养——语言建构与运用、思维发展与提升、审美鉴赏与创造、文化传承与理解，强化语文的学科特征和教育品质。儿童哲学与语文学科的整合为实现这一目标提供了路径。

2. 课程需要走向"哲学"，借助主题的深耕，提升思维的高度。从现有的语文教材中发掘具有哲学意味的篇目或主题，通过多视角或多层次的深耕，促使学生对这些篇目或主题进行细致的阅读和深度的思考。

3. 课程应该面向"儿童"，建构探究共同体，增进参与的深度。儿童哲学特别强调将课堂或班级变成探究共同体，鼓励儿童与他人一道进行自由、开放而真诚的讨论和探究。

（二） 课程研发之路

立足语文学科，通过多种渠道开发儿童哲学课程的教育资源，形成学校儿童哲学课程的教材体系。

1. 语文学科内的儿童哲学渗透点开发。寻找各学科教材中的哲学素材，形成哲学话题，引导学生不断思考。拟以学校原有的语文＋为研究基础，从语文课本中提炼出哲学话题，并不断发问，结合辩论、写作等方式，进行相应的教学设计，在实践之后做好反思。例如人教版四年级上册《题西林壁》中的"不识庐山真面目，

只缘身在此山中",该如何认识庐山真面目呢？通过不断设计,学生明白要全面地看待事物才能看清其本质。各年级上下两册语文课本中整理出的相近篇目有4篇左右,对这些篇目要做好哲学问题的设计。

2. 语文学科与其他学科间的儿童哲学结合点开发。寻找各学科间相互联系的哲学素材,找到哲学结合点,引导学生进行学科间的整合思考。例如,语文学科和科学学科同样涉及"生活的观察"主题,如何做好哲学结合点的设计,才能让学生客观地、整体地看待身边的事物。

3. 语文学科相关联的课外儿童哲学衍生点开发。寻找与学科相关的哲学话题素材,从课内拓展到课外,不断丰富儿童哲学课程的教学资源。根据课内哲学话题划分主题,整理出相关的课外阅读篇目,形成不同年段的系列阅读,作为儿童哲学学习资源的补充。

4. 儿童哲学课程主题框架构建及校本教材建设的研究。开发丰富繁多的哲学点,从学生学习的角度进一步思考对哲学话题的归类整理,形成哲学范畴的主题系列,建设好本校的校本教材,为儿童哲学课程服务。

二、儿童哲学课程的实施保障

学校并无专职的儿童哲学教师,如何让普通教师迅速成长为儿童哲学课程的开发者和学习者？除了专家的引领,同伴的互助,是否有更多的途径促进教师在这方面专业水平的提升？这些问题,在我们实施儿童哲学课程之前就需要考虑并解决。除了师资之外,要保障学校学生能真正学习好这门课程,还需要开展课程支持系统的研究,包含外部支持系统和内部驱动两个方面。就外部支持系统的建设来说,也要分硬件建设和软环境建设,尤其是软环境建设方面,使学生能在学习活动中民主对话、畅所欲言、积极探究、尊重客观,是儿童哲学课程顺利实施的重要保障。

(一) 先行一步,成立中心组

对于景华小学语文组的老师们来说,如何进一步发挥自身语文教学的优势,引入儿童哲学的理念和方法,使语文课具有些许哲学的味道,是一项极具挑战性的工作。为扎实推进这项工作,我们选择一部分骨干教师和有相关经验或者有进行这门课程兴趣的教师,组成课教学研究中心组。中心组成员在华师大程亮教师的直接带领下进行儿童哲学课程的研究和实践。通过专家现场指导、跨校联合教研、教师团队磨课等多种方式，逐步摸索出了语文＋儿童哲学的"五步骤"实施策略。

第一，遴选范型文本。遴选具有哲学意味的课文，是开展语文＋儿童哲学的首要任务。为避免选文过于零散杂乱，我们根据文体特征，尝试以"古诗＋儿童哲学""记叙文＋儿童哲学""儿歌＋儿童哲学""寓言＋儿童哲学"等为形式，架构语文＋儿童哲学的研究课型。

第二，凝练哲学主题。一篇课文往往有许多教学点，都可以进行儿童哲学的整合，但我们要找到既符合文本自身的主旨和逻辑，又能自然推进相关哲学主题探讨的结合点，这一过程就是对哲学主题的凝练。这要求教师具有良好的哲学敏锐性，能从纷繁的结合点中去芜存菁，找到最具探讨价值的哲学主题。

第三，巧设梯度问题。哲学主题确定之后，如何设计有梯度的问题显得尤为重要。几个或一组有梯度、有层次、有逻辑的问题是引领学生思维不断碰撞，不断纵向发展的有力支架，从而促使语文与儿童哲学深度融合。

第四，引入思想实验。这是一种常用的哲学方法，它通常是指通过假想或想象的情境，对特定的假设、理论或原则进行确证或反驳，因而是一个无须实施就能达到其目标的实验，是在思维中进行的实验。

第五，营造和谐氛围。当语文与儿童哲学相遇，它的课堂应是宽松的、平和的、民主的。当课堂节奏无须随各式的练习而提速时，教师与学生的状态则更为放松，彼此亲近，彼此聆听，彼此互补。

（二） 每月一研，影响更多人

在语文＋儿童哲学不断推进的过程中，我们也在不断思考其他学科中如何融合儿童哲学，如何用哲学的思维去设计我们的课堂教学。首先，我们将拓展学科放在科学学科，正如前面所说，哲学是寻找普遍规律的，科学也是有这样的特性。在科学学科的教学内容中，是否也有可以让学生进行哲学发问、哲学思考、哲学辨析的内容呢？

我们在提出这个设想之后，设计了一个课例：树叶落了。在我们尝试之前，执教老师也觉得这是很困难的一件事，因为要跟一年级的小朋友进行"哲学问题"的探讨，从选择话题，到梯度问题的设计，几易其稿。这是一节科学生活中的哲学课的初次尝试，所以在题材的选择上，教师思考了许多问题。从孩子们正在学习的植物出发,在简单的树叶落了这一现象中,教师希望能找到一些贴近孩子生活的能让他们有所领悟的哲学点。孩子刚进入小学,这是他们成长中的一个大跨步,这段时间的他们会面临很多变化,会不得已地舍弃很多东西。而我们就是选择从树叶落了是树成长必须经历的过程来告诉孩子,要学会看到这些变化积极的一面,欣然接受这些变化。这节课作为生活中的哲学课的一个课例,或许其课堂展现的形式与主题推进方式是有可取之处的,但是对课堂主旨的选择,是一件非常困难的事。事实上光从树叶落了这一现象到最后确定主旨,就经历了关于过于沉重的生死的讨论、关于范围过大的成长的变化,再到课堂展示中的关于舍弃的定论,最后到对舍得的辩证思考,想要更贴近孩子们的学习、生活、学情,想更走近他们的世界,其主旨的选择是十分慎重的。一节课尚且如此,更多的课呢?其哲学点的确定还是要从课标入手。

(三) 阶段一思,学期有创新

学校语文组将儿童哲学研究作为一学年的教研主题,每一次的主题教研均以儿童哲学课堂研究为内容。每位成员从不同的观察点,对课例进行剖析和评价,提出质疑,也提供建议。另外,还注重加强教师哲学理论方面的学习,不断拉近老师们对哲学的认识。语文组的老师在这方面的提升非常迅速。在每一学年的探索中,立足语文学科背景,各有研究的侧重点。比如为了研究教材中的儿童哲学点以及哲学问题的归类,王老师将所有语文教材中的课文都梳理了一遍,提炼出主题后还要进行相关内容的合并,在这个步骤的整理中可以发现有好几篇课文是对同一个哲学主题的探讨,例如二年级下册的《蜘蛛开店》《青蛙卖泥塘》《小毛虫》都是对"理想与现实"这一哲学主题的探讨,一年级上册《大还是小》和二年级下册《我是一只小虫子》都是关于"成长"这个主题的。根据这一发现,第二学期的哲学研究确定为"如何运用同一哲学主题的课文内容来深入探讨和学习"。

在语文+儿童哲学实施一段时间以后,我们考虑应该将儿童哲学思维方式逐步推广到与语文学习相关的学习活动和其他学科的学习活动中去。于是,我们新阶段的课程研发聚焦到了"故事+"和"科学+"。"故事+儿童哲学"课程,主要采用中国成语故事中有哲学意味的故事为学习材料,通过听故事、议故事、提问题、论问题的过程,进行课程的学习。"科学+"课程主要挖掘科学学科中与儿童哲学相通的教学内容,进行哲学的思考和发问,引发学生进一步的思考、讨论。

在儿童哲学与"学科"不断融合之后,我们又将课程进一步推广到了"活动+"

领域。在班队活动这个阵地中开展儿童哲学课程,立足点在于关注身边、关注时事,用哲学的观点去发现问题、分析问题,发表自己的看法。

三、区域合作下的儿童哲学课程教学

在学校不断推进儿童哲学课程的时候,江干区成立了儿童哲学课程联盟,本校成为了儿童哲学联盟成员学校。在这个联盟中,我们与一起致力于儿童哲学课程研究的学校老师共同研讨,一起学习,互相借鉴。

(一) 课程凸显特色,激发教研动力

对本校来说,并没有专业的哲学课教师实施这门学科,为了促进这门课程的开展,所以多角度进行教研活动的组织:

1. 以题材为基础,以课例为依托,进行课型研究。根据语文课文涉及的体裁,进行课型研究。主要以"古诗 + 儿童哲学""记叙文 + 儿童哲学""儿歌 + 儿童哲学""寓言 + 儿童哲学"等为形式,架构语文 + 儿童哲学的研究课型。儿童哲学课例和课型的研究,根据不同的哲学话题所属的不同哲学范畴,教师将设计具体的课例进行组织教学,所以课题实施还要继续进行不同的课例研究。从课例研究中归纳出几大课型,以便更多的教师能够组织实施。

2. 以工作坊为形式,以 U - S 合作为支撑。运用团队工作坊的方式,在实践中进行各方面的思维碰撞,每一个成员既是研究者,也是观察者,更是评论员。由学校种子教师带领整个团队,不断深入探索不同课型的实施,不同学科、哲学领域的儿童哲学教学实践。学校依托华师大专家的资源,在师资培养、专业学习上不断推进,使儿童哲学课程成员教师在实践中不断探索,形成具有自己风格的儿童哲学教学,同时不断提升自己的专业素养,将研究推向更高阶段。

(二) 课程联动研修,触发联盟发展

在区域联动教研中,联盟学校根据自己对儿童哲学的实施进行教学研讨。我们基于"学科 + "儿童哲学的实施,首先组织了全区语文老师参与"语文 + 儿童哲学"教研活动。因为"语文 + 儿童哲学"是我们目前为止实施得最为深入的一个板块。在教研活动的开展中,首先要为参与活动的老师们进行"语文 + 儿童哲学"的设想普及,以引发参与活动的语文老师对语文和儿童哲学相结合课程的认知。在

活动中展示的课例既是我们对自己一个阶段实践和思考的汇报,也是引发志同道合之人一起探讨的途径,我们也积极听取各方的意见和建议,就像哲学本身那样,大家基于一个问题的探讨甚至争论,就是为了能够更加深刻地认识事物的本质。

1. 以学科为基础,以哲学为方法

联盟学校的活动,虽然以本校为主要承办者,但是大家的交流是相同相通的。本校牵头以学科＋儿童哲学的活动,其他学校共同参与,或展示他们的课堂教学中儿童哲学的实施,或交流他校教师在学科＋儿童哲学方面的探索和经验。例如,茅以升实验学校展示道德与法治＋儿童哲学展示课上孙蓓蓓老师执教《生命最宝贵》。孙老师提出的第一个问题就引起了同学们的兴趣:你是从哪里来的?同学们的答案五花八门。在一阵阵笑声中,孙老师将同学们的关注点引到了孕妈身上,接着通过"体验孕妈""护蛋活动""成长故事"三个情景体验活动,让同学真实地体验了一把当妈妈的不易。最后回到生命主题上,同学们对于生命的认识也在这一次活动中有了新的体悟:生命脆弱而坚强,神奇而值得我们倍加珍惜。这堂课运用了很多活动来增强学生的感受,帮助学生进行体验和表达。

2. 以实践为切口,以思辨为鞭策

本校对语文＋儿童哲学的研究,从教材的教学到课外阅读的拓展。在一次区级教研活动中,本校两位老师分别执教了有哲学意味的语文课《蜘蛛开店》和基于儿童哲学教学的语文课外阅读课《盲人摸象》。《蜘蛛开店》是统编教材二年级下册的一篇课文,基于语文＋儿童哲学的推进思路,力求在本堂课中体现开放的提问、多样的观点、简单的论证,以及完整的表达等要素。教学设计时充分考虑二年级孩子的认知特点,在整体感知文本时,利用蛛网式的板书,图文结合,分情节进行故事概括,最后以思维导图的形式呈现整个故事的叙事结构。然后围绕主线,从最开始的开店理由——"简单"考虑,联系文本,学习感受"其实很不简单",凝练出本课的哲学主题"做任何事都不是想象的这么简单"。教学过程中设计了多个梯度问题,如蜘蛛为什么开店? 开店真的简单吗,从哪里看出来的? 如果要把店开下去,你可以给蜘蛛提供哪些建议? ……结合思想实验的使用:回到网上之后的蜘蛛还会不会再次决定开店呢? 如果蜘蛛继续开店了,又会发生什么事呢? 层层推进学生思维的发展,在安全的氛围中引导学生展开哲学对话,最终感悟"开店"这一件事既要有充足的准备,又要有迎难而上的决心,还需要在过程中不断吸取教训,才能逐渐向成功靠近。而《盲人摸象》素材来自中国传统文学中的成语故事。为切合学生的兴趣和年龄特点,结合学科拓展的需要,我们引入一些中国传统故事作为儿童哲学学习的载体。而成语和寓言,是我国传统文化的产物。目前,我们主要聚焦成语故事和寓言故事。在故事＋儿童哲学的学习中,学生以读为主,结合教师设计的主问题,进行发问和思辨,不断进行哲学对话,锻炼学生的思辨应对能力。

四、共融共享共成长

对景华小学来说,共创课程的实施为学校的课程的建设、学生的发展、教师的成长提供了很多的机会和帮助。

(一) 学校课程更为丰富

在不断推进课程改革的进程中,每个学校课程都在不断丰富,但是目前涉及艺术类活动性的课程开发比较多,对于儿童哲学类课程的建设开发比较少。儿童哲学课程是为儿童服务的,针对儿童日常遇到的问题,引导儿童进行有逻辑、有条理地分析问题,最终合乎情理地解决问题。因此,对学校来说,实施儿童哲学课程,能更好地培养学生的思维能力,培养儿童积极求真、理性思考、不断发问的能力,提升学生的综合素养。

本校原有的"语文＋"儿童哲学项目研究,在华师大基教所团队的指导下已经进行了一段时间,有了一些成熟的课例。对语文课本中的哲学元素也进行了一定的挖掘和梳理,但是如何进一步推进这个项目的研究,接下来更需要从课程建设的角度整体规划设计。立足课本中的哲学问题教学,思考如何做好课堂中的哲学渗透,以及课堂外的哲学问题延伸学习。对语文学科中的哲学话题更需要进行哲学领域的归类,以便更为系统地为学校课程服务。因此语文＋儿童哲学项目有待进一步系统推进。

(二) 学生思维得到锻炼

现代教育需要学习者本身的自我学习与思考,要求学习者会思考、判断、推理、批判,而目前已有的课程远远满足不了学习者这方面水平提升的需求。尽管在实施基础性课程的课堂教学中,我们不断变革教学方式以培养学习者的思维能力,但是受教学内容与教学目标的限制,教学方式的变革也不可能大幅提升思维水平。实践表明,儿童哲学对学生思维能力有非常大的意义,能培养学生较强的思维意识,培养学生积极的推理、判断、创造能力,并养成随时反省、监督自我的习惯。

当前小学阶段的语文教学重视学生听、说、读、写等基本知识和技能的发展,易于忽略学生在这些知识与技能背后批判性思维和创造性思维的发展;强调字、词、句、篇的掌握和中心思想的提炼,易于忽略文本背后的逻辑线索,也较少引导学生对中心思想中涉及的主题进行深入的讨论。在课堂中,即便有学生的参与或讨论,但基本只流于学生个体观点的表达,而缺乏学生之间的倾听和对话。引入儿童哲学,在一定程度上可以促进语文教学中这些问题的改善。

(三) 教师成长途径多样

在儿童哲学的课程开发中,教师作为课程开发的主体,在不断地自我修炼。

寻找各学科教材中的哲学素材,形成哲学话题,引导学生不断思考。拟以学校原有的语文+为研究基础,从语文课本中提炼出哲学话题,并不断发问,结合辩论、写作等方式,进行相应的教学设计,在实践之后做好反思。例如如何理解人教版四年级上册《题西林壁》"不识庐山真面目,只缘身在此山中",该如何认识庐山真面目呢? 通过不断设计,学生明白要全面地看待事物才能看清事物的本质。各年级上下两册语文课本中整理出的相近篇目基本有 4 篇左右,对这些篇目要做好哲学问题的设计。

寻找各学科间相互联系的哲学素材,找到哲学结合点,引导学生进行学科间的整合思考。例如,语文学科和科学学科同样涉及的"对生活的观察"主题,如何做好哲学结合点的设计,才能让学生客观地、整体地、理性地看待身边的事物。

寻找与学科相关的哲学话题素材,从课内拓展到课外,不断丰富儿童哲学课程的教学资源。根据课内哲学话题划分主题,整理出相关的课外阅读篇目,形成不同年段的系列阅读,作为儿童哲学学习资源的补充。

在丰富繁多的哲学点的开发后,从学生学习的角度进一步思考对哲学话题的归类整理,形成哲学范畴的主题系列,建设好本校的校本教材,为儿童哲学课程服务。

第一节　特色课程：春芽书苑　墨润校园

一、学校的理念与文化：做走心的教育，育悦心的儿童

（一）学校办学理念："悦"文化

1. 学校"悦"之愿景

杭州春芽实验学校创建于 1995 年，现有教学班 18 个，学生 585 人，教师 46 人，是区内一所小巧、精致、优质的小班化试点学校。2013 学年依托华师大基教所资源优势，成为凯旋教育集团成员校，在校园文化建设、区域课程建设、师资全力打造、资源整合共享等方面得到进一步的指导和实践，学校综合实力也得到进一步增强。

学校取名"春芽"，寓意小学生如初生幼芽，教师应呵护童心，教育当顺应天性。因此建校初期，就确立"快乐学习、健康成长"的办学理念。那么，一个初入学拥有单纯童心的孩子，经过六年的春芽学习生活，应该有怎样的春芽印痕呢？我们认为一所以"健康、快乐"为儿童生命底色的学校，其整体文化特色就是——"悦"。"悦"即愉悦，张扬个性之悦，发展兴趣之悦，相互分享之悦，承担责任之悦，追求梦想之悦。"悦"是一种心境，平和而愉悦；"悦"是一种心态，积极而阳光。"悦文化"的价值内涵是一种乐观豁达、积极有为的人生观。

2. "悦"少年核心素养

杭州春芽实验学校的整体文化特色就是——"悦"。"悦"既是理想的学生学习状态，希望学生在身心愉悦的过程中享受学习；也是理想的学生成长状态，希望学生能持续体验健康成长的内在欢乐。结合《中国学生发展核心素养》，学校拟定了"悦品有爱、悦学乐行、悦身健体、悦趣美心"春芽悦少年素养；完善核心素养导向下的"春芽·悦课程"，使课程成为核心素养的载体，为核心素养的落实奠定坚实的基础。

表9-1 杭州春芽实验学校"悦少年"素养

核心素养	具 体 表 现
悦品有爱	1. 具有爱家、爱校的情感。 2. 具有服务社会的公益精神和社会责任感。 3. 具有开阔的国际视野,尊重不同文化背景的人。
悦学乐行	1. 勤于学习,有良好的学习习惯。 2. 善于思考,有科学的学习方法。 3. 勇于探究,有独特的个人见解。
悦身健体	1. 悦纳自己,做阳光自信的少年。 2. 身心健康,有良好的生活习惯。 3. 体能充沛,有喜爱的运动项目。 4. 安全救护,有一定的自救技能。
悦趣美心	1. 具有健康的审美情趣。 2. 掌握一定的艺术技能。 3. 感受创造生活中的美。

图9-1 春芽学子核心素养图

(二) 学校课程目标:"悦"课程

2014 学年在华师大专家指导下,学校率先构建"童心课程"体系,2015 学年被评为江干区首批课改试点学校。2016 学年谋划五年规划之际,围绕学校"悦"文化核心,将"童心课程"进行修改、完善和提升。我们重新规划课程结构,整合学科课程,着力打造涵盖国家、地方、校本特色、集团共享课程,并整体规划德育、少先队活动、社团建设等各类教育教学活动,努力为不同学力、不同个性的学生提供多样化的课程选择和发展支撑,构建基于核心素养下的"春芽·悦课程"体系。

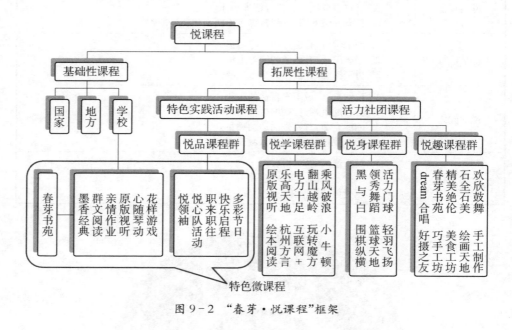

图 9-2 "春芽·悦课程"框架

二、学校课程总体架构:悦享学校课程,润泽快乐童年

"春芽·悦课程"分基础性课程和拓展性课程两大块,基础性课程中包含国家课程中的语文、数学、英语、科学、音乐、体育、美术、品德,地方课程中的我与杭州、人·自然·社会、小公民等,以及学校结合基础性课程进行校本化开发的特色微课程。拓展性课程分为悦品实践活动课程群,悦学、悦身、悦趣活力社团课程群。通过不同类别的课程群的实施,学生的核心素养真正落地,彰显学校特色。

(一) 以"微课程"的形式尝试基础性课程校本化实施

基础性课程着眼于学生的基本学科知识与能力。学校以"微课程+基础性课程"的形式尝试国家课程校本化实施。在专家的引领下,采用请进来与走出去、理论学习与实践尝试、反思与行动、总结与推广相结合等研究活动方式,采取跨专业、跨学校、跨领域等路径,引导教师主动结合主任学科,立足学科核心素养,开展合理的二次开发,形成与国家课程整合实施,课内外结合的特色微课程,如,"语文＋绘本阅读""道德与法治＋亲情作业""英语＋原版视听""音乐＋心随琴动""科学＋手工制作""体育＋活动门球"等。

学校立足课堂,聚焦教学,尝试用整合实施微课程的方式,来改变基础性课程学习模式,强调教学以学生为主体、教师为主导、学习为主线,丰富学习内容,打破正式学习与非正式学习、课内学习与课外学习的界限,走出对教材的狭隘教学,推进核心素养导向下的多样化、个性化的综合学习。

(二) 以"课程群"的方式进行拓展性课程特色化开发

拓展性课程着眼于培养、激发和发展学生兴趣爱好。立足于学生的个性发展,以主题化、系列化方式开发与实施,鼓励和允许学生根据自己的兴趣、爱好和个人发展潜能自主选择,促进知识与能力的协调发展,文化与艺体综合发展,自身兴趣与潜能的多元发展。

学校课程设置遵循多样性原则,充分考虑学生的智能特点和兴趣爱好,尝试用长短课、混龄、走班、走校的形式实施不同类别,不同层级(三级:校际共享课程、校级精品课程、年级主题课程)的课程群。学校有两种形式丰富拓展性课程,一种发挥本校老师自身特长,开发开设各类着眼于培养、激发和发展学生兴趣爱好的拓展性课程;另一种利用区域物力人力资源,引进部分拓展性课程资源,如玩转魔方、小牛顿社团、乐高积木等项目。2020 年已从原有的 32 门拓展到了 40 门左右。同时利用电子平台选课,满足每一名学生的学习需求,彰显拓展性课程的丰富性和选择性。

1. 活力社团课程激活童心

"个个入社团,人人露一手"。以学生发展为核心,以培养创新精神与实践能力为目标,利用丰富多彩的校本课程开展社团活动,既培养了学生的优良品质,又兼顾了学生生理、心理与社会性素养的健康发展;既注重培养学生兴趣、拓展潜能,又积极引导学生参与学校活动与课程,体验成长乐趣,是学校"悦"课程的重要组成部分。

2. 特色共享课程引领童心

早在 2005 年,写字课、书法课就以校本课程的形式进入春芽学生课程表,已成为学校的一大特色,书法教育惠及春芽的每一个孩子,"春芽书苑"已成为学校的一张金名片,因此书法成为了集团首批"共享课程",即:根据不同学生的成长需要,把课程分为书法普及课程和书法提高课程。每周五下午的 2 节课为书法共享课程时间,集团内其他成员校对书法有兴趣的学生跨校来本校上书法艺术课。这种"教室固定、教师坐班、学生走班"的上课模式成了区域共享课程实施的主要形式。

3. 主题实践课程飞扬童心

悦品主题实践课程群着眼于学生的品行与情感发展,利用参与互动、感悟体验等方式,与班级特色创建、传统节日教育、校本节日活动等自然融合。通过考察、展示、评比等方式,培养学生热爱祖国传统文化、热爱家乡、热爱家人的情感;能与不同文化背景的人友善相处,成为一个礼善有爱、正气有品的人;关注幼小衔接、小升初两个过渡时期。同时利用家长、社区资源开设职业体验课程,利用本校与新加坡、俄罗斯等学校结对的优势,依托华师大的国际化资源,开展"走向世界"国际交流活动,校际互访,课堂互学,家庭互融,师生互动,学校教育呈现多样化、整合式、国际化的态势。

三、春芽书苑特色课程:墨润春芽新绿,快乐书法之路

(一) 春芽书苑课程开发背景

2011 年 8 月颁布的《教育部关于中小学开展书法教育的意见》指出:书法是中华民族的文化瑰宝,是人类文明的宝贵财富,是基础教育的重要内容。通过书法教育对中小学生进行书写基本技能的培养和书法艺术欣赏,是传承中华民族优秀文化,培养爱国情怀的重要途径;是提高学生汉字书写能力,培养审美情趣,陶冶情操,提高文化修养,促进全面发展的重要举措。

春芽实验学校自 1995 年创办以来,历任校长都十分重视书法教学,并将其纳入学校发展中长期规划。自 2005 年课改起步阶段,写字课、书法课以校本课程的形式进入春芽学生课程表以来,一直坚持到今天。2012 年以来学校共投入建设改造经费近 30 万元,用于创新传统书法艺术教育,使"春芽书苑"成为学校的一张金名片,真正成为学校的特色课程。

1. 书法课程的体系化

"写好每一笔,走好每一步",书法伴随春芽师生成长,杭州春芽实验学校也成为浙江省书法教育研究会实验基地学校、杭州市写字基地学校和江干区艺术特色

学校。随着对书法特色教学研究的不断深入,学校将其并入科研促教的轨道,组织教师编写适合本校学生实际的书法校本教材,重点做好校本化的师资培训与学生指导。学校普惠教育和精品教育双管齐下:一周一节书法课进课表,一周两个午间管理共 80 分钟的练字时间雷打不动,同时进一步开发完善书法课程,在三至六年级开设软笔书法课,有成熟的"春芽书苑"社团,书法教育惠及春芽的每一个孩子。

2. 书法课程的专业化

学校重视书法教育,招聘了专职书法教师,改造了专用教室,既有书法、篆刻两个专用教室,又有专用书法展厅,浓郁的书法艺术特色,起到了潜移默化、环境育人的效果。同时学校作为书法基地学校,还请来了著名书法家骆恒光、杭师大美术教授莫小不、西泠印社多名社员、市区级语文教研员等专家给予了专业的指导。

3. 书法教育的品牌化

随着学校的书法课程研究的深入,师生在书法艺术活动中的获奖在层次上、地域上不断扩展,"春芽书苑"的品牌影响力也越来越大,也受到了诸多媒体的关注,《杭州日报》《青年时报》、钱江都市频道等多次刊登或播放本校相关书法教育。为了让课程开发从单一的平面化走向丰富的立体化,从单板的纸质化走向真实的场景化,给学生一个了解书法历史、展示交流作品、提高鉴赏水平的场所,2019 年学校整体改建后大楼门厅、书法教室、篆刻教室、书法展厅和一楼走廊,筹建兼具培训、展览、学习的春芽书苑艺术馆,添加触摸屏等多媒体设备,完善网络课程,使之成为学校特色的具象体现。

(二) 春芽书苑课程实施方案

1. 课程目标

(1)课程总体目标

从关注学生个体全面与健康的发展的角度出发,春芽书苑的书法课程总目标为:

具有浓厚的书法艺术学习兴趣

养成良好的书法艺术学习习惯

掌握基本软硬笔书法书写技法

开发初步的书法艺术鉴赏能力

在这样的总目标的支持下,依据不同年级学生的情况在知识与技能、过程与方法、情感与态度和价值观角度制定出细致的标准。

(2)分年级目标

表9-2　"春芽书苑"校本课程目标(三、四年级)

常识		① 一般书法作品格式:中堂、条幅、条屏、横幅、手卷、册页、对联、斗方、扇面。 ② 一般书法常识。 ③ 工具的使用常识。
技法	用笔	一、执笔 ① 姿势:坐势与站势。 ② 执笔:指、腕、肘(五指共执;腕平、掌竖、肘悬)。 二、用笔(九个基本点画口诀) ① 起笔:方向与力度。 ② 运笔:方向与力度。 ③ 收笔:技巧要领。
	结构 (仅指单字)	结体 ① 点画的形态:长短、曲直、粗细。 ② 点画的交叉:位置、方向、角度、空白。 ③ 点画的组合:协调、变化。
态度		① 学习态度(勤奋、认真观察和细致表达)。 ② 书写文字(错字、漏字)。

表9-3　"春芽书苑"校本课程目标(五、六年级)

常识		① 书法作品格式的辨识:中堂、条幅、条屏、横幅、手卷、册页、对联、斗方、扇面。 ② 书法常识。 ③ 工具的常识:文房四宝相应的具体知识。 ④ 篆、隶、楷、行、草的字体常识。
技法	用笔	一、执笔 ① 姿势:坐势与站势。 ② 执笔:指、腕、肘(五指共执;悬腕与枕腕)。 二、用笔(九个基本点画口诀) ① 起笔:方向与力度。 ② 运笔:方向与力度。 ③ 收笔:技巧要领。
	结构	一、结体 ① 点画的形态:长短、曲直、粗细。 ② 点画的交叉:位置、方向、角度、空白。 ③ 点画的组合:协调、变化。 二、章法(不同作品格式间的章法变化) ① 字距与行距。 ② 天地空框。 ③ 落款钤印。
态度		① 学习态度(勤奋、认真观察和细致表达)。 ② 书写文字(错字、漏字)。 ③ 修养的形成及对学习生活的影响。

2. 课程内容

课程内容从三年级到六年级的列表如下:

表9-4　课程内容按年级分布表

年级	课　程　内　容
三年级	篆书:1. 篆书与金文 　　　2. 金文的艺术风格 　　　3. 金文的临写 学习范本:《散氏盘》 欣赏范本:甲骨文、《石鼓文》《峄山碑》《毛公鼎》《虢季子白盘》、吴昌硕、李瑞清 楷书:1. 楷书与八法 　　　2. 八法的变化 学习范本:《勤礼碑》 欣赏范本:《张猛龙碑》《宣示表》 书法漫话:1. 文房四宝　2. 有趣的汉字 浙江书家:马一浮 名胜书艺:西泠印社
四年级	隶书:1. 隶书与《乙瑛碑》 　　　2.《乙瑛碑》的艺术风格 　　　3.《乙瑛碑》点画及变化 学习范本:《乙瑛碑》 欣赏范本:《马王堆帛书》《居延汉简》、金农、《礼器碑》 楷书:1. 楷书与偏旁 　　　2. 楷书集字创作(二—四字) 学习范本:《勤礼碑》 欣赏范本:《怀仁集王圣教序》、沙孟海、邓石如、吴让之、伊秉绶 书法漫话:落款的学问、拓片 书家趣闻:欧阳询、褚遂良 欣赏范本:《张翰帖》《化度寺碑》《梦奠帖》《九成宫》《雁塔圣教序》《阴符经》《伊阙佛龛碑》《倪宽赞》 浙江书家:梁同书 名胜书艺:杭州碑林
五年级	隶书:1. 汉碑与隶书 　　　2. 隶书集字创作 学习范本:《熹平石经》 欣赏范本:《张迁碑》《曹全碑》《石门铭》、邓石如 楷书:1. 楷书与结构 　　　2. 楷书创作(对联) 　　　3. 颜真卿的书法艺术 书法漫话:书法术语、书法名言 浙江书家:沈尹默 名胜书艺:龙门石窟

年级	课　程　内　容
六年级	楷书:1. 楷书与结字 　　　2. 原碑临摹 　　　3. 楷书创作(诗词) 行书:1. 王羲之与"天下第一行书" 　　　2. 天下三大行书 学习范本:《兰亭序》 欣赏范本:《祭侄文稿》《黄州寒食诗帖》《智永真草千字文》、王铎 书法漫话:1. 书法长河中的浙江书法　2. 春联 书家趣闻:王羲之、王献之 欣赏范本:《黄庭经》《十七帖》《快雪时晴帖》《丧乱帖》《洛神赋十三行》《鸭头丸》《中秋帖》 浙江书家:沙孟海 名胜书艺:西安碑林

3. 课程实施

一、二年级开设硬笔书法启蒙课,每周一课时,每课时 40 分钟;三至六年级开设软笔书法课,每周一课时,每课时 40 分钟。每周二、四中午 12:30—1:00 安排书法练习时间,组织一至六年级学生全员练习,兼顾硬笔、软笔,以巩固书法课学习的技能。每日 4:20—5:00 以及每周二 2:20—3:45 安排书法社团,组织书法特长生以及对书法学习有兴趣的学生进行集中辅导培训。

4. 课程评价

课程评价按照年级差异分为不同的等级水平,列表如下:

表 9-5　课程评价等级表

项目	水平年级	等　级		
		优秀	良好	及格
书法	三、四年级	一、常识 ① 一般书法作品格式。 ② 一般书法常识。 ③ 工具的使用常识。 标准:熟知中堂、条幅、条屏、横幅、手卷、册页、对联、斗方、扇面九类不同的作品格式;书法常识测试在 90 分以上;熟知笔、墨、纸、砚的不同用途及性能。	一、常识 ① 一般书法作品格式。 ② 一般书法常识。 ③ 工具的使用常识。 标准:熟知中堂、条幅、条屏、横幅、手卷、册页、对联、斗方、扇面九类作品格式中的六类;书法常识测试在 80 分以上;熟知笔、墨、纸、砚的不同用途及一般性能。	一、常识 ① 一般书法作品格式。 ② 一般书法常识。 ③ 工具的使用常识。 标准:熟知中堂、条幅、条屏、横幅、手卷、册页、对联、斗方、扇面九类作品格式中的四类;书法常识测试在 70 分以上;熟知笔、墨、纸、砚在书写中的不同用途。

项目	水平年级	等 级		
		优秀	良好	及格
		二、技法 (一)笔法 (1)执笔 ① 姿势。 ② 执笔。 (2)用笔 ① 起笔:方向与力度。 ② 运笔:方向与力度。 ③ 收笔:技巧要领。 标准:有正确的坐势与站势;能熟练运用五指共执及悬腕方式;熟练背诵九个基本点画口诀并能熟练运用。 (二)结构 结体 ① 点画的形态。 ② 点画的交叉。 ③ 点画的组合。 标准:能把握点画的长短、曲直、粗细;能把握点画的位置、方向、角度、空白;点画的组合能协调、变化。 三、态度 ① 学习态度。 ② 书写文字。 标准:学习勤奋、认真观察和细致表达;书写文字无错字、漏字。	二、技法 (一)笔法 (1)执笔 ① 姿势。 ② 执笔。 (2)用笔 ① 起笔:方向与力度。 ② 运笔:方向与力度。 ③ 收笔:技巧要领。 标准:有较为正确的坐势与站势;能较为熟练运用五指共执及悬腕方式;能基本背诵九个基本点画口诀并能加以运用。 (二)结构 结体 ① 点画的形态。 ② 点画的交叉。 ③ 点画的组合。 标准:能较好把握点画的长短、曲直、粗细;能较好把握点画的位置、方向、角度、空白;点画的组合较为协调、变化。 三、态度 ① 学习态度。 ② 书写文字。 标准:学习较为勤奋、能较为认真观察和细致表达;书写文字无错字、漏字。	二、技法 (一)笔法 (1)执笔 ① 姿势。 ② 执笔。 (2)用笔 ① 起笔:方向与力度。 ② 运笔:方向与力度。 ③ 收笔:技巧要领。 标准:能基本掌握坐势与站势;基本掌握五指共执及悬腕方式并能加以运用;能基本背诵九个基本点画口诀并能运用。 (二)结构 结体 ① 点画的形态。 ② 点画的交叉。 ③ 点画的组合。 标准:能基本把握点画的长短、曲直、粗细;能基本把握点画的位置、方向、角度、空白;点画的组合完整平稳。 三、态度 ① 学习态度。 ② 书写文字。 标准:学习认真、有一定的观察力和表达力;书写文字偶有错字、漏字。
书法	五、六年级	一、常识 ① 书法作品格式。 ② 书法常识。 ③ 工具的使用常识。 ④ 篆、隶、楷、行、草的字体常识。 标准:熟知中堂、条幅、条屏、横幅、手卷、册页、对联、斗方、扇面九类不同的作品格式及相应的特点;书法常识测试在90分以上;熟知多种笔、墨、纸、砚的种类及性能。	一、常识 ① 书法作品格式。 ② 书法常识。 ③ 工具的使用常识。 ④ 篆、隶、楷、行、草的字体常识。 标准:熟知中堂、条幅、条屏、横幅、手卷、册页、对联、斗方、扇面九类作品格式中的六类及其相应的特点;书法常识测试在80分以上;熟知笔、墨、纸、砚的种类及一般性能。	一、常识 ① 书法作品格式。 ② 书法常识。 ③ 工具的使用常识。 ④ 篆、隶、楷、行、草的字体常识。 标准:熟知中堂、条幅、条屏、横幅、手卷、册页、对联、斗方、扇面九类作品格式中的四类及其相应的特点;书法常识测试在70分以上;熟知笔、墨、纸、砚在书写中的不同用途及性能。

项目	水平年级	等 级		
		优秀	良好	及格
		二、技法 (一)笔法 (1)执笔 ① 姿势。 ② 执笔。 (2)用笔 ① 起笔:方向与力度。 ② 运笔:方向与力度。 ③ 收笔:技巧要领。 标准:有正确的坐势与站势;能熟练运用五指共执及悬腕与枕腕方式;熟练背诵九个基本点画口诀并能加以熟练运用。 (二)结构 (1)结体 ① 点画的形态。 ② 点画的交叉。 ③ 点画的组合。 (2)章法(不同作品格式间的章法变化) ① 字距与行距。 ② 天地空框。 ③ 落款钤印。 标准:能把握点画的长短、曲直、粗细;能把握点画的位置、方向、角度、空白;点画的组合能协调、变化;对于不同作品格式间的章法变化能熟知及有一定的表现。 三、态度 ① 学习态度。 ② 书写文字。 ③ 修养。 标准:学习勤奋、认真观察和细致表达;书写文字无错字、漏字;修养有一定的形成并对学习生活有一定的影响。	二、技法 (一)笔法 (1)执笔 ① 姿势。 ② 执笔。 (2)用笔 ① 起笔:方向与力度。 ② 运笔:方向与力度。 ③ 收笔:技巧要领。 标准:有较为正确的坐势与站势;能较为熟练运用五指共执及悬腕与枕腕方式;能背诵九个基本点画口诀并能较熟练运用。 (二)结构 (1)结体 ① 点画的形态。 ② 点画的交叉。 ③ 点画的组合。 (2)章法(不同作品格式间的章法变化) ① 字距与行距。 ② 天地空框。 ③ 落款钤印。 标准:能较好把握点画的长短、曲直、粗细;能较好把握点画的位置、方向、角度、空白;点画的组合较为协调、变化;对于不同作品格式间的章法变化能熟知及有所表现。 三、态度 ① 学习态度。 ② 书写文字。 ③ 修养。 标准:学习较为勤奋、能较为认真观察和细致表达;书写文字少错字、漏字;修养有所形成并对学习生活有所影响。	二、技法 (一)笔法 (1)执笔 ① 姿势。 ② 执笔。 (2)用笔 ① 起笔:方向与力度。 ② 运笔:方向与力度。 ③ 收笔:技巧要领。 标准:能基本掌握坐势与站势;掌握五指共执及悬腕与枕腕方式并能加以运用;能基本背诵九个基本点画口诀并有一定的运用能力。 (二)结构 (1)结体 ① 点画的形态。 ② 点画的交叉。 ③ 点画的组合。 (2)章法(不同作品格式间的章法变化) ① 字距与行距。 ② 天地空框。 ③ 落款钤印。 标准:能基本把握点画的长短、曲直、粗细;能基本把握点画的位置、方向、角度、空白;点画的组合完整平稳;对于不同作品格式间的章法变化能有所了解。 三、态度 ① 学习态度。 ② 书写文字。 ③ 修养。 标准:学习认真、有一定的观察力和表达力;书写文字偶错字、漏字;修养有所形成。

第二节 共享课程:走校走教,共享共融

在华师大基教所专家团队的指导下,2014 年,凯旋教育集团尝试"基于学生核心素养的区域共享课程建设",四所小学以课程为载体开展"特色联建"资源共享。学校的"春芽书苑"课程建设从特色走向共享,惠及更多的学生,专长教师也开展走教普惠集团学生。校际共享课程实施过程中,教师走教不仅满足了学生的个性化成长需求,而且促进了教师的专业发展。

一、从"春芽书法"走向"凯旋书法"

(一) 独具优势的共享基础: 普及普惠、特色提升、集团共享

在凯旋教育集团第一批"共享课程"中,春芽实验学校首推的就是特色课程——"春芽书苑"的软笔书法课程。书法课程在春芽生成、苗壮、成熟的过程中有三个阶段:普及普惠、特色提升、集团共享,具有坚实的文化基础和独特的教育资源。

1. 普及普惠(2005—2009 年):校本课程进课表,一个都没有少,书法教育普及普惠春芽的每一个孩子。学校还非常注重借助社会力量实施书法特色发展工程,多次与"钱塘书画研究社"、社区的"景新诗社(书画院)"联合开展活动,并成为钱塘书画社实验基地。

2. 特色提升(2010—2014 年):学校组建精品社团,借力专业资源,二次开发校本教材。随着书法特色教学研究的不断深入,学校将其并入科研促教的轨道,为了探索符合小学生学习书法的有效途径,开始尝试"快乐书法"教学实践。学校组织教师编写书法校本教材,开展师资培训与学生指导。由书法教师丁洁原创的笔画书写口诀,形象传神、朗朗上口,不但运用在孩子们学习书法的全过程,更被编入了校本教材,为师生传诵。

书法教育教会师生"写好每一笔,走好每一步"。从坚实的每一步做起,春芽书法校本课程得到了显著提升。2009 年区首届全体语文教师写字大赛中,本校教师五星级获奖比例居全区前茅。2010 年初,学校被认定为杭州市小学语文写字教学基地学校;2010 年推荐部分学生参加全国社会艺术水平考级,近百人评上软笔、

硬笔书法相应等级,成绩优异。2011年学校被认定为浙江省书法教育研究会实验基地。2012年度春芽书法艺术教育在江干区"一校一品"特色项目建设中获得优秀,得到相关经费资助,学校改建专门的书法、篆刻教室和书画展厅。2013年4月成为西泠印社、中国印学博物馆杭州市中小学生第二课堂教学基地;2013年5月被江干区教育局、文化广电新闻出版局认定为江干区艺术教育(书法)特色学校;2013年8月,新版校本课程教材《春芽书苑》亮相;2013年9月春芽书法课程被评为江干区首批优秀校本课程。

3. 集团共享(2014年起):特色联建,途径多元,资源共享。2014年,凯旋教育集团尝试"基于学生核心素养的区域共享课程建设",四所小学以课程为载体开展"特色联建"资源共享。首批推出各校相对成熟的校本课程,春芽书法作为精品校本课程名列其中,并开始彰显更快乐、更包容、更多元的魅力。

(二) 悦纳互联的共享历程:完善机制、细致落实、整体推进

1. 完善机制,制订计划

集团共享课程改革项目2013年启动,2014学年正式实施。学校成立了两个领导小组——杭州凯旋教育集团春芽实验学校共享课程建设领导小组、杭州凯旋教育集团春芽实验学校书法共享课程领导小组,为推进课程建设服务。

集团和学校先后制定了一系列相关制度为课程规范实施保驾护航——《杭州凯旋教育集团区域共享课程工作指南》《杭州凯旋教育集团区域共享课程选课手册》《2014学年杭州凯旋教育集团区域共享课程实施计划》《杭州凯旋教育集团共享课程相关制度》《杭州凯旋教育集团春芽实验学校共享课程(书法)相关制度》《杭州凯旋教育集团春芽实验学校2014学年书法共享课程实施计划》等,并成立了杭州凯旋教育集团春芽实验学校共享课程建设领导小组和杭州凯旋教育集团春芽实验学校书法共享课程领导小组。

书法学习内容丰富,基于春芽精品校本课程《春芽书苑》教材,精心挑选、组合了共享课程的学习内容。课程内容分为知识、技法、欣赏三大类。其中知识内容包括一般书法作品格式,一般书法史、书法常识,工具的使用常识;技法内容学习范本为隶书《乙瑛碑》;欣赏内容包括历代经典名家墨迹作品,经典碑刻、摩崖、楹联等。

2. 规范组织,细致落实

首轮共享课的正式实施在2014学年第一学期。每个学期开学第一周,共享

课程就开始面向集团招生了。第一轮书法共享课程面向集团三年级学生招生,学校制订了学年共享课程教学计划,课程主要目标:从关注个体全面与健康的发展角度出发,培养学生具有一定书法艺术素养和道德情操。同时开阔视野,重视对书法艺术赏析、书法史、汉字流变等方面的了解。通过学习,学生对传统书法艺术有较充分的认识,并掌握一定的书写技法。

"春芽书苑"开设了初级班和提高班两个班,实行小班教学。每周五下午1点前由家长凭接送证与学员证送到"春芽书苑"书法教室报到,管理老师课前点名,接下来书法老师进行一个半小时的学习活动,最后由家长接回。

学校内有其他兴趣特长的学生也走出校门到集团内其他三所小学参与国际象棋、篆刻、桥梁等共享课程的学习。多样化的拓展性课程颇受学生和家长期待。

3. 多方合力,整体推进

在春芽,集团共享课程绝不是执教老师个人的事情。全体教师对集团共享课程知晓率100%,班主任负责宣传发动初次报名筛选,教师志愿者分别负责本校书法共享课程的点名与管理其他三校走读学生的"出校"点名,保证共享课程的到课率与有序推进。

课程中心老师编制课程实施学生记录册,还为学生收集、整理学习过程中的成果,留存学生的学习成长印痕。甚至连片段式感悟这样的简单、临时性的工作,也要他们充分发挥智慧,亲自设计制作成精美的小纪念册赠送给参与共享课程学习的孩子。

学校则集中力量宣传书法共享课程。借助接待考察团、参与各级各类论坛的机会,不失时机地将从"春芽书法"走向"凯旋书法"的共享模式与各地代表做分享。

资料卡 9-1

凯旋教育集团"共享课程"学生感悟征文节选

五(1)班黄蕙心:刻好一方印,重要的是真正地沉下心来慢慢刻。学习篆刻也是对自己脾气的磨炼。我在篆刻中感受快乐,体会文化,滋润身心。

四(3)班梅佳颖:通过桥梁共享课的学习,我不仅收获了许多关于桥梁的知识,也收获了许多惊喜和快乐,还收获了一份份友情。希望以后有机会还能参加类似这样的共享课程。

五(1)班方晨:能参加书法共享课程,我感到十分荣幸。学书法不仅是一个兴趣爱好,还能锻炼人的心态。自从学习了这个课程,我得到很多收获,也得到了许多荣誉。

二(3)班吴亦雯:通过国际象棋,我懂得了很多道理。它还培养了我的耐性,磨炼了我的意志。我已经不是当初那个只知道黑白的新手了。国际象棋给我带来了无限快乐!

(三) 软硬兼备的共享保障:环境渲染、专业师资、智慧互动

1. 立体化环境渲染

学校立体化推进书法育人环境建设,成为共享课程的有力保障,让来到春芽参与学习的凯旋集团学生和家长欣喜、赞叹,更在潜移默化中传递了雅致、大气的书法艺术文化。

(1)校园小景彰显书法特色:不大的校园里,学校规划整合,制造富有书法特色的校园景致。学校门厅有名家和学生书写的校名、办学理念,彰显春芽书法特色。花坛里布置了水写书法体验区"墨醒园";从古到今篆刻名家的代表作,铺成了"篆刻小径";草坪里还陈列着学生和名家的篆刻印章……在校园走上一圈,可以感受到古朴的中国风和清新的书法味。

(2)书法教室更显传统气息:书法教室里刻有名家书法作品的吊顶,古朴典雅的课桌椅,功能齐全的博古架,让学生甫一走进教室就感受到浓浓的传统文化气息。软包墙面可以随时展示学生课堂练习的作品,激发学生的书写积极性。

(3)书法展厅成为荣誉殿堂:作为展示交流的书法展厅在不断地改造下拓展为内外两厅。白墙黛顶,白纸黑字,让书法展厅充满正气,也教育学生明明白白做事,堂堂正正做人。既有名家作品,又有优秀师生的书法、篆刻作品的书法展厅成为学生练习书法的一大动力。

2. 专业师资保障

学校专职书法教师丁洁是浙江省优秀书法指导教师、江干区教坛新秀,任教3—6年级软笔书法课,也是书法共享课程主授课教师。她专业基础扎实,全身心投入学校书法特色建设工作。自从共享课程开设以来,她对书法教育的热爱与痴迷更是影响着每一个孩子与家长——课堂上,丁老师悉心指导、热情鼓励;课堂外,她为共享课程的学员们细心积攒着每一份稚嫩的作品;课后,她与每一个共享课学员家长保持着电话联系,为学员们开办"福"字微展览,还亲自设计制作了孩子们第一阶段共享课程作品集……这些自觉自发的行为让相对枯燥的知识学习

和技法练习变得快乐而有期盼,也在无形中丰厚了教师本人的课程观,增强了课程执行能力。

学校现已先后录制了十余堂不同类型又自成体系的书法微课,为下阶段线上教学与线下教学的资源共享、突出书法教学的时空优势做好了储备。

3. 智慧书法建设

传统书法教学也将智慧教育引进课堂,精准施教。学校借力西泠印社、北大方正,在书法社团启蒙课上,引进北大方正基于人工智能技术的书法 APP。书法课上学生们人手一个 ipad,通过这个 APP,精准测评练习成果,对比问题所在,由系统出具详尽测评报告,让学生了解自己的书写状态。并且系统会推荐针对性练习内容,以提升学生书法水平,为学生搭建一条适应性学习路径,增强学生的自信心和满足感。同时也解决老师课上无法逐一评价所有学生书写问题的最大困难。数字书法成为"春芽书苑"课程的一大亮点。

二、从"春芽教师"成为"凯旋教师"

(一)　教师走教的共享突破:丰富课程、交流共生、师生获益

走校,参与共享课程,让孩子们开心地跑入集团各校,感受其特有的文化氛围,享受其独有的教学资源,这些是学生走校模式最大的优势。但问题同时存在:每周一次的频率,令部分家庭人手安排局促。所以,教师走教成为集团共享课程推进的新模式。

2018 学年集团内春芽实验学校和茅以升小学尝试在周五拓展型课程时间进行教师走教。书法、舞蹈、桥梁、编程等课程在两校开设,两校优秀教师走教互补,将学校的精品课程送到对方学校,让更多的学生享受优秀的课程和师资。同时,学科教师在走教助教过程中增加了"学术"交流,启发颇多。教师走教的尝试弥补了学生走校的不足,促进了集团内教师的交流。

(二)　且行且思的共享回顾:创新形式、评价激励、共享展望

1. 使命感令课程充满生命力

作为集团共享课程,其立足点是为"凯旋"的孩子们服务,不断建立"凯旋人"的归属意识非常重要。丁洁老师说:经过近一年的学习,来自集团三校的"走校"学生接受了专业的书写技法的训练、建立了初步书法艺术欣赏视角。如今,每个

书法共享课的学生都有个人"书法档案",记录着他们每一次的点滴进步。"教,然后知困""知困,然后能自强",纵观"春芽书法"走向"凯旋书法"的强劲步履,能一路参与其中,我深感幸福。我真心希望我们的孩子能在共享的课堂里,能在这一点一画,一朝一夕中,将书法精神了然于心,薪火相传。在共享课程建设之路上,不论是走校还是走教,都是因为有那么多有强烈使命感与归属感的教师愿意全力投入共享课程的建设,不吃老本,不断创新,使得课程充满生命力。

2. 激励性评价让学习充满快乐

所有的教师都懂得教学中的激励性评价带给孩子的无穷能量,但往往会忽视一周一次的共享课程更需要注入这样的动力。春芽书法课程学习中,老师对每一名共享学员的学习情况了如指掌,老师喜于学生的点滴进步:课堂点名表扬,个别辅导不吝夸奖,把学生稚拙的书法练习作品当宝贝一样地收藏、当名家大作一样地展出……这些学生看得到、感受得到的激励将是他们对这门课程持续学习、热爱的强大源泉。

3. 多方沟通使课程运作顺畅

第一轮共享课程采用的走校模式无疑是一大亮点,但同时也是学校在执行过程中的一大难点。无论是学员的申请,还是走校的接送,都必须得到家长全力的支持。也正是有了绝大多数家长的鼎力支持,第一轮共享课程才能顺畅运作。春芽在课程策划初期,就面向家长做了很好的宣传,既让家长了解了集团各校的特色课程,也对"走校"模式做了预通知。名单确定后,学校对全体共享学员召开家长会,学习并签订了家长接送安全协议,取得了他们的大力支持。

第二轮共享课程的走教模式是基于学生、教师、家长多方反馈的新举措。共享模式的创新、共享内容的丰富让师生都取得了巨大的收获,共享课程在短暂的停滞后继续向前。

第三节   共创课程:"儿童哲学 + "区域共创

一、儿童哲学 + 课程概述

(一) 儿童哲学 + 的课程缘起

2017 年,凯旋教育集团的课程建设从共享走向共创,"国际理解""STEM""儿童哲学"三门课程成为集团共创课程。杭州春芽实验学校在三门课程的开发过程中选择了"儿童哲学"作为重点研究内容,旨在让学生学会思考、学会探究,帮助学生认识世界、认识社会、认识他人、认识自我,从而丰富学生的思想和精神世界。这既是对学校"春芽·悦课程"的进一步丰富,也是对学校办学理念"快乐学习,健康成长"的践行。

为什么要在小学开展儿童哲学的教育? 华东师范大学基础教育改革与发展研究所杨小微教授说,哲学是所有学问的最高殿堂,任何学问思考到最深处,都是哲学。对艺术的深层次思考,是艺术哲学,亦称美学;对文化问题的深层次思考,是文化哲学;对教育的深层次思考,则是教育哲学。儿童是天生的哲学家,因为他们有着非常敏锐的观察力,对生活充满好奇和探究的冲动。在小学低段开设儿童哲学课,可以保护儿童的哲学天性,不仅有利于儿童精神的健康成长,还有利于儿童哲学式思维的习得,使他们成为真正自主的探索者。其次,哲学学习能获得思维训练,教师利用能引发儿童哲学思考的各种"素材",与儿童一起学哲学,有利于促进儿童理性思维的发展。更重要的是,儿童哲学突破了以教师为中心的教学模式,使以儿童学习为中心的教学模式得以形成,这对于培养既有知识又有思维,既有健全理智又有丰富情感,既有独立个性又善于合作的人,有着重要意义。将这种儿童哲学思想渗透到各个学科,又将推动课堂的变革、学习方式的变革。

于是,在华东师范大学基础教育改革与发展研究所杨小微教授和杭州师范大学教育学院王凯教授等多位专家指导下,杭州春芽实验学校走上了儿童哲学教育研究和校本课程开发之路。

(二) 儿童哲学＋的课程理念

儿童哲学是包含多种理解的概念。刘晓东认为儿童哲学有三个方面内涵:一是"儿童的哲学"(Children's Philosophies),它可以被界定为"儿童关于世界(即常说的宇宙人生)的观念,既包括儿童的好奇、困惑、探究,也包括他们对世界的理解与阐释";二是"给儿童的哲学"(Philosophy for Children),具体指美国哲学家李普曼提出的"儿童学者探究计划";三是"童年哲学"(Philosophy of Childhood),它是与科学哲学、历史哲学、宗教哲学等学科类似的哲学分支,主要研究童年概念、童年的历史、童年的比较文化、儿童观、儿童的权利、儿童的艺术等主题。[①] 不论专家

---

① 刘晓东.儿童哲学:外延和内涵[J].浙江师范大学学报(社会科学版),2008,(3):48—51.

们从何角度去定义,共同的一点都是立足于理解与尊重儿童,并指向儿童的思维发展。叶圣陶先生曾说:"凡为教,目的在达到不需要教。"培养一个有思考力的儿童,才能实现"不教之教"的教育境界。

因此,在春芽,儿童哲学不是加入学校课程的某些内容,而是更新学生生活的方式,甚至是转变学校教育的精神。儿童哲学不是孤立科目,而是融入课堂生活、校园生活的哲学品味,在具体操作层面,它是"儿童哲学+""儿童哲学+学科""儿童哲学+阅读""儿童哲学+活动",在理念层面,它就是一种教育追求、一种教育理想。他们憧憬的是有深度的理想课堂,有温度的美好教育。

1. 厘清小学阶段开发儿童哲学课程的育人价值

P4C 是作为一种教育计划、课程或教法的儿童哲学。首先它是旨在发展儿童的推理技能,促进儿童的深度思维的教育计划。其次,儿童哲学不是将哲学作为学科知识的学科课程,而是促进儿童深度思维的活动课程。第三,儿童哲学也是一种教学法,是"教育探究法"的范例。即:不再让学生去死记课文中的现成结论,而是鼓励他们自己去探索和思考每一学科领域中的知识。[①]

基于这样的认识,学校课程组认为开发具有校本特色的儿童哲学课程对于以"学生为中心"、以"思维为核心"的学校教育有着重要的意义。

(1)儿童哲学课程促进学生思维素养的发展

《中国学生发展核心素养》中明确提出了"六大核心素养"的内涵。核心素养体系被置于深化课程改革,落实立德树人目标的基础地位,儿童哲学走进学校必然要以发展核心素养为最终归宿。儿童哲学的理论渊源主要是西方的"反思性教育"传统,它与核心素养存在着天然的联系。这个传统的主要内涵即是将培养儿童的思维力而非知识灌输作为学校教育的核心。儿童哲学所要培育的素养体现在认知与非认知领域的多方面,最核心的是审辨思考力,创造思考力,关怀思考力,团体合作力和交往沟通力。这与学生素养的发展目标相契合。儿童哲学的研究有助于帮助儿童在亲身经验的基础上多向地、灵活地、有深度地思考,在思考中激发儿童的想象力和创造潜能,在发展核心素养方面具有独特的优势与价值[②]。

(2)儿童哲学课程推进教师教学方式的变革

儿童哲学课程的研发需要教师进行儿童哲学研究、儿童哲学教育研究与实

---

① 李普曼. 儿童哲学与批判性思维[J]. 廖伯琴,译. 教育评论,1989(6):63—65.
② 高振宇. 基于核心素养的儿童哲学课程体系构建[J]. 上海教育科研,2018,(1):20—23+19.

践,这对教师的专业发展提出了新的课题和挑战。教师需要有自己的第一哲学,这应当是关注儿童的哲学,是对儿童的再认识、再发现,是儿童观的不断完善和不断发现。智慧教师首先就是以智慧的方式教育儿童,最终让儿童智慧成长。这种智慧的方式就是教师的哲学素养。[①]

学校"悦"课程致力于培养"有爱""乐行""健体""美心"即有情感、善思考、强身心、能创造的少年。学校"悦"课堂的学生 4C 发展能力也与 P4C 的四种能力——批判性思维、创造性思维、关怀性思维和协同性思维不谋而合。基于校本的儿童哲学课程的研究有助于教师重塑哲学思想,了解儿童的精神世界,关心儿童的精神生活,为寻找培养儿童 P4C 素养的方法开辟广阔的前景,进而推动学习方式,教学方式的变革,推进课堂的改革。

2. 明晰小学阶段开发儿童哲学课程的基本问题

学校已有的课程体系已经比较完善,但有关儿童哲学和已有的课程体系的关系、课程的实施者——教师的专业发展、儿童哲学与其他课程的教法差异等问题需要进一步厘清。儿童哲学课程要进行校本开发,首先要直面的就是课程建设、教师素养、教学方法这三方面的问题。

(1) 课程建设问题

处于校本课程坐标中的儿童哲学,目前的开发和实施的主要形态有三种:一是独立式课程,即把儿童哲学作为一门独立的课程放入课程表之中;二是融入式课程,即将儿童哲学与其他学科融合;三是其他课程,如实践活动课、案例教学课、拓展课等。[②] 春芽实验学校的儿童哲学课程从拓展性课程入手,逐步成熟后再以融入式课程的形式进行学科辐射。学校以"悦"为学校文化核心构建了完善的"春芽·悦课程"体系,并结合校本特色开发儿童哲学课程,凸显"本土化""多元化"特色。

(2) 教师素养问题

开发儿童哲学课程有四个重要的基本条件:参与哲学探索的意愿,避免硬性灌输,尊重儿童的意见,争取儿童信任。儿童哲学的课堂是以生为本的课堂,这意味着教师不仅需要懂得哲学,还要理解和运用儿童哲学课堂的基本条件。如适时地启发学生提问,找到话题中的哲学问题;找出被学生忽略的有意义的命题;递进式提问推进学生的思考,拓宽学生的思路,等等。这都对教师的哲学素养提出了

---

① 成尚荣. 当教室里飞来哲学鸟的时候[J]. 人民教育,2012,(22):26—31.
② 高振宇. 儿童哲学的中国化:问题与路径[J]. 全球教育展望,2009,38(08):25—29.

更高的要求。学校组建了儿童哲学骨干队伍——哲学咖啡屋进行专项素养提升。

(3) 教学方法问题

儿童哲学和所有课程一样鼓励学生独立思考,但什么是有哲学味的教学方法呢? 与其他学科教学方法有何差异呢? 对此李普曼主张把学生组成课堂探究群体进行开放而活泼的哲学问题讨论,让学生在不同观点的讨论中充分展示自己的想法,促进独立思考。其教学程序通常是"阅读材料——以民主的方式选出待答问题——在教师的协助下,学生之间展开对话——教师总结"。教师在课堂中要关注"围绕主题讨论""保持好问的精神""增强思维的开放度和灵活性""学会倾听和引导发现""使用非言语交际"等方面。学校拟从夯实核心问题设计的技术、强化链式追问的技术、设置智性安全氛围的技术三方面去探究哲学教学法,提升教学水平。

(三) 儿童哲学＋的课程架构

儿童哲学是有思维的学习,有深度思考的学习,是一种人文探究的方式。这种人文探究的方式必然会渗透到学科中去,形成"儿童哲学＋"的思路。学校通过对接国家课程标准来确定儿童哲学课程的主题,对低段语文和道德与法治课程进行了梳理,最终确定五大哲学类主题:自我与他者、社会与道德、世界与自然、逻辑与认知、美与艺术。在国家课程的总领下,把"悦品课程群""悦学课程群"中已有的拓展性课程相整合,学校从儿童哲学＋阅读、儿童哲学＋活动、儿童哲学＋学科三个模块进行课程设置和逐步推进,短时课程(15 分钟谈话课)和长时课程(40 分钟＋)相结合,确保校本儿童哲学课程运行的空间。

1. 对接核心素养目标,建立儿童哲学课程目标系统

以"悦少年"素养目标为基础,杭州春芽实验学校已经建立了微课程总体素养目标体系,并进行细化,明确素养目标的具体指向,形成有体系、有序列的微课程框架。确定了儿童哲学＋的研究思想以后,学校依据学生核心素养重新调整了课程框架。

对照"悦少年"素养(见第一节表 9 - 1)的具体要求和儿童哲学的素养发展目标,学校确定了"悦学乐行"的两条具体表现:**"善于思考,有科学的学习方法""勇于探究,有独特的个人见解"**。以此为基点,建立校本儿童哲学的课程目标系统。儿童哲学＋绘本课程主要面对的是低段即第一学段学生,这里仅呈现第一学段目标(见表 9 - 6)。

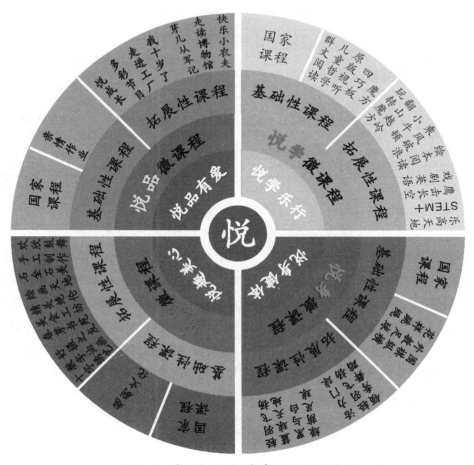

图9-3 基于"悦少年"素养的微课程框架图

表9-6 杭州春芽实验学校校本儿童哲学的课程目标系统

总目标: 促使儿童理性思维发展和道德品质的形成	
认知目标 (针对儿童理性思维发展)	伦理目标 (针对儿童道德品质形成)
在哲学思考与讨论的过程中,鼓励儿童进行合理的道德分析与判断,促进儿童道德认知的敏感性和道德判断的合理性;发挥儿童的分析能力、推理能力、创造能力、理解能力以及培养探究发现的能力。	认真倾听和感受其他儿童的观点与思考方式,在与他人分享观点的同时作出合理的分析与判断。学会在意见有分歧的情况下与他人进行有效的沟通,从而形成儿童的合作与沟通能力,培养积极的生活、学习态度和良好的个性。

第一学段	第一学段
① 对自然、对身边的人和事充满好奇,能发现问题、提出问题。 ② 能根据他人的理解、推理作出判断或调整自己的想法。 ③ 能阐述想法形成的过程。 ④ 能用假设、因果关系、类比法来表达自己的想法或作出简单的推理。 ⑤ 养成提出相应的理由再发表意见的习惯。 ⑥ 尝试用比较简单的方式处理问题。	① 在学校里情绪安定,心情愉快,和同学友好相处。 ② 能与他人合作、交流,愿意分享感受、想法或活动成果。 ③ 对于生活中的善恶美丑有一定的判断能力,能判断他人明显的想法错误、行动错误。 ④ 自信、诚实、求上进。

2. 对接国家课程标准,设置儿童哲学课程主题系列

(1)"儿童哲学 + 阅读":基于国家课程的儿童哲学主题绘本系列设置

将儿童哲学与学校"悦学课程群"中已有的拓展性课程——"绘本阅读"相整合,以语文、道德与法治等国家课程和教材的哲学类主题为依据,充分利用图画语言的特殊象征性、寓意性,在认识、伦理和道德等方面含有大量的哲学因素的哲学特点,开展儿童哲学的课堂研究,构建成体系的儿童哲学绘本课程。对接国家课程标准,学校围绕确定的五大主题,变"绘本阅读"拓展性课程为儿童哲学绘本课程,选取绘本材料作为"引子",初步形成儿童哲学课程的主题绘本系列。选取绘本材料时要把握原则:主题鲜明,浅显易懂;内容开放,贴近生活。儿童哲学绘本课程主要面向低段一、二年级学生,通过社团选课的方式,每周一节长时课,每次 1 小时。

(2)"儿童哲学 + 活动":基于儿童哲学月的儿童哲学活动课程设置

儿童哲学作为一种思想、一种理念,要让更多的学生受益。"儿童哲学 + 活动"模块就是根据学生自主选择的日常生活主题,结合"谈话课""哲学长廊""哲学时刻"等载体,开发"儿童哲学月"活动,营造校园哲学氛围,传递儿童哲学的思想。

春芽儿童哲学月是面向全体同学乃至家长的。学校的初衷就是在校园里营造儿童哲学的氛围,并从学校延伸到家庭,让孩子们主动去对话、思考,丰富儿童的内心世界。春芽儿童哲学月一般安排在 10 月—11 月间,11 月的第三个周四(世界哲学日)结束。儿童哲学月的主题是"呵护童心,致敬童年",主要有四大板块(提问周、思考周、对话周、分享周)。每次活动对话者除了同学、老师、家长,还会邀请哲学博士、大学教授或相关专家等,在思维碰撞中,给学生带去的是更多的启示,一个问题引出的是更多的问题,更多的思考!

当然,学校也会根据学生的需求增加哲学活动。比如2020年春这场突如其来的新冠疫情,同学们宅家不出,心中有很多的困惑,学校就将儿童哲学的对话活动引入主题教育活动中,开展"疫情下的对话"主题月活动。"健康""规则""勇敢""责任"四大主题对话,既丰富了宅家的学生线上学习的内容,又引导了学生去思考、去对话,学会审辨生活中的真真假假,学会调节自我的情绪,在对话思考中认识世界。

(3)"儿童哲学＋学科":基于提问的儿童哲学＋的微课设置

单独设置的儿童哲学绘本课程、综合设置的儿童哲学月活动课程,最终的目的还是推动儿童哲学思想对教师的改变,对学生学习方式的改变,培养儿童的思考力。在未来,最主要的方式还是采用全学科进行儿童哲学渗透式的教育路径。"儿童哲学＋学科"模块是将儿童哲学对话方式用于语文、道德与法治等课程的开放式讨论环节,改革国家课程的教学实施模式,促进学生批判性思维、创造性思维等素养的发展。

基于学科特点和儿童哲学课程组教师情况,学校重点以低段语文为切入点,开展第一学段基于语文课本的儿童哲学＋10分钟微课研究。主要依据课文相关(或涉及价值观的)内容设计内生性的问题,来探究其中的哲学意义。

资料卡9-2

《棉花姑娘》微讨论设计(节选)

七、呈现问题,展开讨论

问题一:卫松泽的问题:为什么燕子、啄木鸟、青蛙不帮棉花姑娘,七星瓢虫要帮她?

四人小组讨论问题,每小组选择一名同学来发言。(说明:拍三下手暂停讨论)

要求:1.同学发言时要学会倾听。2.等同学讲完之后,请你认真思考,并用"我赞同""我反驳""我补充"来发表自己的观点。(执教教师要做好示范作用)

学生交流,教师追问:

其他动物不帮棉花姑娘,他们是不是好动物?

你觉得什么才是帮忙?

帮忙是要帮人把问题解决还是不成功也没关系?(有没有能力?去不去做?)

热心就是帮忙吗?

图 9-4　学科课堂提问模式

其他学科尝试从问题出发,指向学生高阶思维,一堂课一个核心问题、几个连锁问题,或通过引导问题、助推问题推进课堂的学习的展开,形成学科课堂的提问特色模式。

比如,英语学科:将儿童哲学的 4C 和英语课程标准的"思维品质是英语学科核心素养的重要组成部分"相整合,开展提问研究,形成英语课堂的提问参考范式。

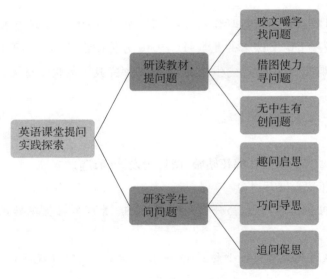

图 9-5　英语课堂提问思维导图

美术学科:不同的学科借用不同的元素表达对世界的理解,有哲学味的学科教学能改变师生的思维品质。美术本身就是一种哲学,美术的高阶思维是渗透于每个细节中的。

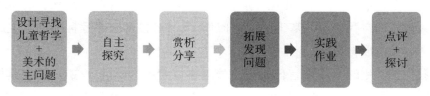

图 9-6 儿童哲学+美术学科探索流程图

二、儿童哲学+课程区域共创机制

(一) 共生体构建

1. 种子教师的成长

继凯旋教育集团与华师大第二轮合作推出三门共创课程后,学校第一时间就成立共创课程组。儿童哲学课程组成立初期只有五人。这为学校儿童哲学课程的研发埋下了第一颗种子。随着研究的深入,儿童哲学被越来越多的老师了解并认可。课程组也从 5 人发展到 13 人,学科从最初的语文、道德与法治,拓展到了美术、英语、数学等。在课程研讨与开发中,课程组老师共生共长。

2. 区域共生体构建

所谓"共创",即任何一所学校不可能单打独斗。作为集团种子学校,学校在课程开发中一直与联盟校紧密联系。2017 年 11 月 1 日,集团共创课程"儿童哲学"第一次研讨会在本校开展,除了集团学校,还有采荷三小、澎博、夏衍等学校共同参与。2018 年 3 月 20 日,学校牵手澎博小学,联合举办了"绘本阅读牵手儿童哲学"研讨活动。2018 年 9 月,学校成为江干区儿童哲学联盟种子学校,第一次组织了联盟会议,分享了儿童哲学学年活动计划……区域共生体在费蔚副局长的关心指导下,在一次次的活动研讨中茁壮成长。

(二) 研究课推进

儿童哲学的难点在于课堂实施,我们缺乏儿童哲学课的基本教学模式和教学方法。我们选择了从课例入手,学研共进,研究儿童哲学学习的过程与方法。

首先将儿童哲学的育人目标与学校"悦少年"素养相结合,对照春芽学子"养习惯、会关心、懂规则、讲诚信、炼毅力、知感恩"的六大必备品格,对国家课程第一学段语文和品德的内容进行了梳理,发现第一学段的主题主要集中在"规则""变化与成长""勇敢"等,其中"变化与成长"的范围更广,既有对自然社会的认知,又有儿童成长的自我认识。基于这样的梳理,大家对接国家课程标准确定主题,围绕主题开始选取材料。

我们在学生的"心思"上下功夫,儿童哲学以绘本为推进方式,可以在具体、真实、活泼的再现儿童生活的情境中讨论、思考,达到促进儿童多效、深度思考的目的。我们在一年级开设了"儿童哲学"社团课,通过阅读绘本,引导孩子在真实的生活情境中思辨,从而促进孩子的道德发展与人格形成。

1. 第一次尝试——《十一只猫做苦工》

12 月 18 日,在凯旋教育集团儿童哲学工作坊第一次活动中,李佳柔老师执教了绘本儿童哲学《十一只猫做苦工》。在课堂上,孩子们的思维被打开,有的联系自己的生活经验,有的讲到了自然环境,还有的上升到了生命主题。记得徐冬青教授当时说:"真实的儿童哲学是一直在思考的,始于问题,终于问题,思考在路上。"

2. 第一次展示——《小猪变形记》

这堂课是春芽儿童哲学在区域的第一次正式亮相。从确定内容到最终展示跨越了一个新年。从确定绘本,讨论挖掘绘本主题到实际操练,在一次次的教学研讨中,课程组的老师们也一次次认识到,儿童哲学课要跳出常规教学的思路,学生视角、课堂开放成了研究的关注点。2018 年 4 月 3 日,杭州春芽实验学校和杭州市景华小学合作成功承办第 17 届"钱塘之春"教育高峰论坛——儿童哲学专场。江干区教育局党委委员、副局长费蔚,台湾嘉义大学王清思教授,华师大基教所所长杨小微教授、黄书光教授、程亮教授,杭师大王凯教授等专家和来自全国各地致力于儿童哲学研究的专家教师参加了本次活动。陈霞老师执教《小猪变形记》和王清思教授同台"竞技"。这次活动让春芽儿童哲学的课例研究有了一个更高平台的交流学习,专家们的点评、区内外兄弟学校的课程观点既有智慧共享,也有思维碰撞,给予课程研究很多的启示。

3. 第一次同课异构——《勇敢的克兰西》

在绘本儿童哲学的研究中,老师们有这样的疑问:语文课堂和儿童哲学课堂到底有什么不同? 分界线在哪里? 2018 年 6 月 6 日下午,以"让语言和思维同生共长"为主题的片区教研活动在杭州春芽实验学校隆重举行。杭州春芽实验学校的贺庭煊老师与金晶老师同课异构,共同利用绘本《勇敢的克兰西》这个载体,从语文和儿童哲学两个不同的角度分析文本,确定教学目标,设计教学环节,在对比中寻找两者的相通与不同之处。活动上,特级教师徐俊老师指出:"儿童哲学的课堂,必须是反思的课堂,儿童哲学课的教学目标就应该指向百家争鸣式的思维碰撞,碰撞的目的不在于产生结论,而在于碰撞的过程。"这次同课异构活动明晰了儿童哲学和语文学科的不同,也为儿童哲学与学科融合指明了方向。

(三) 区域化培训

1. 哲学咖啡屋:针对种子教师的专题学习

课程的开发,需要一支有力的团队,提升教师哲学素养是保证课程实施的重要任务。基于教师哲学理论基础薄弱的事实,学校组建了校长亲自参加,分管校长牵头,高校教授为导师,学校骨干教师为主力的儿童哲学课程研究团队。哲学咖啡屋也应运而生,为种子教师提供专题的学习。作为种子学校,每次活动面向联盟,共同研习。

(1)定期读书交流,提升教师哲学素养

定期的读书交流活动是提升教师哲学素养的有效路径。课程研究团队成立了"哲学咖啡屋",旨在通过"共读 研读 精读"有关儿童哲学书籍,全面提升哲学素养。在程亮教授提供的书单的指导下,研究团队先后围绕《教室里的哲学》《一头想要被吃掉的猪》《与儿童对话》等书籍开展读书交流会,挖掘课程主题体系下的儿童哲学内容,开展"儿童哲学+"课程的同素材同学科的同课异构课例研究、同素材不同学科的对比教学研究,逐步形成校本儿童哲学课程教材的雏形。

比如对绘本《勇敢的克兰西》这一素材,研究团队分别从语文和儿童哲学的角度分析文本,在对比中寻找相同与不同之处。根据李普曼的儿童哲学探究计划,明确儿童哲学课程是以探究性对话为中心,注重儿童推理,兼顾儿童的语言发展的。《勇敢的克兰西》作为儿童哲学课的"引子",要关注其哲学性。课前备课要提炼儿童哲学主题,形成深度对话问题。课堂教学要关注儿童多元推理,引导儿童深度思维,兼顾儿童语言发展,培养儿童对话习惯。由此,研究团队确定了明晰的教学目标,设计了巧妙的教学环节,扎实推进课程建设。

(2)立足于课堂实践,提升教师课程技能

儿童哲学的课堂需要教师掌握多元的课程技能,学校课程组认为不论是何种形态的儿童哲学课,都需要以下三种主要技能。教师立足课堂实践,提升这些三项技能,既打开了儿童哲学的课堂,也为学科课堂学习方式的变化起到了推进作用。

① 夯实核心问题设计的技术

哲学问题是开放的、无标准答案的。教师的提问不是为了传递知识或结论，意在促进学生思考。从学生凌乱的问题中快速梳理、设计出核心问题，是教师执教儿童哲学课的重要技能。以绘本《勇敢的克兰西》为例，教师先根据绘本内容和第一学段儿童的生活实际，寻找绘本中会唤起学生共鸣的细节，从而确定关键词"一样"和"不一样"，再根据关键词来设计哲学问题，即从"克兰西"的不一样中去思考"一样好"还是"不一样"好，就此引发学生衍生出新问题、新见解、新思考。当然关键词也可以从对立面思考，这样有助于提炼核心问题。

② 强化链式追问的技术

提问和讨论是哲学学习的根本途径，也是哲学学习的最佳方法。虽然孩子是天生的哲学家，但并不是每个孩子都那么好问。因此，教师强化链式的追问将促进学生的思维发散，使其养成自问反思的习惯。以绘本《十一只猫做苦工》为例，虽然通过观察讨论，学生和"小猫"一样，对"规则"一词基本达成了共识，但对"特殊情况下，小猫是否要遵守规则"的问题产生疑惑。这时，教师发出一连串追问"路上无人无车时""小猫生病要送医院时""小猫病情危急分秒必争时"，是走天桥还是直接穿马路？教师的追问让学生重新审视"规则"。无论是对继续坚持遵守规则，还是对打破规则的观点，学生都有了进一步的深入思考。

③ 设置智性安全氛围的技术

安全的交流环境和探究共同体的组建是老师在儿童哲学课堂上首先要做的努力。教师要改变固有的教学方式，提升安全氛围创设的水平。首先，教师可以尝试改变课堂的空间结构，撤去课桌，围坐成圈或者马蹄形，构建平等开放的教学氛围。其次，教师要鼓励学生思辨，引领学生享受探索过程，发现有效的探索技能，使探索过程内在化，使全班学生成为相对固定的探究群体。再次，通过增加非言语性交流方式，借助课堂小助手、小手势等帮助学生进行表达。如运用"我同意""我反对""我举例""我补充"等，不仅可以帮助学生清晰表明自己的观点，也是对儿童对话习惯的一种培养。

2. 工作坊研修：专家指导的联盟教师研修

工作坊是一种提升自我的学习方式，教师因有共同的研究目标而组成的教师研修团队，通过活动、演讲、讨论等多种方式开展主题鲜明的话题探讨。教师工作坊较一般培训方式更具有针对性、灵活性、开放性和主动性。在儿童哲学的研讨活动中这是一种比较常用的研修方式。

（1）专家联席,明晰方向

依托凯旋教育集团,江干区儿童哲学联盟的儿童哲学的研究之路上拥有了一支强大的专家团,五位固定的高校教授和教授们的专家资源。华师大专家团队会定期组织工作坊活动,学校也根据教师需求,邀请专家到校进行研讨课指导,每一次研讨课后,都会组织半天的工作坊活动,每一位专家都会参与到工作坊小组中,并在活动最后进行点评和观点分享。高校专家联席,让教师研修方向更明晰,视野更加开阔。

（2）专题研修,借智引力

儿童哲学作为一门全新的课程,教师在研究中会不断地产生困惑。根据教师的需求和课程研发需求,学校会安排专题的培训。比如,邀请杭师大王凯教授做了面向全体教师的《儿童哲学通识培训》；邀请浙大哲学博士杨妍璐为联盟种子教师的实践困惑答疑,并指导老师梳理哲学主题；邀请杭师大儿童哲学中心主任高振宇教授介绍《基于游戏的儿童哲学课程设计与实施》,等等。专家的专题指导既解决了实践中的困惑,又极大地满足了教师研修的需求,为儿童哲学的研发提供了助力。

3. 专业培训班:面向区域教师的通识培训

第一次省级培训活动:2018 年 4 月 18 日学校成功承办了"培养有思考力的儿童——儿童哲学课程在小学阶段的开发与实施高级研修班"的实践活动学习。本校陈霞老师带领一年级学生继续"小猪变形",讨论了关于"变"这个话题。澎博小学的孙凤瑶老师和杭师大研究生侯佳敏也分别执教展示课。研讨课后,组织所有参训老师开展工作坊研讨,还邀请儿童哲学研究中心主任高振宇教授作了活动指导与点评。学校的儿童哲学研究获得了来自省内外同行及国内外专家的肯定。

有了实践培训和区域联盟研讨培训的经验,2019 年上半年,杭州春芽实验学校面向江干区在浙江省教师培训管理平台推出了儿童哲学 24 学时的专题培训。第一期参训老师共 25 人,除了区联盟的年轻老师,还有其他学校的老师。培训内容很丰富:儿童哲学如何进入小学？ 如何组合儿童哲学课？ 儿童哲学课程的设计与实施……给老师们培训的既有哲学专家又有一线小有研究的教师,满足了教师不同层面的需求。实践研修还与区域联盟活动相结合,邀请了来自上海、江苏、安徽的华东儿童哲学联盟校的老师们,让参训教师的视角更广阔。

三、儿童哲学＋课程区域共创成效

1. 儿童哲学研究成果斐然

在学研共进的课程开发进程中,学校课程组也在不断地总结与思考。课程组老师撰写的课题方案"第一学段基于绘本的儿童哲学教学的研究"在杭州市教师小课题中立项,"基于儿童哲学工作坊的教师提问能力提升研究"在杭州市教师教育课题申报中立项,"基于儿童哲学的小学低段对话式班级管理模式研究"在区级课题申报中立项。《儿童哲学课程开发与实施的校本探索》一文在《教学月刊》发表。"基于绘本的儿童哲学对话策略和问题设计"在杭州市教科研成果评比中获得三等奖。

从课例研究到课程建设,我们学会了用哲学的眼光审视学科、审视自我,《绘本里的儿童哲学:理念与实例》就是杭州春芽实验学校两年多在儿童哲学实践中的总结与思考。2019 年 12 月此书正式发行。

2. 儿童哲学联盟区域扩大

随着儿童哲学研究的深入,儿童哲学从最初的集团共创,扩大为江干区共创,学校成为了江干区儿童哲学联盟种子学校。学校还被授予首批华东师范大学基础教育改革与发展研究所儿童哲学研究合作校称号,2018 年 12 月成为华东儿童哲学联盟成员校。

3. 第三方媒体报道频频

联盟开展儿童哲学研讨以来,在区域推进过程中也得到了媒体的关注。儿童哲学从学校走向家庭,走向社会,越来越多的人认识儿童哲学,理解儿童哲学。

资料卡 9-3

江干区"钱塘之春"儿童哲学专场报道:

儿童哲学:让孩子以自己的眼睛看世界

"为什么天上有星星?""为什么海水那么蓝?""为什么我喜欢的东西大人不喜欢?"这样的问题,相信我们每一个人在孩提时都问过。那些在成人眼中稀松平常的现象,在孩子眼里充满了神秘感和奇思妙想。孩子对于世界的提问、质疑和思考,就是儿童哲学。4 月 3 日,钱塘之春 2018 教育高峰论坛儿童哲学专场在杭州凯旋教育集团春芽实验学校拉开帷幕,众多省内外专家、学者通过现场展示课、圆桌讨论、主题讲座等方式,分享与交流目前国内儿童哲学领域的前沿理念。

给孩子一个"安全空间"

"不争辩、不出神、不取笑。"在春芽实验学校一年级的现场展示课上,执教教师、台湾嘉义大学教育学系教授王清思一上来就给在座的 15 名学生立了个规矩,"每个人都可以举手提问,所有其他人都要尊重提问者的发言"。王清思说,在儿童哲学课堂上,学生敢于发言、敢于表达自己非常重要,而这个"敢于"的前提,就是为他们营造一个亲切轻松、能分享秘密的氛围,"要让孩子知道,在这个圈子里讲话很'安全'"。

给孩子一个"安全空间",是与会专家和教师都会提到的一个理念。孩子的自尊心,一点都不比大人少。倘若因为他们的"脑洞",说出了不可思议的傻话,这时候在座者就要给予充分的尊重和理解,而不是嘲笑。正如华东师范大学基础教育改革与发展研究所副所长黄书光所说,儿童哲学是在用儿童视角、儿童心理看待世界,大人此时应该蹲下身子,跟孩子保持在同一高度。

"儿童哲学很考验教师的课堂开发能力,教师要懂得如何训练孩子的思维,注重讨论过程中师生之间、生生之间的情感交流,给孩子更多的话语权,使他们能在课堂上做回自我,展示自己。"杭州师范大学博士高振宇说。

那么儿童哲学教育目的是什么? 王清思认为,是透过哲学的启发,重新认识儿童,重新改造教育,希望每一个孩子做真实的自己,说出内心真正的答案,而不是面对事物人云亦云。

昆明市官渡区南站小学从 1997 年就开始了儿童哲学课程实验,是全国首家进行儿童哲学教育实验的学校。学校教师自行创编了中国本土的儿童哲学校本教材,教材共 3 本,每一本对应两个年级:一、二年级为低段读本,关注的是"人与人"之间的话题;三、四年级为中段读本,关注的是"人与自然"的话题;五、六年级为高段读本,关注的是"人与社会"的话题。儿童哲学课已成为该校的一大特色,被纳入一年级到六年级的校本课程中,成为必修课。"我们围绕 5 个核心素养培养目标——会倾听、会质疑、会思辨、会选择和会担当,进行课程的开发与建设。目前每周有一节儿童哲学课,我们倡导全员参与课堂,人人都要发声,要求每一个学生都养成发言的习惯。"该校教科研主任莫云说,"教师只是穿针引线之人,不要轻易给学生下定论,而是要鼓励学生大胆质疑、表达观点、张扬个性,进行思维的碰撞和交流,用举例子、打比方、反驳等方法去证明自己的观点。从而使学生能够丰富和发展自己的认识，形成良好的思维习惯，不断提高分析问题和解决问题的能力。"

各学科都有"哲学味道"

"提起哲学给人的印象，用一个字形容是'玄'，两个字形容是'深奥'，三个字形容是'高大上'。"杭州凯旋教育集团景华小学教师王红霞一句看似玩笑的话，引来大家的深思，哲学真的这么高不可攀吗？其实不然，在专家们眼中，哲学，尤其是儿童哲学，内容丰富有趣，体现形式多元，完全称得上是一门有趣的学科。

"儿童哲学，没有一种固定的模式。"复旦大学教授徐冬青说，儿童哲学，不是给孩子灌输知识或结论，而是让孩子学会在不同学科中培养情怀、探索问题。"未来儿童哲学教育模式将越来越多元，可以渗透在学生社团活动、班队活动中，也可以融合进其他所有学科。"

目前在一些学校，儿童哲学教育已经形成了特色课程，接下去在更多学校，儿童哲学将会成为课程特色。

春芽实验学校有个儿童哲学社团，儿童哲学组组长陈霞在社团课堂中巧妙地引入了绘本教学，当学生看绘本、听故事的时候，设置一连串问题，引发他们的思考与争论。陈霞说："基于绘本的儿童哲学，不是传递哲学知识，而是以问题探究的方式，推动哲学思维。"教师在课堂中，通过不断改变情境，制造出梯度递进的问题群，引发学生思维碰撞甚至发生争执。学生在此过程中，探究力被激起，最初的好奇心也就顺势变成了后来的深层次思考。

"在我们的教学中也存在两难的选择，例如：学生讨论热烈时，教师应该停留还是按照之前的架构继续深入？我认为，儿童哲学需要教师放开事先规划的东西，接纳课堂上自然而然形成的内容。因为哲学是通过对话形式开展的，所以它存在许多无法预测的可能性，教师要敢于'冒险'才能生成。"王清思说。

景华小学语文教师郑丽敏就在她的课堂上完成了这样一次"冒险"。她把儿童哲学植入了语文篇目《中彩那天》。学生在层层递进的现场提问中，爆出很多奇妙的思维火花。郑丽敏抓住这一点，通过与学生"唱反调"的形式，帮助学生理解文本。"课文单元主题是'诚信'，我有意识地在字词理解的基础上，让学生拓展文本理解'诚信'，随着课堂难题的不断推进，学生的批判性思维也在不断深入，正确的价值观随之形成。"郑丽敏说。

本文刊登于 2018 年 4 月 9 日《浙江教育报》(记者　叶青云)

资料卡 9-4

杭州春芽实验学校儿童哲学月报道:

有学生问"为什么会有作业"
哪个问题你始终找不到答案

"鱼缸里的鱼快乐吗?""为什么有时间呢?""我们的宇宙真实吗?"……可能对于我们来说,平时都没有意识到这些问题的存在,而在杭州春芽实验学校,老师们就给学生留了一项作业:"请提个一直在你心中,却始终没有找到答案的问题。"学生们提出的问题,让老师也大呼意外。

题目限定了一个范围,但孩子们列出的问题还是千奇百怪。有的学生一副哲学家的样子,提出的问题都是"我们有自由的意志吗""数字是什么"等,也有学生像个小科学家,写下了"太阳有多大""为什么现在人变不了猴子,猴子也变不了人"等。

除了学生能提问,他们的父母也能提问,而学生和父母之间问题的一来一往,也让不少老师捧腹。孩子这边,提出频率最高的问题是"为什么会有作业""为什么一定要学习",而也有父母在问"为什么现在的孩子没有我们小时候懂事、自觉""孩子平时脑袋也很灵活,怎么一用到读书上就变呆了""为什么小孩总喜欢和大人作对"等。

这是春芽实验学校"儿童哲学月"活动的首周主题。从去年开始,春芽实验学校就借助凯旋教育集团的共建课程项目,开始在校内开设儿童哲学课程。今年,学校专门拿出一个月时间开展活动,从提问到交流、解答,将邀请哲学博士、教授与学生、父母进行各类探讨。

本文刊登于 2018 年 11 月 7 日《杭州日报》(记者 章翌)

资料卡 9-5

"人一定需要知识吗?"
二年级的孩子这样问老师
这所学校教学生哲学 让孩子重新喜欢问"十万个为什么"

"妈妈,我是怎么跑到你的肚子里的?""我为什么一定要吃青菜?"……很多家长应该都还记得,小时候孩子黏在身边,向自己提的这些问题,很多一时都难以回答。但是等孩子们到了上学的年纪,这个场景似乎慢慢就消失了。

昨天,杭州春芽实验学校的"儿童哲学月"正式收官。一个月的时间里,孩子和家长们似乎回到了过去熟悉的场景中,他们会先提出自己最想知道,但迟迟没有答案的问题,围绕这些提问,进行一系列与哲学有关的活动。

老师们总结出了孩子们最爱问的 10 个问题,比如"人为什么活着?""为什么我们要上学呢?""金鱼生活在鱼缸里开心吗?""人一定需要知识吗?"孩子们提的这些问题,很多涉及哲学层面,要一一解答,还真的挺不容易。春芽实验学校的校长曹京蓉告诉记者,"儿童哲学月"的最终目的,并不是为孩子解答这些问题,而是为了在校园里营造"儿童哲学"的氛围,让孩子们主动去思考。

给学生做"减法" 接触哲学让孩子不再"随大流"

"儿童哲学",简而言之,就是让孩子接触哲学,学会运用哲学方式思辨。几个月前江干区的第17届"钱塘之春"教育高峰论坛上,它是被反复提及的一个词,这个学期,越来越多的学校也开始提起这个概念。杭州师范大学教育学院教授王凯说,"儿童哲学"的最终目的是培养孩子寻求美好生活的能力,让孩子们的生活充满哲学趣味,对老师们来说,就是要激发孩子们最本真的好奇心,而这恰恰是现在满堂灌课堂上学生最为缺乏的一种能力。

春芽的老师言劼对这点特别有感触,一次数学课上,一位数学很好的学生起身回答问题,自信满满地说完,其他的学生纷纷发出"喔!"的声音,看起来恍然大悟,但其实这名学生的回答并不正确,很长时间后,才有学生试探着举起手,提出了反对意见,"那个时候我的感触很强烈,多数学生在'权威'面前,已经不太想去自己思考了。"

很多家长还有一个误区,认为花时间学习儿童哲学,对成绩提升并没有帮助。但哲学对学生的意义,比分数重要得多。浙江大学外国哲学专业博士、杭师大教育学院儿童哲学研究中心特聘研究员杨妍璐,来春芽上过很多次儿童哲学课,她觉得,孩子会逐步受到成人世界的干扰,好奇心和探索欲没有了,让孩子学哲学,其实是给孩子做"减法",减少成人世界的干扰,让孩子保持好奇,"有了好奇心和独立思考的能力,孩子就会想去探究问题,学习就有了动力,这种动力要比家长的监督可靠很多。"

为儿哲专门组建课程组　老师平时上课也有哲学味

今年"儿童哲学月"的压轴,是杨妍璐博士的"哲学亲子课",主题是"快乐和悲伤需要什么?"和普通的课堂相比,这堂课显得有些特别,孩子和家长们围坐在杨老师身边,老师抛出问题,学生和家长们讨论问题,就像击鼓传花一样,谁想分享观点,杨老师就会把一个玩具放到那个学生的手上,记者统计了一下,在40分钟的时间里,学生和家长们发表看法的时间足足占了五分之四,在这个过程中,杨老师只是默默地听着。

"快乐需要健康!""我觉得你说的不对,因为生病了,就会有朋友来看你,还不用上学,你也会很快乐。"学生们都很积极,不光平时内向的孩子一直在举手,还有不少学生开起了"辩论赛"。一节课下来,"快乐和悲伤需要什么?"这个问题,并没讨论出一个答案,但杨博士说,让孩子们说到"嗓子冒烟",这就是儿童哲学课堂的精髓所在。

对于这样的课堂,春芽实验学校儿童哲学课程组的13位老师已经习以为常。学校的儿童哲学课程小组,已经组建了一年多,每周都会集体备课,专门研究怎么上哲学课。

课程小组里除了语文老师,还有音乐老师和数学老师。言劼这个学期刚刚加入课程小组,作为一位数学老师,她对将绘本故事与数学思维结合,已经颇有心得,"儿童哲学不光和语文、道德与法治有关,和数学也有相通的部分。"言老师现在的数学课也变了个样,就像杨教授一样,开始更多地引导学生思考,"以前会想着这节课我要完成什么教学任务,现在更注重当课堂的组织者,培养学生的思维能力,这是事半功倍的事,我和同事们都开始意识到我们需要做这样的转变。"

两大高校当智囊　儿童哲学从学校延伸到家庭

春芽是杭州市较早开展儿童哲学的学校之一,儿童哲学,也是春芽所属的凯旋教育集团的共建课程之一。让孩子接触哲学,显然不可能让他们像哲学系学生一样研读大部头的著作,怎么让哲学容易"啃"? 负责儿童哲学课程的老师陈霞说,学校的儿童哲学课程分为三个模块:"儿童哲学绘本"模块,以语文、道德与法治等国家课程和教材的哲学类主题为依据,构建成体系的儿童哲学绘本课程;"儿童哲学+"模块,将儿童哲学对话方式用于语文、道德与法治等课的开放式讨论环节,改革国家课程的教学实施模式;"儿童哲学活动"模块,根据学生自主选择的日常生活主题,开发"儿童哲学月"活动。

　　这些模块的架构,背后有华东师范大学的专家团队和杭州师范大学王凯教授的团队做智囊团,他们每月都会来学校进行指导。跟进了春芽儿哲课程建构全程的王凯教授说,儿童哲学不是加入学校课程的某些内容,而是更新学生生活的方式,甚至是转变学校教育的精神。"春芽的儿童哲学融入了校园生活,是'儿童哲学+',是'儿童哲学+学科''儿童哲学+阅读''儿童哲学+活动'。"除了平时在学校里无处不在的哲学元素,类似这次哲学亲子课,参与哲学对话的还有父母,哲学氛围从学校延伸到了家庭,"当下许多父母只是盯着孩子的分数,免不了鸡飞狗跳,若共同对话哲学,虽是短暂,也能瞥见美好。"陈霞老师说,学校会专门请专家给家长开这方面的讲座,"家长们的反馈很好,亲子对话很多都从日常的唠叨、嘱咐、命令变成了讨论和商量。"

　　本文刊登于 2018 年 11 月 16 日《杭州日报》(通讯员　倪婷　记者　章翌)

资料卡 9-6

杭州芽实验学校《绘本里的儿童哲学》新书发布报道:

为什么儿童哲学社团的孩子,比一般孩子更会说会想?
春芽实验学校用 2 年时间告诉你答案

"为什么要当国王,在外自由自在地生活不是很好吗?"

"为什么在利益面前兄弟也会自相残杀呢?"

"勇敢既不是找麻烦也不是惹麻烦,那勇敢到底是什么呢?"

…………

　　这些问题,都是杭州春芽实验学校的孩子们在看完经典动画片《狮子王》后提出来的。两周前,春芽实验学校第二届"对话成长　致敬童年"哲学月开幕,在这个月里,孩子们都会围绕着这些问题进行探讨。

　　今天,杭州春芽实验学校《绘本里的儿童哲学:理念与实例》新书发布会暨2019学年江干区儿童哲学联盟研讨活动,在春芽实验学校进行。学校历时两年编纂的这本书对学校进行的绘本儿童哲学的教学设计、教学实例等进行了呈现和总结,分享了不少关于儿童哲学的理念与实例。

让家长也参与孩子的思考

儿童哲学是一门倡导尊崇儿童天性,倾听儿童声音,呵护儿童好奇心的哲学教学计划。近年来,杭州不少幼儿园、中小学都在进行儿童哲学研究。去年年底,江干教育还成立了儿童哲学项目学校联盟,春芽实验学校就是联盟学校之一。

每年的哲学月,都是春芽实验学校的重要活动。春芽实验学校的哲学月一般分为四周进行,第一周是提问周,第二周是思考周,第三周是对话周,第四周是分享周。今天开始,哲学月就进入到了对话环节。这个对话,不仅包括师生对话,也包括父母和孩子的对话。

陈霞老师是学校儿童哲学教研组组长,她说:"今年我们的儿童哲学引入了亲子的主题,让家长也参与到孩子的思考过程中。我们发现,现在家长和孩子进行沟通时的内容很狭窄,很少涉及精神和思考层面,所以我们邀请家长一起加入进来,和我们一起关注孩子思维的发展。"

儿童哲学社团的孩子会说会想

两年的儿童哲学研究,会令老师、学生、课堂发生怎样的改变呢?

现场,春芽实验学校的戚敏婷老师和儿童哲学社团的孩子一起,带来了一堂儿童哲学课堂"小房子变大房子"。

从一个绘本故事中,戚老师为大家引出了"大""小"的概念对比。同学对有没有最大的东西和最小的东西展开了一番争论。

有同学说:"我觉得宇宙就是最大的。"但马上有同学补充:"我认为一定会有比宇宙更大的。"

有同学说:"我觉得细菌是最小的,因为肉眼看不到。"但也有同学说:"那半个细菌是不是比细菌还小呢?"

这场没有固定答案的讨论,不断冒出令人眼前一亮的想法。

接着,戚老师又抛出一个问题:"那么是大的更好,还是小的更好呢?"

同学们慢慢开始提出思考后的观点:"如果是箱子的体积,还是小一点好,不然会搬不动。"

"如果是年龄,还是大的好,这样就不用被爸爸妈妈管,也不用上那么多培训班,可以想吃什么零食就吃什么零食!"

"如果是体重,还是小一点好,不然会不健康。"

…………

春芽实验学校副校长、学校儿童哲学项目负责人许蕾说:"儿童天生就是一个'哲学家',他们不仅喜欢问为什么,而且在看到有趣的现象时也总是尝试自己去找答案。但是现在的孩子在思考上是有明显缺失的,所以我们从 2 年前开始尝试探索儿童哲学,借助儿童哲学去理解孩子。"

"我们可以看到,这些儿童哲学社团的孩子,就是比一般孩子更会想会说,他们的思维也是老师无法预料的。在我们的儿童哲学课上,我们会从绘本开始,在研究过程中发现问题,用问题引发孩子思考。老师会通过设计问题,一步步推进孩子的深度思维。在我们学校,儿童哲学还渗透在学科课堂中,比如在数学、美术、音乐课中,老师也会设置开放讨论,会更关注孩子思维的发展,推动孩子整体的素养发展。"

本文刊登于 2019 年 12 月 9 日《都市快报》(通讯员　戚敏婷)

第十章

大器少年，意义成长
——杭州凯旋教育集团景芳中学课程发展之路

第一节　特色课程：让学校教育更富有意义

一、基于"大器少年"培育的"意义成长"课程体系

（一）　学校的办学理念与文化：成长在有意义的每一天

杭州市景芳中学创办于1994年，经历了28年的办学历史，学校从一所薄弱学校发展成区域内配套的公办中学。目前，学校规模扩大至26个班，在校学生801名，专任教师104名。几年来，本校与江干区凯旋街道辖区的另外四所学校景华小学、春芽实验学校、茅以升实验学校和南肖埠小学等"一中四小"均处于发展上升期，教育质量基础扎实，学校特色建设初步显现，但是规模小、资源不足及综合实力不强等因素制约了学校品牌建设。从2013年9月份开始，本校作为华东师范大学与凯旋教育集团深度合作的基地学校。专家团队多次深入教学一线调研，利用听课、座谈、研讨、讲座等方式全方位立体式不断深入推进学校发展。

学校一直坚持践行"生活德育""意义教学"和"体教结合"，形成自己的发展特色和办学体系。2010年与杭州市体育发展中心合作开展"体教结合"模式，把杭州市女子足球队引入到本校。本校不仅是第一批加入中国阿迪达斯"绿荫成长计划"训练营（杭州市点）活动的学校，而且是浙江省足球特色学校，成为第一批全国青少年校园足球特色学校。2011年以"一校一品"课题"以足球文化为载体，促进学生健康成长"为突破点，从活动体系、校本课程、队伍建设、文化建设等多个方面进行了摸索，并提炼出"脚下有梦想，进退皆文章"的校训。"意义成长"是学校实践探索过程中意义教育的本土化经验，我们认识到让人在意义中成长才是有意义的教育、有意思的事。"意义成长"体系的探寻，其具体内涵指向师生共成长，形成八个共识：成人比成绩有意义，成长比成功有意义，体验比接受有意义，启发比给予有意义，合作比独教有意义，坚持比突击有意义，对话比对抗有意义，激励比指责有意义。学校文化

和育人价值观凝练成了"成长,在有意义的每一天"的办学理念。

(二)"大器少年"核心素养

在"成长,在有意义的每一天"的办学理念指导下,围绕"足球精神",提出"意义成长课程"这一本体性概念,强化立德树人的教育根本任务,优化学校课程结构,从应试型课程转变为育人型课程,增强国家课程校本化实施效益与品质;强化选择性教育思想,让学生学习过程更具有教育性,提高地方与学校课程开发与实施水平,立足于学生全面而有个性的发展;强化学生立场的学习方式转变,推进意义课堂的实施,开发综合课程,立足于学生动手实践能力、创新精神以及核心素养的培养。根据国家学生核心素养体系,定位本校"意义成长"课程,主要从教育的价值维度构建课程体系,立足于培养"有梦想,敢拼搏,能进退,成大器"的景中少年,追求有意义的教学,构建有意义的课程,追求有意义的人生。

(三)"意义成长"课程框架体系

按照《关于深化义务教育课程改革的指导意见》《浙江省初中阶段学生综合素质评价实施指导意见》等有关文件精神,本校课程框架分国家课程、地方和学校课

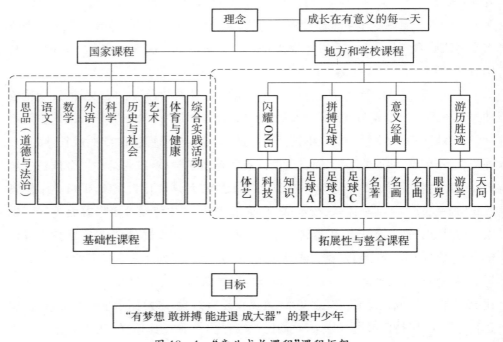

图 10-1 "意义成长课程"课程框架

程,其中国家课程主要功能体现为基础性,立足于学生的全面发展,地方和学校课程主要功能体现为拓展性和选择性,立足于学生的个性发展。把培养"有梦想,敢拼搏,能进退,成大器"的景中少年的课程目标融入基础性课程和拓展性课程之中。

国家课程按规定开设思想品德、语文、数学、外语、体育与健康、科学、艺术、历史与社会、综合实践活动等九个科目,为基础性课程,主要实施方式为课堂教学。地方和学校课程分四个板块 12 个领域:

闪耀 ONE: 立足学生个性发展,指的是"每一天,每一个学生,每一个兴趣特长",为社团组织形式的课程,分为体艺特长类、科技类和知识拓展类,采取分层分类选课走班,主要培养学生的个性特长、兴趣爱好,面向七至九年级,时间为每周五下午两课时。

拼搏足球: 立足学校特色发展,学生的个性发展。分三个层级:普及、兴趣、特长。普及面向全体学生,与体育课、大课间等整合实施。兴趣面向部分有兴趣的学生,在社团课程中实施,选课走班。特长面向部分优秀学生,每周安排单独课时进行训练,有较高要求。

意义经典: 立足学生人文素养提升。通过名著、名曲、名画等项目课程实施,提升学生的人文素养。与基础性课程整合实施,并和综合实践活动、学校艺术节等重大节日活动整合实施。

游历胜迹: 立足学生实践能力、跨文化理解能力增强。通过"眼界"项目,侧重社会科学领域的研究实践能力增强,和原省精品课程"慧眼看杭城"整合,与综合实践活动、德育活动、地方课程整合实施。"游学"侧重国际理解教育专题教育,并适当进行国际理解教育专题实践教育。"天问"侧重自然科学领域的研究实践能力增强,与科学、综合实践活动课程整合实施。

拓展类课程"闪耀 ONE"侧重于增添学生审美情趣,培养勇于探究精神,开发理性思维。学校整合性基础特色课程"拼搏足球",旨在通过运动兴趣培养、运动习惯养成、运动技能提升等,树立学生的团队意识和互助精神,具备现代健康生活意识,铸就勇于担当社会责任的品质;整合性拓展类课程"意义经典"从"书、画、曲"方面着手,整合基础性课程和综合实践活动,使学生具备较深厚的人文积淀、人文情怀和审美情趣。整合性拓展类课程"游历胜迹",通过"眼界""游学""天问"架构起学生社会科学、自然科学和国际理解教育的课程体系,在拓展中培养理性思维、批判质疑、勇于探究的科学精神,在整合中培养乐学善学、勤于反思、实践创新的学习习惯。丰富的课程资源开拓视野、发展思维,使学生在未来社会中能够奠定文化基础、谋求自主发展、学会社会参与。"成长,在有意义的每一天"课程体系兼具个人价值和社会价值,旨在使学生成为一名能适应21世纪社会发展,能在传承优秀传统文化的同时面向未来的优秀公民。

二、拼搏足球特色课程:从散点走向聚合

(一) 拼搏足球课程目标与内容:技能出发,聚焦素养

1. 课程目标

(1)总体目标

足球运动蕴含丰富的育人价值,其"团结协作、拼搏进取"的精神主题也能很好地承载本校"脚下有梦想,进退皆文章"办学理念和育人目标。挖掘"足球精神"拓展足球项目的育人功能,用足球精神、足球文化促进学生"有梦想、敢拼搏",从"足球梦、少年梦、中国梦"引领学生树立人生梦想,从"拼搏足球、拼搏学习、拼搏人生"磨炼学生意志。用足球精神引领学生"能进退,成大器",从"能吃苦,能分享,能进退"指导学生能积极乐观面对生活,引导学生争取"成人、成才、成器"的人生追求。本课程基于足球这项体育运动,并综合相关的语文、数学、外语、科学等学科知识。通过本课程学习,综合培养学生合作与竞争的能力、组织规划能力,培养学生的责任担当和拼搏精神。

本课程以"足球运动、快乐成长,足球精神、拼搏人生"为背景,用普及＋学科渗透的方式进行教学,让学生了解足球运动,体验足球运动带来的快乐,学会欣赏足球运动背后的合作精神与拼搏精神,为学生今后的学习、工作、参与社会活动在知识、技能、方法和情感态度等方面打下一定基础。

(2)具体目标

知识目标:

① 培养对足球运动的兴趣,了解足球运球、控球的基本技能,增强体质,锻炼身体。学会踢一场足球比赛,或者能看懂足球比赛。

② 学会歌曲创作的方法,能够围绕主题创作歌曲。

③ 围绕足球运动能用英语进行基本的交流。

④ 理解物体材质、形状与摩擦力之间的关系。

能力目标:

① 培养学生学会欣赏足球,培养学生合作与竞争能力。

② 懂得欣赏古今中外名人成功的过程和意义。

③ 培养学生口语交际表达能力和国际理解能力。

④ 探究材质、形状和摩擦力之间关系。

情感、价值观目标:

① 感受足球文化中的集体荣誉感和国家荣誉感,培养学生对自己、对家庭、对国家的责任担当,拥有世界眼光和家国情怀,树立学生正确的人生观、价值观。

② 感受足球文化中的拼搏精神,培养学生为梦想而拼搏,领悟因拼搏而成长,收获在成长中成人、成才、成器的意义。

③ 从文学作品中感受拼搏精神在个人成长中的积极意义。

④ 体验科学合作探究的乐趣,感悟科学探究中的吃苦精神。

2. 课程内容

学校开发实施整合性基础特色课程"拼搏足球",旨在通过运动兴趣培养、运动习惯养成、运动技能提升等过程,树立学生的团队意识和互助精神,具备现代健康生活意识,铸就勇于担当社会责任的品质。拼搏足球拓展课程根据学生的个性发展分三个层级:普及、兴趣、特长。普及层级面向全体学生,与体育课、大课间等整合实施,本校于2015年10月至2016年8月引进了英国足球外教约翰·布朗先生,于2016年9月1日起引进了西班牙足球外教马里奥先生。外教每周安排20节课时,主要工作内容是足球的课堂教学。兴趣层级面向部分有兴趣的学生,在社团课程中实施,选课走班。特长层级面向部分优秀学生,每周安排单独课时进行训练,有较高要求。

"拼搏足球"特色课程是在学校开展足球社团课的基础上,在学校校本选修课程建设活动的引领下,结合学生对"拼搏精神"认识,整合语文、外语、科学、社会相关学科知识,以培养学生合作探究意识和拼搏精神,拓展学生相关学科知识和能力为目标而编写的校本课程。本课程教材包括"足球史""足球运动""足球文化"三个部分,每个部分基本由三章组成。其中"足球文化"为学科渗透课程,共4章,每章3课时;"足球史""足球运动"各3章,每章4课时,各12课时。本课程群共36课时。比较课程各章节之间的关系,"足球运动"是让学生从运动中了解足球,切实感受足球运动中合作与竞争、拼搏与坚持的精神。"足球史"是从竞技运动文化发展史的角度,让学生了解足球发展史、比赛规则等,学会欣赏足球运动。"足球文化"是从学科渗透角度,围绕足球精神、足球探究,挖掘国家教材中的知识相关点,将国家课程校本化实施,也是对前两篇章的补充和提升,让学生从学习技能转向走进精神文化的提升。

(二) 拼搏足球课程实施与评价: 分层推进,多元评价

1. 课程实施

课程实施分为三种类型,列表如下:

表 10-1　课程实施三种类型

	A 普及类	B 兴趣类	C 特长类
对象	面向全体学生	面向有兴趣学生	面向有特长学生
内容(PPT 举例—课例)	见校本教材	见社团课教材	见训练教材
实施方式	与体育课、大课间等整合实施。足球外教课每周 1 节＋足球体育课每学期 3 节＋语数外科社学科渗透	在社团课程中实施,选课走班。社团拓展课每周 2 节＋班级联赛每学期 8 节	每周安排单独课时进行训练,有较高要求。校男女足球队周一到周五每天下午 2 节课
课时安排	34 课时	38 课时	160 课时
授课教师	外教＋体育老师＋学科老师	体育老师＋外聘教练	体育老师＋体校教练＋外聘教练

2. 课程评价

课程评价也是从三个类型进行,从评价形式、评价方式和成果等方面作出说明,具体列表如下:

表 10-2　课程评价的方法

	A 普及类	B 兴趣类	C 特长类
评价形式	测试技能＋学习感悟	足球理论测验＋班级联赛	区市省全国竞赛＋评选校园百星(拼搏之星)
评价方式	教师评价＋自我评价	教师评价＋比赛成绩＋同伴评价	比赛成绩＋同伴评价
成果	学生感悟个人成长足球大课间,校园内形成拼搏向上的学习氛围	学生毕业后成长(有教练员、裁判员)全国"阳光体育"校内班级联赛示范校	学生毕业后进入职业队或重点大学区市省全国性竞赛获奖

3. 拼搏足球·文化足球的课程资源挖掘

（1）足球资源整合

学校请专家量身订做足球太极操,在大课间时,作为第二套操推进。每年的冬春季,开展班级足球联赛。在各年级课程教学时,还在语文、数学、科学、外语课中渗透相关的足球内容。

（2）足球课程确立

纵观学校现有的足球相关资源,从单纯足球的角度来看,组织了足球赛,普及了基本的足球知识和足球技能,从学科的角度来看,编排了与足球有联系的教学内容,并在课堂内渗透实施。根据这些资源,可以提升为普及基础足球知识的课程、增强足球技能的社团课程、班级足球联赛的活动课程、大课间普及足球太极操的活动课程、若干足球学科渗透的校本课程。

4. 拼搏足球·文化足球的综合课程群开发与实施

（1）课程目标

指向学生"健康生活、责任担当、人文底蕴"核心素养的发展。

（2）课程内容

"足球"是本校课程建设的基石。根据确立的与足球相关的课程,又可以分为足球技能、足球活动、足球文化这三类。足球技能课程,可以涵盖普及型的基础课程＋竞技型的社团课程;足球活动课程,可以是按季节开发的足球太极操＋班级足球联赛活动;足球文化课程,可以是对学校已有的足球学科渗透的课程进行整

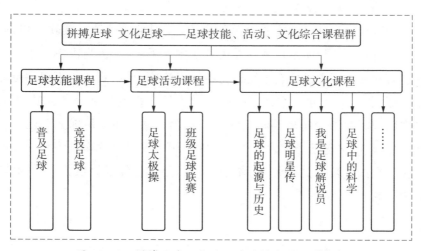

图 10 - 2　拼搏足球·文化足球的综合课程群框架

理、整合,形成系统化。即构建 2 + 2 + N 形式的综合课程群。

(3) 实施原则

普及足球课程,由学校体育组老师负责开发,在"体育与健康"课程教学中融入足球教学内容,并设置合理的教学目标和教学内容,整合渗透在课堂教学中,并作出相应的评价。

竞技足球课程,在社团课程建设中纳入足球教学内容,形成有层次的教学体系,供有不同需求的学生选择。足球太极操活动课程和班级足球联赛课程,利用大课间活动时间或体育锻炼活动时间,组织不同形式的足球文化渗透,开展不同形式的足球运动。

足球文化课程,由相应的语文、英语、社会等学科老师负责,挖掘足球与学科之间的联系,让足球从精神走向文化。比如,足球明星传记课程,由语文组老师负责开发,根据国家课程纲要,在七年级学生中开展"我读足球明星成长"教学,在八年级学生中开展"我写身边足球明星"传记写作教学。

(三) 拼搏足球课程成果与影响: 品牌凸显,效益提升

2010 年,学校被评为浙江省足球特色学校,同年与杭州市体育发展中心合作,以"体教结合"的模式把杭州市女子足球队引入本校。2011 年以课题"以足球文化为载体,促进学生健康成长"为突破点,从活动体系、校本课程、队伍建设、文化建设等多个方面进行了摸索,并提炼出"脚下有梦想,进退皆文章"的校训。2017 年8 月,学校被评为"全国校内班级足球联赛开展示范校"。

本校开展校园足球已经有十余年的历史,校园足球运动开展硕果累累:女足多次获浙江省青少年校园足球联赛总决赛初中女子冠军、杭州市中学生女子足球比赛七连冠和江干区中学生女子足球比赛十二连冠;男足获杭州市校园足球总决赛初中男子第一名,十年来在江干区中小学生足球赛中获得七次冠军;多名女足学生在中国国家女子少年足球队集训时入选国少队。如今足球运动已经成为学校发展特色,足球文化已经成为学校的品牌。2015 年被评为全国青少年校园足球特色学校。在江干教育更加优质、均衡的今天,足球已经成为景芳中学的特色,也是景芳中学的一张"金名片"。

第二节　共享课程:课堂,因共享而丰富

一、基于区域联盟的角色与功能

(一)　学校特色在区域共同体中的"文化"定位

凯旋区域联盟创立以来,本校利用这一优质平台,进一步深化意义教育的理论框架和实践路径。本校依托华师大基教所的平台优势,参与京沪教育快线论坛、两岸四地国际学术会议研讨交流;通过凯旋教育集团内部校际交流、教研,进一步丰富本校"意义教学"实践内容。

横向资源整合校际教研。本校与景华中学同属华东师大基教所基地学校,两校距离较近,这就为两校开展常规的校际教研活动提供了良好的资源和地缘基础。凯旋教育集团成立以来,两校每学期都围绕初三中考开展教师复习研讨、同课异构和学生复习联考等教研活动。同时,为促进两校间的研训交流,学校借助成立凯旋教育集团的契机,邀请专家进行讲座指导,开展跨校的主题教研活动及"启航杯"青年教师授课竞赛等活动。

纵向与集团内四所小学特色课程有序衔接,同时也促进中小衔接,整合资源,提供更高的平台。例如本校开设"棋乐"社团,聘请南肖埠小学国际象棋老师担任指导,助力国际象棋特长的同学继续发展,2019 年 5 月,本校获得杭州市女子国际象棋团体第二名的好成绩;茅以升实验学校的"桥文化"与本校"科技社团"无缝衔接,为科技特长同学提供更高的发展平台;春芽实验学校和景华小学的儿童哲学为学生爱智慧、爱阅读、爱思考打开了窗,本校致力于实施哲学经典阅读、哲学思维精品课程,培养学生思辨性阅读与习作能力;本校的足球特色课程辐射集团小学,足球运动从娃娃抓起,为市队储备人才,现在也在集团内各小学实施拓展课,借助本校足球外教,每周送教进小学,渗透足球文化。

(二)　足球课程在区域共同体中的"育人"功能

首先,足球运动从娃娃抓起,足球课程为杭州市青少年女子足球队输送了一大批足球人才。其次,从小感受"快乐足球",在足球运动中体会"拼搏足球",培养学生合作、拼搏、坚强的必备品格。第三,基于足球精神、足球文化的国际理解教

育拓宽了学生国际视野。

"以足球文化为载体、促进学生健康成长"是校园足球活动开展的指导思想，为此，足球课程化是体育课的重中之重。足球课程化，旨在让学生在初中三年中，了解足球运动，掌握足球技术，体会足球精神。

七年级设立了以了解足球知识，初步体验身体对足球控制为主的课程，旨在增强学生荣誉感，培养学生的自信心；八年级的课程目标是使学生了解足球运动的起源与发展，提高他们的足球运球、控球的基本技术水平，培养集体荣誉感和团结协作的精神；九年级课程的设立，目的是使学生熟悉足球比赛，了解足球比赛规则和发展现状，全面掌握运、控、传、停球等基本技术，学会踢一场足球比赛。让学生养成顽强、机智、果断的心理品质，形成守纪守时、团结互助的优良作风，树立正确的人生观、价值观。

我们的足球校本课程中充分地拓展了足球项目的功能，挖掘了足球文化的内涵，用足球文化促进学生体育锻炼和对运动的参与热情，加强了爱国主义和集体主义教育，磨炼了学生坚强的意志、培养良好的品德，练就基本的足球技能，促进学生全面、健康发展。

二、基于区域联盟的共享策略

（一） 联通校际：足球外教走教集团小学

本校足球特色课程成为集团内小学的共享课程。从 2016 年起，本校足球外教每周一课到集团小学走教。依托外聘教练每周进校园和体育教师共同开展好足球普及课。重点做好三、四年级可实施的校园足球校本课程。组织校际冬令营和夏令营，举办凯旋集团杯赛，邀请各校甲组校队及兄弟学校参赛。凯旋集团联赛，即由各校三、四年级校梯队进行主客场的 5 人制比赛。凯旋集团班级联赛，即集团内学校开展班级联赛，再由各校的年段冠军进行集团内的班级联赛总决赛。

整合集团内校园足球特色学校的资源，辐射周边学校，打造凯旋集团校园足球品牌，提升集团内各校校园足球的水平。

（二） 贯通球队：足球社团招纳对口小学

为了更好地培养足球运动员，形成梯队，自 2016 年起本校足球"足之意"精品社团面向集团对口小学招收足球特长社员。

1. 开展活动、营造氛围

（1）开展体育节、班级联赛、嘉年华、校际比赛等活动，并通过网站、自媒体等推广宣传。（2）选拔、组建 4 支集团精英队。（3）每周五下午，各小学挑选部分队员在景芳中学集中训练，其余时间可安排各校走训、比赛。（4）寒暑假举办足球冬令营和夏令营活动。

2. 各校校园足球队伍建设

（1）各小学二至四年级，每个年级段各组建一支校精英队；五、六年级组建一支精英队，每支队伍 10—12 人。（2）集团内所有学校统一制订长期的精英队训练计划和教案标准，做到从小学到初中完美衔接，确定训练方法与队伍风格，完善战术打法的建设。（3）在集团的支持下组建凯旋教育集团精英队，成立足球俱乐部，队伍以集团为建制参加对外交流比赛等活动，做大做强集团校园足球，加强集团校园足球影响力与知名度。

3. 教练团队

（1）各校现有体育教师和各足球训练负责老师。（2）外聘教练。（3）每周三召开足球教练员业务会议。

4. 学生管理

（1）发挥足球运动育人功能，注重人格培养，抓好学生足球素养提升，注重队员文化课学习。（2）制订统一学生训练、学习管理方案。（3）走校训练必须由本校老师与教练带出带回，确保途中安全；参训学生必须购买相关保险。（4）建立各精英队、校队队员档案，做好相关注册事宜。

5. 训练安排

（1）每周一至周四下午，各校校队在本校训练，具体时间由各校自定，并由景芳中学进行统一规划和教练员的安排。（2）每周五下午各校的甲组校队在景芳中学进行集中训练。（3）各校守门员每周五集中训练。（4）每周末在景芳中学进行精英队训练。

（三）　融通学段：学科课程做好中小衔接

受到"学生走校""教师走教"模式启发，本校在中小衔接方面开展中学教师进小学"送教"和聘请部分小学教师到中学"聘教"活动。为了做好中小衔接工作，让小学高龄段学生提前了解和体验初中阶段的学习情况，学校定期安排各科老师进小学"送教"，在拓展延伸小学各科知识的同时，激发学生的学习兴趣，从而实现小升初学业的平稳过渡。同时,为了使各小学生在进入中学后,他们的兴趣、特长能够得到持续性发展,让集团内四所小学的特色课程得以延续,本校有针对性地开设一系列特色课程供学生选择,同时聘请专业老师及各小学特色课程老师给予跟进指导。

三、基于区域联盟的共享成效

(一) 学生在共享中收获意义成长

这几年的探索和实践,其实是源于对一个问题的思考:学生的成长分别在哪里?

1. 成长在课堂中

基于区域联盟的共享机制,我们追寻了意义课堂的新标准:美丽、温暖、开放、思考、分享的课堂。美丽的课堂能够激发学生热爱人生,快乐学习,提高学习效率。温暖的课堂使师生关系更有亲和力,互帮互学。开放的课堂使教学过程中出现许多无法预设的精彩,生成时时体现。思考的课堂促进学生智慧发展,能力增强。分享的课堂让学生收获展示的快乐,教师享受相长的喜悦,师生都成为对课堂做出贡献的人。

2016年,在专家团队指导下,学校开发了覆盖6个学期的学法指导课程体系,提炼了六个关键词作为每学期重点突破的学法指导,拟定了《初中生学法指导课程开发方案》,制定了课堂教学实践的流程机制。2017年具体实施学法指导课。学生自主学习意识不断增强,自主学习能力明显提高。

2. 成长在课程开发和实施中

随着集团内共享课程不断推进,本校的"拓展性课程开发与学科意义"的探索,经过两年的实践,优化了校本课程结构。

目前学校开发了16门知识性拓展课,32门社团拓展课,采取分层分类选课走班,主要培养学生的个性特长、兴趣爱好。立足学校特色发展,学生的个性发展,分三个层级:普及、兴趣、特长。先后聘请了英国、西班牙籍的足球外教,安排两周一次足球外教课。以足球文化为突破点,从活动体系、校本课程、队伍建设、文化建设等多个方面进行了摸索,并提炼出"脚下有梦想,进退皆文章"的校训。男女足球队参加省市各级比赛,硕果累累。足球太极操、班级足球联赛、足球社团等校园足球活动,由活动逐渐发展成课程,优化了学校课程结构。目前,学校还成立了足球博物馆,在足球精神引领下,本校围绕足球设计了国际理解教育,从小球走向大球,用足球联通世界。

立足学生人文素养提升。通过爱智慧、爱阅读、爱艺术等项目课程,与基础性课程整合实施,并和综合实践活动、学校艺术节等重大节日活动整合实施。2017年我们着手筹备《初中意义哲学读本》开发。阅读丰厚人生,引领学生学会用哲学的思维思考生活和人生,旨在培养学生的批判性思维,让学生学会思考。本校校本课程、省精品课程"足迹杭州"带领学生"慧眼看杭城",主题内容涉及自然、人文、科技、经济、文化等,以课堂＋实践活动形式实施。在此基础上,整合学校特色课程,延伸出了"慧眼看世界"课程,带领学生走出国门,拓展国际视野。

3. 成长在生活中

践行生活德育:从一日常规中挖掘德育意义价值,形成规范、养成习惯、提高认识、内化思想。例如课间静心工程,增强学生公共空间意识;"不浪费盘中餐"的食育活动,培养珍惜和尊重他人劳动的意识;排队交作业进教室的学风构建活动,培养学生规则和秩序意识等。

重视家庭生活:"亲亲聊吧"助推和谐亲子关系,家长学习沙龙每月召开主题活动,与家长共育孩子的"幸福能力"。亲子沟通、家人关系、家庭责任等都是青少年在成长路上的必修课。中新网、浙江网等媒体对我们的工作做了报道和转载。

走进社区生活:学以致用,服务社会。增强学生责任担当意识,培养合格的未来公民,学生的成长意义还在社会实践活动实施品质中。例如本校"氧气工作室"的志愿者们服务社区公交站,推出了"年味公交车",扮靓城市新风貌;学生会组织学生对互联网租赁自行车放置、检查维修、二维码设置、后台系统等问题做了实地调查,并形成书面报告,给杭州市市长写了一封信,市长回复中肯定了同学们基于实践调查的建议,并充分肯定了社会实践活动的意义。

丰富交往生活:师生交往是校园生活中很重要的部分。学高为师、身正为范,师生交往也是重要的教育资源。学校将每年五月的第二周固定为"景芳中学班主任节"。

4. 成长在评价中

阳光学子成长在绿色评价中,每个学生都能从评价中发现自己的闪光点。从"绩效本位"的质量评价转变到"学生本位"的绿色评价,学生综合素质和学业成绩都要重视。学校连续多年举办的校园百星活动,不仅表彰学习优秀、学习勤奋、学习进步的同学,更表彰在艺术、科技、礼仪、诚信、感恩、拼搏、社会实践、环保方面表现出色的同学,让校园群星闪耀。获奖的同学还可以收到写有偶像教师寄语的书籍作为百星福利。

(二) 教师在共享中拓宽教育视野

构建有意义的研究氛围。突破教研组限制,提高师训质量。实行活动联盟机制,改变校本研训组织形式,提高校本研训质量,激发教师发展动力。集团各校规模都较小,最小的教研组只有 1 人,限制了校本研训活动的开展。以"凯旋论教"为载体,分学科各校轮流申办组织教研活动,营造了浓厚的教研氛围。2013 年 11 月景华小学举办了"凯旋论教之美术教学"研讨活动,五所学校的美术老师均积极参加,实现了小学之间"横向"与小学中学之间"纵向"的融合,极大地增强了研讨效果。在南肖埠小学的"国际理解教育"、茅以升实验学校的"STEAM +"、春芽实验学校的"儿童团哲学"、景芳中学举办的"学法指导""哲学思维 +"活动中,各学科分别进行了课堂教学展示活动,严国忠理事长带领省科学骨干教师培训班学员全程参加,并做关于"校本研训的方法和意义"的主题讲座。共享活动推动了教研活动的内涵发展,切实提高了校本研训的实效性,促进了教师的专业成长。同时,为我们下一步着力开展的学生联合活动方面,也作出了有意义的探索。

(三) 学校在共享中提升教育品牌

凯旋教育集团成立了由教育行政部门、街道、高校和集团成员校等多个单位组成的凯旋教育集团理事会,实行理事会领导下的校长负责制,由集团内相关学校的校长和书记担任理事。借助于区域联盟教育共同体的运作机制,着力整合资源,激发与增强发展活力,保障集团运作机制,推动与提升联盟各校的办学品质。

优化了意义教育的师资力量。突破学校限制,优化师资结构。实行集团内教师流动机制,优化学校教师队伍结构。骨干教师校际之间不平衡、学校内部学科之间不平衡现象的存在,一定程度上制约了学校的发展,也影响了教师发展。集团内所有学校可以从自身出发,提出需求意向,学校与学校之间可以自主达成意向,由教育局提供政策支持。近几年有语文、数学、英语和科学等四科任课教师实现了流动,下一步将会逐渐增大流动的学科门类及教师数量,优化师资结构,促进学校发展。

学校荣誉和成绩:

2010 年被授予杭州市"市队联办"足球后备人才基地,近几年,景中学生有 6

人入选中国国家女子少年足球队，1 人入选国家男子沙滩足球队。数十人因足球特长保送优高；也有景中足球队毕业生因足球特长保送宁波大学、江苏大学、北京体育大学、华东师范大学等高校。2010 年被评为"浙江省足球特色学校"，此后本校连续获得特色学校考核优秀。2017 年被评为"全国校内班级足球联赛开展示范校"。这期间，男女足球队共荣获江干区中小学足球赛冠军 10 次、杭州市中学生足球比赛冠军 5 次、浙江省校园足球联赛冠军 4 次。

第三节 共创课程：合作，因共生而精彩

一、共生理念下的课程重构

（一） 城市国际化趋势下集群发展的机遇与挑战

自 2014 年以来，基于区域联盟的优势，凯旋教育集团内"四小一中"借助大学资源平台、行政部门政策平台、凯旋教育集团交流平台等众多平台，协同合作，集群发展，彰显品牌优势。2017 年第二轮合作以来，以订单式项目合作的形式推进，本校目前重点推进学法指导课程和意义哲学读本两大项目，开始走向品牌化的探索之路。同时，借助本校特色项目课程在设计上体现中小衔接优势，在推进第二轮合作订单项目同时，兼顾对口小学国际理解教育和 STEAM 课程推进。

（二） 从特色课程到共创课程的升级转变

1. 学法指导课程——有序推进，成效明显

学法指导课程的初衷是指向人的终身学习能力培养。根据国家课程改革要求，学会学习是学生要发展的核心素养之一。本校综合运用学习科学、脑科学、建构主义、人本主义、认知主义等理论，围绕学力中心，让学生实现从接受指导、同伴互导到自我指导过程的演变。每学期确定一个主题，围绕主题词开展相关学法指导活动。分六个学期主题词：自学、结构、联系、比较、辩证、统整。通过学习行为的改变，培养学习习惯、学会思维方法、学会运用反思策略。从 2017 学年起，在七、八年级开设学法指导拓展课，改变重教轻学现状；对学生进行学法指导，促进学生主动学习。在学校领导小组和专家团队指导下，采用双路径指导：通用性指导和学科性指导。通用性指导主要是两会两赛：经验分享会、专题报告会；读书征

文比赛、学习日记评比。学科性指导主要是日常课堂教学渗透,每学期一次汇报课展示,各学科组互相交流切磋。项目组教师形成小课题研究成果;年级组教育质量不断提高。学法指导项目成果发表于教育刊物《中小学管理》。

2. 国际理解教育——整合优化,另辟蹊径

优化本校足球外教课程。本校国际理解教育,最初立足于学校足球特色课程,以足球精神为核心实施国际理解教育,开设了足球外教课,引入先进的足球教育理念和西方足球文化,以足球外教课程为抓手,带领学生领略世界文化。

整合本校游学课程。将游学活动课程化,与社团课"旅游英语""旅游地理"整合。本校组建国际理解教育项目组,多次赴上海福山外国语学校参观学习。在与联盟学校的互相交流学习中,我们进一步整合国际理解教育课程体系,将原本的"慧眼看世界"游学实践活动优化为游学课程,增强学生全球意识,提高跨文化沟通水平,学会尊重、共处和合作,学校将"体验式"教育理念融合到游学中。

另辟蹊径,学科渗透。基于初中教学实际情况,将学科渗透作为今后主要推进路径。英语学科作为国际理解重要的交流工具,强化了英语学科本身自带的文化意识渗透功能,根据本校国际理解教育的培养目标,探索了"一样的食物不一样的口味——中西饮食文化比较""不一样的狂欢:中西方节日文化比较"系列英语拓展课,通过对比中西食物差异与渊源关系,探寻和理解不同国家的文化差异和民族风俗。探索了语文拓展课程"镜头下的异域:探究东西方文化碰撞与融合"与经典名著阅读课程"走进劫难:比较东西方对苦难的态度"。

3. STEAM 课程——渗透理念,种子萌芽

2017 学年初始,科学教研组组织教师开展 STEAM 课程理念的初步学习,学习内容包括理念的源起、发展、课程设置、案例等。在教师初步学习的基础上,组织教师以专家讲座、互动交流的形式集中学习,初步在教师群体中形成这一课程的理论架构。组织骨干教师赴上海考察培训,和区内 STEAM 联盟学校一起参与教师培训、听课观摩等,骨干教师逐步成长为校内开展 STEAM 课程的种子选手。STEAM 跨学科整合最核心、最重要的工作是项目或问题的设计。如果没有良好的结构化项目设计,会导致学习困难、效率不高、挫折感强、学习收获不大等系列问题。因此,根据本校学生特点,遵循学科知识整合、生活经验整合、学生中心整合原理,在 2017 学年第一学期的充分准备下,第二学期在七年级开设具有 STEAM 课程理念的项目课程。

在备课组的讨论下,制作了符合学生能力发展,着眼于学生兴趣,培养学生综

合思维、切实解决问题的能力，整合科学、数学、工程学科的十个课题，落实教案、课堂实施、课后评价等较为完整的体系。强调将知识蕴含于情境化的真实问题中，强调调动学生主动积极地利用各学科的相关知识设计解决方案，跨越学科界限，提高学生解决实际问题的水平。

4. 意义哲学读本——形成体系，培养思维

在徐冬青教授带领下，意义哲学读本以语文＋的模式在社团课程中推进。课程由复旦大学、上海财经大学多位博士和本校哲学种子教师联袂授课。课程主要分为专题讲座和创意写作两部分，以开发学生的思维深度、培养学生辩证思考的能力为目标。课程围绕"善与恶""智与蠢""美与丑""我与他"四个主题，通过知识讲解和小组讨论，引导学生对生活中的相关现象进行分析和探究，增强初中生思考复杂问题的能力，培养学生的人文素养。通过几年的实践，意义哲学读本课程唤醒学生智慧，耕耘"有美感"的精神花园，从哲学视角切入学生成长需求，启发心灵，开导思维，构建人格。种子教师胡蘅蘅在"首届儿童哲学联盟论坛"执教语文＋哲学视角下的写作课，学生以思辨、多元、发散的思维方式受到与会代表广泛好评。课程自 2018 年开设以来，已有上百名初中生参加，学生踊跃报名、积极参与，成为最受欢迎课程之一。

（三）"三元"课堂差异教学的校本化实施

项目合作转变教师学教理念，落实"学为中心"的课堂。共创课程开发与建设转变了教师课程理念，增强教师课程领导力，反哺基础课程。以探究—对话为中心的教学策略，以对学生的结构—思维训练为载体，以自主合作为主要学习方式，构成三元课堂的三要素。旨在提高学习效率，让学生成为会自主合作学习、独立思考的人，促进每个学生全面而有差异的发展。

教研组、备课组成为课程组。把课堂教学放在课程的视域中来思考。聚焦课堂问题，从关注教什么、怎么教，转变到学的设计和学的评价任务。各教研组在项目推进中，结合本学科探索了本教研组的课堂模式——语文组的合作课堂、数学组的问诊课堂、英语组的体验课堂、科学组的探究课堂。各教研组结合本学科特色，英语组金瑾老师的"TEA"和数学组高建峰老师的学法指导课"反比例函数"在京沪教育快线上的展示课，获得好评。数学组姚洁如老师在"钱塘之春"教学活动展示本校意义教学下的数学课堂，广受好评；科学组石圣磊老师的科学实验课获得杭州市一等奖。语文组薛鹏、郑煜、毛丽君、骆燕飞等青年骨干教师，多次在区

青年研究小组运用学法指导课程理念执教展示课和教学案例,获得区内好评。新教师陈欣在 2019 年凯旋教育集团活动中执教的"我的语文生活",以独特的教育视角展现意义教学理念,引起社会热烈反响,先后被《人民日报》《中国教育报》等多家主流媒体报道和转载。

二、区域共创体中的共创课程开发

(一) 六阶学法指导课程:基础性学科课程开发

学法指导课程的初衷是人的终身学习能力培养。根据国家课程改革要求,学会学习是学生发展的核心素养之一。本校调研学情,发现存在三个现象:核心习惯不聚焦、思维方法少理性、反思学习缺策略。

路径 1:指向学生主体,追求自我指导。形成接受—互导—自导,组建导师团,开设学力课。

路径 2:聚焦核心要素,增强关键学力。学习习惯是基础保障,思维方法是核心学力,反思策略是监控机制。围绕学力中心,分主题开展活动,一学期确定一个主题,围绕主题词开展相关发散性学法指导活动。

路径 3:立足课程建设,侧重学科融合。开展学科指导和通用指导。通用指导重基础,学科指导求融合。

项目组从"中国学生发展核心素养"出发,在"学会学习"的素养目标下,经过对初中生学习实践的研究,结合不同学期的特点,提取了涵盖初中 6 个学期的六大主题词,建构了初中三年的指导序列,做到一学期一大主题,三年六大主题:七年级"自学""结构",八年级"联系""比较",九年级"辩证""融通"。每学期做好一个主题词,三年六个学期按序列演进,日积月累"默会"而成学习记忆,建构、完善而成核心学力,助力学生自主发展。

锁定核心结构要素,培育关键学力。核心学力的结构要素有哪些? 着眼于哪一个或哪几个要素展开? 实际上,核心学力的形成是多因素作用的结果,需要排除干扰变量,提炼关键要素,有针对性地作精准指导。综合调查与经验研究发现,基于初中学段,学生核心学力的关键结构因素由学习习惯、思维方法、反思策略三个关键要素构成,学法指导就从此出发,对症解决。如果把核心学力比作一列高铁的话,"学习习惯"是铁轨,"思维方法"是动力机构,"反思策略"则是自动驾驶部分,相辅相成助力高速学力的实现。初中三年,以核心学力的学习习惯、思维方法、反思策略三大结构为 X 轴,以六大主题词为 Y 轴,每学期由一个主题词领衔,组织专题读书活动、读书笔记评选、撰写学习日记、学习经验分享会、教师专题讲座等活动,开展一体化指导,帮助学生实现学力的建构。

锁定学科课堂要素,实现学法与知识的融合。在具体的指导路径上,我们选择以学科指导为主、以通用指导为辅的"一主一辅"两条路径,侧重学科课堂主渠道,采取三种做法,即组织学法指导周、开设专题研究课、组织案例论文评比交流,实现学法经验向学科的转移、融合、生成,促进学生在学科学习中增强学力。

(二)　足行天下国际理解教育:综合实践课程群建设

1. 课程的整体思路

知识目标:通过课程学习,学生了解足球发展史,了解与足球运动相关的政治、经济、文化。

能力目标:培养学生学会欣赏足球,培养学生合作与竞争能力;学会比较分析中西文化共性与差异,培养在差异中理性看待本民族文化和学习外来优秀文化的能力。

情感、价值观目标:感受足球文化中坚强、拼搏的精神,培养学生对自己、对家庭、对国家的责任担当,拥有世界眼光和家国情怀。

课程的设计思路:统整基础性课程＋学科渗透＋拓展性课程＋特色课程＋综合实践活动课程。

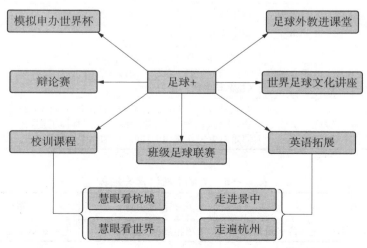

图 10-3　足行天下国际理解教育综合实践课程群

评价方式:采取过程性评价、表现性评价和结果性评价相结合的方式。过程性评价主要是各个教研组在活动过程中对学生的活动打分,形成过程性的评价分。结果性评价主要是每个小队的活动手册在期末进行最后评比一、二、三等奖。

表 10-3 国际理解教育课程评价表

评价内容	组织规划能力	
课程目标	模拟申办世界杯	
表现任务	活动举办方案答辩会	
评价建议	等级	表现描述
	A	内容设计能紧扣目标,有创意;参加对象明确;内容和形式恰当,环节安排合理;对活动意义有深刻的理解。
	B	活动设计能围绕目标;参加对象明确;活动内容与环节安排清楚;对活动意义有基本认识。
	C	活动设计脱离目标要求;参加对象不够明确;活动过程空泛。

2. 国际理解教育主题活动安排表

国际理解教育按照不同月份,开展足球文化讲座、辩论赛、足球联赛、模拟申办世界杯等活动,并开展学科拓展主题活动和主题教育展示周。

表 10-4 足球国际理解教育主题活动表

序号	时间	地点	活动内容	责任人
1	3 月	阶梯教室	世界足球文化讲座——西班牙足球文化之旅	竟宁
2	4 月	阶梯教室	辩论赛——下雨天该不该在室外上足球课	郑煜
3	5 月	操场	班级足球联赛	体育组
4	6 月	阶梯教室	模拟申办世界杯,以班级为单位扮演一个国家参与申请,经历写策划书、演讲、答辩、评比综合等过程,培养规划能力	余雅婷
5	5 月—7 月	游学	慧眼看世界,以游学为载体,对该国的政治、经济、文化、地理位置、地缘政治等做具体了解,在尊重对方民族文化的同时,更加热爱本民族文化	胡蘅蘅

表 10-5 足球主题课程安排表

序号	时间	地点	活动内容	责任人
1	3 月—5 月	七年级各班教室	英语拓展课"走进景中"	七年级英语备课组

续 表

序号	时间	地点	活动内容	责任人
2	3月—5月	七年级各班教室	英语拓展课"走遍杭州"	七年级英语备课组
3	4月—5月	阶梯教室	"慧眼看杭城"	古鸿雁
4	4月—5月	阶梯教室	足球社团课	竟宁
5	3月—6月	操场	足球外教进课堂	外教马里奥

表 10-6　足球主题教育展示周

序号	时间	地点	活动内容	责任人
1	6月第一周	操场	足球太极操汇演	竟宁
2	6月第一周	会议室	足球文化与国际理解活动手册评比	余雅婷
3	6月第一周	操场	足球文化与国际理解教育成果展	周喆
4	6月第一周	会议室	手绘"极简景中足球发展史",增强对学校的荣誉感	余雅婷

(三)"哲学思维+"课程:拓展性课程开发

在儿童哲学基础上,本校在华师大专家团队支持下,开发了初中生哲学读本课程,选择了知识、自我、道德、审美、正义五个中学生所关心的主题,从哲学的高度对学生进行了思维开导、知识训练、心灵启发、人格构建,推动中学生全面发展,唤醒学生智慧。我们主要培养中学生质疑辩证的哲学思维方式,最终辐射到各个学科的学习之中,提升整体的学科思维水平。语文组率先将哲学思维方式在读写结合方面进行了探索与实践,通过学科渗透方式,培养学生多角度看问题、思考问题的习惯。用哲学视角审视世界和人生,让学生更理性地认识世界、认识自我。

课程设计:用哲学经典浸润思想,用思想点亮生活。该社团主要面向七、八年级优秀学生,旨在培养学生批判性思维,学习思辨性读写,提高初中生人文哲学素养。成员主要由推荐+面试选拔相结合的方式产生,12课次为一期,每课次90分钟。学习方式以深度学习、合作学习、PBL项目学习、对话学习、角色体验等多种形式贯穿。通过主题式阅读、群文阅读、思辨性阅读,提升学生人文素养。

具体实施:七年级每班推荐2名,八年级每班推荐1名,共26名学生。授课团队由刘学良博士与本校种子教师组成。学生每次课都有课堂和作业两项考核。设立一名班主任负责学生组织、资料收集和学生考核等级工作,设立一名社长、一名副社长、一名组织委员(均由学生担任,享有班干部加分待遇,纳入班级综合素质测评)。学生每周一上交作业给班主任,由种子教师和授课博士共同指导社团成员作业。

表 10-7　项目实践进度安排

阶段	时间	精品社团	具体内容	阶段目标
第一阶段	2018年9月— 2019年1月	跟着博士学哲学	导论,自我、知识、美学、信仰、正义、道德六大块内容	形成典型课例
第二阶段	2019年2月— 2019年7月	种子教师试水哲学	精选读本内容、结合学科内容实施	1. 精选读本,根据课程纲要形成校本教材 2. 四节试水课开课 3. 四个教学案例 4. 学生成果
第三阶段	2019年9月— 2020年1月	跟着种子教师学哲学	哲学读本校本化实施	1. 独立开课 2. 形成写作专题指导
第四阶段	2020年2月— 2020年7月	意义哲学课程校本化	哲学的学科渗透	形成各学科哲学课例

(四)　STEAM+科学课程:项目式学习课程开发

资料卡 10-1

应急口罩的设计与制作

钭梅杰、沈茜、唐晴晴

项目简述:

随着新型冠状病毒2019-nCoV在世界范围内的全面爆发,各国都针对疫情展开了严厉的防控措施。尽管如此,2019-nCoV依旧借助其高传染性、长潜伏期的特点感染了大量的人群。经研究,口罩可以阻挡飞沫,切断病毒的传播途径,为易感人群提供保护。但口罩作为日常生活的非必需品,产能较低,远无法满足目前爆发的大量需求,各国各地出现了口罩的严重短缺。在这样"一罩难求"的情形之下,部分人们尝试自制口罩作为应急手段。

本项目旨在指导学生通过查阅资料、合作交流,了解口罩在传染病的防控过程中起到的重大作用,并从口罩防控传染病的原理入手,设计并制作对病毒有一定防御作用的应急口罩,使学生对传染病与其防控措施有着更深层次的理解,增强学生的动手能力以满足特殊时期的应急需求,培养学生忧国忧民的民族责任感。

主题/问题/议题:

本项目研究的主题是"佩戴口罩对于防止病毒传染的意义""制作应急口罩中学生可以做什么",指向医疗科学常识与卫生安全教育。

核心概念、跨学科概念:

核心概念:

病毒防控。人类的历史,就是和病毒作斗争的历史。病毒防控是人类发展的历史长河中无时无刻不在发生的没有硝烟的战斗。但病毒由于其强大的繁殖能力,在这场斗争中总是使人类付出惨痛的代价。面对迅速更新迭代的未知病毒,病毒防控是伴随社会发展无法避免的重大研究课题。

跨学科概念:

切断传播途径,保护易感人群。传染病传播的三个基本环节是传染源、传播途径和易感人群。在传染源未知,易感人群暴露的情况下,戴口罩可以有效切断以飞沫为媒介的病毒的传播途径,对易感人群起到巨大的保护作用。为了更好地避免病毒的传播,我们应对病毒防控有一定清晰的认识,做到对自身与他人的良好保护。

学习目标:

1. 通过自主探究口罩的相关知识,认识口罩原理、正确使用方法和处理措施,初步培养学生的信息意识(如何搜集、分析、归纳和提取信息)。

2. 针对现存在的问题,通过寻找制作口罩的材料、设计口罩形态、制作口罩等活动,培养学生创新能力、合作意识和问题解决能力,小组合作,明确分工,将大问题分解成若干小问题按步骤解决。

3. 参与认识口罩、设计口罩、制作口罩等活动,促使学生关心当前社会面临的问题,增强社会责任感。

项目学习评价:

过程性评价:

通过学生的自评、互评表,对学生在学习完成项目过程中的表现进行评价。

总结性评价：

通过项目中每个子任务的调研报告、设计方案、成品和展示报告呈现，并通过项目学习成果进行老师和组间综合评价。

三、区域共创机制——以"哲学思维＋"课程为例

(一) 以构建共同体，设计师资结构

教师是关键，教师整体驾驭本学科的能力，尤其是追求本质、反思论证和教学创新的能力至关重要。基于本共创课程不是纯哲学，而是学科教学中哲学思想和观点的渗透与融合，所以，必须建立在"意义教学"的基础上进行"意义哲学"研究。其研究的主要内容有：(1)编撰开发意义哲学读本；(2)建立意义哲学教学数据库，包括意义哲学检测试题库、开展意义哲学教学研究后相关考试数据库、教师关于进行意义哲学教学教案库等；(3)从"意义哲学"层面上来说，主要是"反思——追求本质和反思论证"的教学切合点及操作策略；(4)各学科进行意义哲学课堂教学的范式样本；(5)发展性课堂生态结构等。本校从语文、数学、科学、社会学科任教老师中选拔种子教师，组建学习共同体，以语文阅读与写作表达为主要路径，分成执教教师和研发教师。

(二) 以工作坊研修，探究学科渗透

采用"双路径"的方法实施研究，即教师走"课堂教学变革"实践研究路径；学生走"哲学社团"初学《初中生哲学读本》，培养"种子讲师"的路径。

1. 组织成员分工。由于"意义哲学"让多数教师乃至课题组成员都觉得有点可望不可即；有点与常规教学"水火不相容"；有点不接地气在"作秀"，难以让人接受。因此，我们意义哲学是"常规教学＋方法指导＋哲学思想"的教学样式，就是结合教材内容在教学方法指导中有机地融入一定的哲学思想观点和反思方法；就是用哲学思想方法，以不变应万变，从而达到举一反三、触类旁通的教学效果。也就是说，意义哲学对教师提出了更高的要求，教学质量要上去，但是学生负担反而会降下来。

2. 进行全员工作坊研修。首先将初一语文、数学、科学、历史与社会第一册中有关的"哲学素材"向全体教师展示。要让全体老师跟"意义哲学"有一个"亲密接触"，初步了解它是怎样一回事。其次是运用大量的各科教学案例向老师们展示

并说明课堂教学中应如何体现意义哲学的,消除教师们的对常规教学有无冲击,对教学质量是否有促进作用等疑虑。如科学教学中的"验证式"与"探究式"的对比教学案例介绍,让老师们"信服"意义哲学对教学质量改进确实具有"一定功效"。

(三)　以研讨课例,开发对话策略

资料卡 10-2

更换人生

执教者　周茹

目标:通过有趣的思维实验,激发学生的哲学思考,引导学生认识自我。

过程:

一、思维实验一:更换人身

1. 贴标签,认识我是谁。

邀请一名学生,让他用五个词语来介绍自己。

预设:姓名、性别、社会身份、性格特征……

撕掉标签,问:你还是你吗?

预设:是,我有自己的思想,我还会思考,所以我依然是我。

邀请两名学生,在他们身体各部分贴上标签。两人更换标签,问:你还是你吗?

预设:是。

更换大脑标签,问:你还是你吗? 为什么?

预设:不是。记忆、思维都不是我的了,我当然不是我了。

实验小结:① 我之所以是我,不因外在形式的改变而改变,身体的变化不会导致人格的改变。

② 大脑的改变会让"我"不再是"我"。

③ 记忆对于一个人认知自己很重要。你之所以区别于他人,是因为你有记忆、认知。

二、思维实验二:更换人生

1. 卡夫卡《变形记》

学生阅读《变形记》片段。思考:格里高尔·萨姆沙一直认为"我"还是"我",他的依据是什么?

预设:他有记忆、情感(找出文章相关语句)。

他的妹妹却认为"他"已经不是"他"了,她的依据是什么?

预设:外在形式发生了变化,丧失语言、行动能力、行为方式、饮食偏好等发生改变(找出文章相关语句)。

你认为他还是他吗?

小组讨论,分享交流。

预设:不是。他的性格、感知世界的方式、思维的习惯等发生了变化。在家人的心中,他已经不具备人格,所以他不是他。

是。格里高尔一直觉得他还是他自己。他依旧把自己看作这个家庭以及社会的一分子。作为儿子、哥哥、雇员,期待被善待,愿意承担责任,即便在将死之际,也依旧"怀着温柔和爱意想着自己的一家子"。"我思故我在",他认为自己是,所以他还是他。

实验小结:从以上的实验我们似乎可以得出这样的结论:"我是谁"的问题并不能完全在个体自身中获得解答,身体、他人、社会——简言之,他/她所处身在其间的世界——对其具有着构成性的作用。"我"之所以是我,还存在于他人的意识中。

2. 看视频《寻梦环游记》片段。

三、我手写我思

名人名言:泰戈尔——天空不留下鸟的痕迹,但我已飞过。

　　　　　臧克家——有的人活着,他已经死了;有的人死了,他还活着。

综合以上思维实验,你怎么看待这两句话? 写下你的思考。

四、小结

"我是谁"是哲学的永恒命题。这节课,希望能通过两个思维实验,打开大家认知自我的思维之门。让哲学改变我们的人生。

复旦大学讲师团的刘学良博士对这节课进行了专业的点评:这节课是节"有效"并"有趣"的哲学课。"有效"在课堂围绕"认识自我"进行设计,环节紧凑,重点突出,学生也能利用学过的哲学知识进行分析;"有趣"在课堂设计形式多样,生动活泼,比如"贴标签"、选择《变形记》里的有趣情节抓住学生的心,调动学生的学习积极性,教师也很有亲和力,积极鼓励学生。让学生敢于畅所欲言。

(四)　以课题引领,推进思维深度

意义哲学教育理念下,学校立足"基于意义哲学的初中课堂教学变革实践研究"课题研究,以学生为本,从学生发展出发,面对学校教学质量改进中所遇到的瓶颈与困惑,根据"对立统一,发展变化"的哲学思想,认为真正的课堂只有一个,那就是"发展性课堂",从而提出从传统课堂向发展性课堂转型变革的观点。运用"教师实践课堂变革""学生阅读哲学基础"双路径的方法展开研究与实践,并结合初中各学科课堂教学实践、教案或案例阐述了发展性课堂的三个落脚点:知识系统、方法创新、意义生成。企图在发展性课堂转型变革中重建课堂教学价值观、重组课堂教学结构、再造课堂教学程序、重构课堂教学文化、丰富课堂的教育涵养、创造课堂教学意义。

四、共创课程区域实践成效

(一)　本校共创课程实践成果

在"成长,在有意义的每一天"理念引领下,通过"意义教学、学法指导、意义哲学"三大项目推动,让学习有意义地发生。意义教学从美丽课堂走向智慧课堂,分层培训构建教师成长链,打造意义课堂新样态,本校数学教师获全国智慧好课堂第一名,多位青年教师在省市级竞赛比赛中获得佳绩。课程生长从学生立场出发,将学法指导融入教学,聚焦核心素养,提升关键学力,立足课程,侧重学科融合,形成"接受—互导—自导"的模式,组建学生导师团,追求自我指导。意义哲学,唤醒学生智慧,耕耘"有美感"的精神花园,从哲学视角切入学生成长需求,启发心灵,开导思维,构建人格,特聘请华师大、复旦大学等高校的哲学博士执教。精品社团课的形式受到师生广泛喜爱,本校种子教师在"首届儿童哲学联盟论坛"执教语文＋哲学视角下的写作课,学生思辨、多元、发散的思维方式受到好评。传统文化项目学习以古琴为载体,融音乐、美术、历史、文学、戏剧等学科,领略古琴"天人合一"的哲学思想。

讲述景芳传奇,引领主题教育;培育校园文化,助力美好成长。2018 年本校德育创新项目开展"景芳传奇"主题教育活动,坚持学生主体,激发自主成长的力量。多平台展示,感染熏陶很有效;多月份开展,序列设计有连贯;多主体参与,师生共话成长故事;开发家庭教育原动力,激发学生自我提升的潜能;推出德育校本课程"原动力",广受学生、家长认可。主题活动期间,多家媒体对此给

予宣传报道。

（二）　本校教师专业发展成效

发展课程、发展学生和发展教师三位一体是推进学校质量发展的关键。而发展课程、发展学生的主导者都是教师。因此,教师是教育质量的第一生产力。区域联盟和高校助力带来了本校教师发展的红利。第二轮合作的项目课程成为了教师成长的重要平台。教师课程领导力的增强,促进了课堂品质与效益提高。如:胡蘅蘅老师在学法指导课程视域下,结合语文新教材名著阅读探索实践成果"初中名著思辨性阅读指导策略——以《骆驼祥子》的导读为例"在浙江省教学研究评比中荣获一等奖;郑煜老师课题成果"初中语文写作批判思维构建的策略研究"获得杭州市三等奖,等等。

数学组高建峰老师代表江干区参加全国智慧好课堂获得学科组第一名,科学组石圣磊老师获得杭州市科学教师解题能力竞赛一等奖、杭州市科学实验竞赛一等奖。教学论文、案例成果丰硕,多人次获优秀论文评比一、二等奖的好成绩。姚洁如副校长负责的课题"拼搏足球　文化足球——足球技能、活动、文化综合课程群的开发与实施"立项为 2018 年杭州市教育科研专项课题。

项目合作带来了教师发展契机,激活了不同层面、不同风格、不同教学方式的教师发展内生力。学校基于项目推进对教师进行发展培养,师训课题"分层培训构建教师成长链——校本研训的模式创新"获得杭州市 2019 年度教师教育科研课题二等奖。

（三）　本校课程质量提升成效

基于区域联盟背景,从学校实际出发,立足"成长,在有意义的每一天"办学理念,借助"意义教育"课题研究,推动教学改革,优化教育理念,细化管理服务。

一是促成富有教育品性的德育活动系列化。多年来,本校一直坚持生活德育理念,从生活出发、在生活中进行而又回到生活,注重德育活动的整体性、社会性和实践性。基于联盟共同体丰富的教育资源和广阔的教育平台,进一步促成了富有教育品性的系列活动。融合活动,系统开发德育活动的育人价值。德育活动课程化,基于学生立场,关注学生成长需求;同时,德育部门在意义教育理念的引领下,结合三个年级段学生的不同特征,提出"自主管理、自主学习、自主提升"三个层次的德育目标。如:七年级新生对初中的学习和生活既期待又焦虑,需要具备对自己的行为进行调节和管理的能力，需要能有效地参与到系统学习活动之中。这些相应的需求对于新生而言是需要提前做准备的。基于中学特点和学生成长需求，学校开设新生始业教育系列课程 ABC，紧扣自我管理、人际交流沟通、有效学习、品质锻造几个维度开设活动课程，更好地促进学生的整体性发展，提升德育活动的综合育人价值。

二是主题融合，改进课程体系，开发"足文化"品牌课程。不同学科内容不同，但是在培养目标上有不少共同之处。在培养目标上进行融合，充分挖掘基础性学科中对学生个体成长有意义价值和文化传承价值的教学资源。本校体育组开发"足球文化"校本课程，注重培养学生刻苦奋斗、顽强拼搏、团队合作的"足球精神"。校团委和社会学科组开发"足迹杭州"综合课程，引导学生寻访家乡的历史古迹、名人轶事，注重培养学生历史文化素养。语文教研组开展文言文拓展性阅读课程，基于传统文化视角下初中文言文学习的意义教学策略研究，达到让学生海量阅读行天下的目标。"足球——足迹——足天下"的课程开发创意已经逐步形成学校精品课程开发的定位。围绕"足球——足迹——足天下"的文化视野下的足球教育发展思路，有机整合了"脚下有梦想，进退皆文章"的足球教育精神，挖掘了足球项目的育人价值，丰富了学校的特色课程建设。

附　录

××××教育集团调研方案
（草稿）

一、调研目的

了解××区教育概况以及××教育集团的现状，为整体推进区域教育优质、均衡发展，着力打造教育品牌提供理论支持和实施建议，为下一阶段双方达成合作奠定基础。

撰写"××课程建设方案：诊断、分析与建议"；两个子报告：（1）课程建设的现状、问题与需求调研；（2）课堂教学的诊断、分析与建议。

二、调研时间

第一阶段：××××
第二阶段：××××

三、参加对象

教育局领导、相关科室负责人，项目学校校级干部、中层干部、年级组长（教研组长）及骨干教师代表等。

四、具体安排

（一） 调研区域教育概貌
1. 时间：××

2. 地点：××

3. 参加人员：××

4. 议程：

（1）介绍本区教育概况和教师研训情况（30 分钟）。

（2）介绍××教育集团概况（30 分钟）。

（3）专家提问、交流（60 分钟）。

（二）调研××集团项目学校

1. 时间及安排：

2. 议程：

（1）校园参观，学校汇报基本情况，发放调查问卷。

（2）听 2 节课。分 2 组同时进行，一节是语（数或英），一节是校本课程。下午后半场的两所学校没有观课，只有访谈。

（3）校长访谈，教师座谈会（分 2 组同时进行）。

五、其他

1. 请相关部门落实好专家住宿、吃饭、交通以及媒体报道等会务工作。

2. 学校间的衔接由当天陪同人员负责。

3. ××学校提供车辆，由××统一调度。

××集团学校调研活动安排

调研日期: ××

调研学校: ××学校

调研时间: 1.5 小时/校

时间	内容	工具	备注
进校前	准备工作 明确调研目的 调研团队分工 校长通知调研对象	调查问卷 　教师问卷 60 份/校,包括所有年级 　学校课程建设现状调查 1 份/校 访谈提纲(行政部门、校长、教师) 照相机、摄像机、录音笔(调研方自备)	项目学校准备文本资料 　学校的基本信息材料 　学校发展规划 　学校制度文本 　课程建设资料 　学校的年度总结材料 　教师成长与专业发展资料 　其他相关材料
10 分钟	学校接待 参观校园 提供问卷	教师问卷 60 份/校 课程建设现状调查 1 份/校	
10 分钟	介绍会 校长介绍学校总体情况	照相机、录音笔	
40 分钟	课堂观察 听 1—2 节课 语或数或英;校本课程	课堂观察五维度表 50 份 课堂观察检核表 50 份 (每节课至少 10 份)	分工合作 2 个小组同时进行 每校约 10 位老师参与听课
30 分钟 (分 2 个会场同时进行)	座谈会一 学校领导和中层干部	访谈提纲 10 份/校 了解校本课程建设情况,并做记录	包括副校长、教务、德育、教研、信息、总务等部门 年级组长、教研组长等 通知访谈对象,安排访谈地点
	座谈会二 骨干教师	访谈提纲 10 份/校 了解校本课程建设情况,并做记录	学科教师代表(约 10 名) 班主任代表(约 5 名) 通知访谈对象,安排访谈地点
结束	收集问卷 离开学校		

调研工具清单

工具名称	数量	备注
校本课程调研问卷（教师卷）	60/校,计360份	请项目校准备
校本课程现状调查表	1/校,计6份	请项目校准备
课堂观察五维度评价表	10/校,计60份	请项目校准备
教学类型或风格检核表	10/校,计60份	请项目校准备
校长、中层访谈记录表	10/校,计60份	请项目校准备
教师访谈记录表	10/校,计60份	请项目校准备
行政部门访谈记录表	10份	请项目校准备

关于学校改革与发展现状的调查问卷
(教师)

尊敬的老师:

　　我们是华东师范大学的研究人员,目前正在进行一项大型学校改革现状调查研究,涉及一些关于学校改革与发展现状的问题要向您请教,请您按下列问卷中的问题要求逐一回答,真心地感谢您的支持和帮助!

华东师大课题组××年××月××日

第一部分　　您的基本情况
(请在您所选择的答案前的"□"里打"√")

您的性别:　　□男　　□女

您的年龄(周岁):

□20—29　□30—35　□36—40　□41—45　□45 以上

您的学历:

□硕士　□本科　□专科　□中师/高中　□初中

您的职称:

□小高　□小一　□小二　□中高　□中一　□中二　□小学特级教师
□中学特级教师

您所教的学科:

□语文　□数学　□外语　□思想品德　□科学　□物理　□化学
□生物　□政治　□历史　□地理　□音乐　□美术　□艺术
□体育　□信息技术　□其他_____

第二部分　从业感受及其原因和理由

1. 对教师职业的感受(请对以下各项内容的符合程度做出自己的判断,并在相应的"□"里打"√"。)

	很不符合	基本不符合	基本符合	很符合
(1) 我对工资待遇感到满意	$\square_0$	$\square_1$	$\square_2$	$\square_3$
(2) 当教师有充分的社会福利和保障	$\square_0$	$\square_1$	$\square_2$	$\square_3$
(3) 我在这里工作能获得社会尊重	$\square_0$	$\square_1$	$\square_2$	$\square_3$
(4) 我的工作岗位很稳定	$\square_0$	$\square_1$	$\square_2$	$\square_3$
(5) 我在职称晋升机会方面没有遗憾	$\square_0$	$\square_1$	$\square_2$	$\square_3$
(6) 我时常感到工作负担和压力很大	$\square_0$	$\square_1$	$\square_2$	$\square_3$
(7) 我经常回想当老师很幸福	$\square_0$	$\square_1$	$\square_2$	$\square_3$
(8) 我时常羡慕别人从事的职业	$\square_0$	$\square_1$	$\square_2$	$\square_3$
(9) 我有明确的专业发展目标	$\square_0$	$\square_1$	$\square_2$	$\square_3$
(10) 我对自己的工作成就很满意	$\square_0$	$\square_1$	$\square_2$	$\square_3$
(11) 我对自己的专业能力很满意	$\square_0$	$\square_1$	$\square_2$	$\square_3$
(12) 如果我有正在择业的孩子,我希望他当教师	$\square_0$	$\square_1$	$\square_2$	$\square_3$
(13) 我与学生关系很融洽	$\square_0$	$\square_1$	$\square_2$	$\square_3$
(14) 我与家长的沟通没有障碍	$\square_0$	$\square_1$	$\square_2$	$\square_3$
(15) 我的工作能得到家人的支持与认同	$\square_0$	$\square_1$	$\square_2$	$\square_3$

2. 对工作满意或不满意的原因或理由(总体上感到满意者回答 A 小题,感到不满意者回答 B 小题,每小题中的选项可以多选。)

A. □有假期　□工资待遇还不错　□工作有挑战性　□领导有亲和力 □同事相处很愉快　□与孩子打交道很开心　□其他_____

B. □工作压力大　□不喜欢与孩子打交道　□不喜欢自己的领导　□工作枯燥乏味　□与同事相处困难　□工资待遇不高　□其他_____

第三部分　关于基础教育及教师专业发展

（请在您所选择的答案前的"□"里打"√"，请注意"可多选"的提示）

3. 您对义务教育均衡发展的理解是(可多选)

□资源配置均等　　□平等对待每一个学生

□优质教育资源和先进教育思想得以分享　　□创新精神

□实践能力　　　　□批判性思考

4. 您认为学生终身学习和发展应当具备的最重要的素质是(可多选)

□社会责任感和道德　　　　□价值判断

□身心健康　　　　　　　　□创新精神

□实践能力　　　　　　　　□批判性思考

□自主获取知识　　　　　　□基础知识技能

□运用知识分析和解决问题　□科学素养

□搜集和利用信息　　　　　□交流合作

□生存生活能力　　　　　　□人生规划能力

5. 您认为当前在学生身上实际体现得较好的课程目标有(可多选)

□社会责任感和道德　　　　□价值判断

□身心健康　　　　　　　　□创新精神

□实践能力　　　　　　　　□批判性思考

□自主获取知识　　　　　　□基础知识技能

□运用知识分析和解决问题　□科学素养

□搜集和利用信息　　　　　□交流合作

□生存生活能力　　　　　　□人生规划能力

6. 根据您的经验，下列这些教研活动形式中最有效的是(可多选)

□教研组内听课　　　　　　□集体备课、研讨

□教师结对子个别指导　　　□校内课题申报及研究

□校内公开课、汇报课　　　□教学经验交流会

□教师教学能力大赛　　　　□开展有效的校本培训、校本教研

□专题讲座　　　　　　　　□与兄弟学校举行互助联动式教研

□其他_____

7. 据您观察，您所在学校目前能坚持开展教育教学科研的教师大约占
_____％，从学科分布上看主要是

□语文数学英语学科的骨干教师　　□语文数学英语学科的全体教师

□科学、社会、体音美骨干教师　　□科学、社会、体音美全体教师

□所有学科的骨干教师　　□所有学科的全体教师

从年龄构成上看主要是

□青年教师　□中年教师　□中年后教师

8. 您当教师以来,您的教学方式

□没有变化,还是以您的讲授为主

□有非常大变化,以学生自主学习为主

□有较大变化,以师生合作探究学习为主

□有非常大变化,以学生合作探究学习为主

9. 您认为阻碍教师专业发展的主要因素是(可多选)

□工资待遇低　　□工作负担重

□领导不重视　　□自身发展动力不足

□制度措施不力　　□培训效率低

□其他_____

10. 您认为提升教师专业素养的有效途径是(可多选)

□校本教研　　□外出学习

□校本课程开发　　□青蓝工程

□在职进修　　□自主学习

□课题研究　　□专家引领

□其他_____

11. 据您了解,您所在学校如何保障教师继续教育的顺利进行(可多选)

□有统一的教学计划　　□有教师继续教育专项资金

□有骨干教师专项培训资金　　□有素质教育师资培训制度

□有相应教育部门的监督　　□没有任何措施

□其他_____

12. 您所在学校在骨干教师培养方面(可多选)

□采取培训、进修等多种形式促进专业发展

□制定相关制度、落实骨干教师待遇

□为骨干教师发挥作用提供平台

□有顾虑,害怕教师成为骨干后会流失

□没有明确的思路和对策

13. 您认为自己专业上目前最需要发展的方面是

□现代教育理念　　　　　　□科学文化及人文方面的素养

□课堂教学技能　　　　　　□多媒体等现代教育技术

□教育科研、论文写作方面　□班级管理

□其他_____

14. 您认为您自己在专业发展上最大的困难和障碍是

□没有时间学习和研究　　　□工作任务太重

□没有学习和提高的愿望　　□学校不支持

□家庭负担重　　　　　　　□其他_____

15. 您已经采取了哪些发展自身专业素质和能力的行动(可多选)

□学历进修　　　　　　　　□承担教育科研课题

□结合工作中发现的问题展开研究

□抽空学习教育理论方面书籍

□没有任何行动

□其他_____

第四部分　关于学校变革与发展

(请在您所选择的答案前的"□"里打"√",请注意"可多选"的提示)

16. 在学校建设与发展上,您所在学校比较重视的是(可多选)

□学生考试成绩　　　□学生综合素质　　　□学校硬件设施

□教师的专业技能　　□学校的教育理念　　□学校的特色

□学校的规章制度　　□学校的科研状况　　□其他_____

17. 在学校改革与发展方面,您所在学校存在的主要困难是(可多选)

□缺少专家指导　　　□缺少资金　　　　　□科研实力比较薄弱

□工作忙,没顾上　　□学生素质低　　　　□缺少政策支持

□教师不配合　　　　□其他_____

18. 据您所知,近些年来您所在学校内部的组织机构、规章制度

□进行了更新完善,发生了很大变化

□有一些调整和变化

□基本没有变化

☐没有变化但打算有些变化和调整

19. 您所在学校教科研评价的标准主要有(可多选)

☐是否对教育科研发展做出贡献

☐是否有针对性,能解决学校教育改革和发展中的实际问题

☐教师的整体素养是否得到了提升

☐成果能否被他人借鉴和运用

☐研究方法是否科学规范

☐其他_____

20. 您认为衡量学校办学成效高低的主要标志应该是

☐实现学校预期教育目标的程度　　☐满足学生和社会需求的程度

☐学生的学习成绩和升学率的高低　☐获取资源(人、财、物)的能力

21. 您认为影响学校办学质量的因素主要有(可多选)

☐校长的领导能力　　　　　　☐教职工的凝聚力、合作与沟通

☐学校的办学条件　　　　　　☐教师的素质和敬业精神

☐学校规章制度　　　　　　　☐教师的学历和教学能力

☐家长与社区的支持与合作　　☐课外活动

☐教职工参与学校的管理和决策　☐学生的质量

22. 您认为目前学校教学中存在的主要问题是(可多选)

☐教学内容过于强调学科知识体系

☐教学方法、手段落后,教学效率低

☐注重理论知识,学生的能力得不到锻炼

☐学生学习基础差,教学目标难以达到

☐单纯以分数作为评价标准

☐教师的教学技能及综合素质有待提高

☐其他_____

23. 您认为影响课堂教学有效性的因素主要有(可多选)

☐后进生的学习积极性　☐教学目标　　　　☐学生的学习能力

☐学生的知识面　　　☐对课程标准的理解　☐教师的知识结构

☐教师的教学能力　　☐其他_____

24. 新课程给您所在学校带来的积极变化主要有(可多选)

☐教学方式有较大改变　　☐教材内容更贴近学生生活实际

□教师的教育观念更新　　□教师的专业化水平提高

□学生的综合能力增强　　□学生的考试成绩提高

□学生的学习方式发生变化　□学校的办学经费增加

□其他_____

25. 您认为当前社会环境对素质教育实施的制约因素主要表现在

□陈旧的人才评价标准　　□严峻的就业形势

□传统的教育观念　　　　□机械的考试制度

26. 您认为目前学校生存和发展面临的最主要的问题是(可多选)

□学校自主权少　　　□办学经费不足　　□师资素质不高

□学校发展较为滞后　□生源质量差　　　□学校设施陈旧

□学校缺乏特色　　　□学生厌学现象严重

27. 您认为学校改革成功的关键因素是

□教育行政部门的政策　　□校长素质和能力

□学校管理体制和机制改革　□教师态度和行为

28. 您认为您所在学校学生学习的主要障碍是(可多选)

□基础太差　　　□缺乏学习动力　　　　　□教材内容陈旧

□缺乏学习兴趣　□缺少现代化教学设备和设施　□教学方法陈旧

29. 您所在学校的办学特色是_____

发展的显在优势是_____

潜在优势是_____

主要的困难、问题和障碍是_____

_____

_____

学校领导经常强调的重点工作或发展目标是_____

_____

_____

用几个形容词来概括一下你所在学校的文化氛围_____

_____

30. 您期待学校未来 5 年发生哪些积极的变化。

31. 请您对学校发展的方向、路径和策略提 2—3 项建议。

学校课程建设现状
调查表

课程名称＿＿＿＿＿＿＿＿＿

开发学校＿＿＿＿＿＿＿＿＿

负　责　人＿＿＿＿＿＿＿＿＿

联　系　人＿＿＿＿＿＿＿＿＿

通讯地址＿＿＿＿＿＿＿＿＿

联系电话＿＿＿＿＿＿＿＿＿

填表时间××年××月＿＿＿

一、已有的基础

(包括课程纲要或方案、课程实施情况、相关的制度建设等,具体文本可列附件清单)

二、未来三年课程建设的思路

(选课对象、师资建设、基础条件、教材开发、教学方式、成效评估等)

三、需要的支持和保障

（包括人、财、物、技术等）

四、附件清单

（提供已有文本材料）

校本课程调查问卷

尊敬的老师：

　　您好！非常感谢您百忙中参加本次问卷调查。本调查旨在了解××年××月以来学校在校本课程开发、管理与实施等方面的基本情况，以探索××教育集团各成员校课程发展的方向和路径。问卷采取匿名方式，所有数据仅作研究之用。每个选项没有对错，您只需根据学校或个人的实际情况，在选项前相应的方框中打"√"。

华东师范大学课题组

××年××月

基本信息

性别:□男　　□女

是否为班主任:□是　　□否

任教学科:□语文　□数学　□外语　□思品/品德　□科学　□物理
　　　　　□化学　□历史　□地理　□体育　□音乐　□美术
　　　　　□其他(请注明):_____

职称:□小学初级　　□小学中级　　□小学高级
　　　□中学初级(二级/三级)　□中学中级(一级)　□中学高级
　　　□其他(请注明):_____

教龄:□5 年以下　□6—10 年　□11—15 年　□16—20 年　□20 年以上

所在学校:□小学　□初中

主要题项(说明:题项中的"校本课程"是指由学校或教师自主开发的课程，不包括国家或地方课程的校本化实施。)

1. 过去三年,您是否参与过校本课程的开发与实施?

□是   □否

（若回答"否"，请直接回答 20—25 题。）

2. 过去三年，您开设的校本课程的名称是：

(1) _____   (2) _____

(3) _____   (4) _____

3. 在您开设的校本课程上，学生来自：

□同一班级   □同一年级的不同班级   □不同年级

4. 参加您开设的校本课程的学生人数平均在：

□20 人以下   □20—30 人   □30—40 人   □40 人以上

5. 您开设的校本课程对选课学生基础的要求：

□很高   □比较高   □不太高   □不高

6. 您参与校本课程最主要的原因是：

□执行学校的任务要求

□发挥自己的专业特长

□满足学生的兴趣爱好

□促进学生的特长发展

□辅助学生的主科学习

□其他（请注明）：_____

7. 在校本课程开发时，您是否向学校提交了正式的申请？

□是   □否

8. 您开设的校本课程有下列材料：（可多选）

□课程纲要（教学大纲）   □教材   □教案

□其他学习材料（请注明）：_____

9. 在校本课程的实施中，您最常用的资源是：（可选两项）

□学校图书馆或其他校内资源

□在线的资源

□社区的政府部门的资源

□博物馆、科技馆、艺术馆或体育馆的资源

□周边名胜古迹的资源

□周边企业的资源

□家长的资源

☐其他(请注明)：_____

10. 在校本课程的实施中,您最常用的方法是:(可选两项)

☐讲授或演示　　☐课堂讨论或辩论　☐角色扮演或表演

☐小组合作学习　☐模拟或游戏　　　☐头脑风暴

☐讲故事　　　　☐基于问题的学习　☐个别辅导

☐运用概念地图、思维导图或知识树　☐其他(请注明)：_____

11. 在校本课程的实施中,您主要采取哪些方式评价学生?

☐纸笔考试

☐撰写论文/报告

☐完成作品/产品

☐表演/集体活动

☐其他(请注明)：_____

12. 学生喜欢您开设的校本课程吗?

☐非常喜欢　☐比较喜欢　☐不太喜欢　☐很不喜欢

13. 您认为学生在您开设的校本课程中收获最大的是:

☐满足学生的兴趣爱好

☐学生的特长获得发展

☐辅助学生的主科学习

☐帮助学生应对考试的要求

☐学生获得了愉快的体验

☐其他(请注明)：_____

14. 您对自己开设的校本课程:

☐很满意　☐比较满意　☐不太满意　☐很不满意

15. 您参加过与校本课程有关的培训或讲座吗?

☐有　　　　☐没有

16. 学校为您开设校本课程提供过专门的指导吗?

☐有　　　　☐没有

17. 学校为您开设校本课程提供经费支持吗?

☐有　　　　☐没有

18. 您和其他老师围绕校本课程的开发和实施进行过交流或讨论吗?

☐经常　☐偶尔　☐很少　☐从不

19. 家长对您开设的校本课程支持吗？

□很支持　　□比较支持　　□不太支持　　□不支持

20. 您对所在学校的校本课程工作：

□很满意　　□比较满意　　□不太满意　　□很不满意

21. 与其他学校相比，您认为所在学校的校本课程：

□很有特色　　□比较有特色　　□不太有特色　　□没有特色

22. 未来学年，您有开设校本课程的计划吗？

□有　　　　□没有

23. 当前所在学校在校本课程开发与实施方面面临的最大困难是：

□上级教育主管部门对校本课程缺乏实质性的支持

□学校对教师校本课程开发与实施没有提供指导和支持

□教师参与校本课程的意愿不是很强烈

□教师没有时间参与校本课程

□学生对校本课程的兴趣不高

□家长不支持校本课程的开设

□其他（请注明）：_____

24. 您认为所在学校应该重点建设的校本课程是：

(1)_____　(2)_____

(3)_____　(4)_____

25. 您对所在学校的校本课程开发与实施有什么建议？

_____

_____

_____

再次感谢您的参与！

访谈提纲

教师访谈

1. 对教师职业的成就感和幸福感

（1）满意度和成就感状况

（2）满意/不满意的原因和理由

2. 对基础教育及教师专业发展的认识与行动

（1）对教育公平的理解及自己在教育中如何体现

（2）中小学教育应给学生打什么样的基础，哪种基础更重要

（3）自己感到目前专业发展上的最需要解决的问题和面临的最大困难

（4）已经采取了哪些发展自身专业素质和能力的行动

3. 对所在专业团队的认识与态度

（1）工作负担和压力

（2）团队组织氛围

（3）开展研究的频率和质量

（4）对所在团队的认同度、满意度和自豪感

4. 对学校发展状态和水平的认识，以及对学校核心价值理念的认同感

（1）学校在江干区的综合发展水平处在什么位置上

（2）与周边学校（或你所知道的好学校）相比，存在哪些差距

（3）学校领导最关注、且经常强调的重点工作或发展目标是什么

（4）用几个形容词来概括一下你所在学校的文化氛围

5. 对学校变革与发展的期待与建议

（1）期待学校未来 5 年发生哪些积极的变化

（2）请对学校发展的方向、路径和策略提 2—3 项建议

教育行政部门访谈

1. 江干区的社会背景与历史文化资源

2. 江干区在全杭州市的位置、面临的机遇和挑战、自身的优势与劣势

3. 对集团各校学校从班子到质量水平的整体状况分析与评判

4. 未来 5 年内希望且可能要发生的积极变化及可性的路径、策略

校长及班子、中层干部访谈

1. 学校发展的历史文化、教育传统和在今天的传承与创新

2. 学校发展水平在区内的位置、面临的机遇和挑战

3. 对本校办学水平与质量的整体分析与判断,重点是自身的优势与劣势(具体到领域、学科和教师队伍)

4. 管理者:对自己管理岗位的认识与态度,如胜任感、效能感、工作成就感、满意度

5. 未来 5 年学校发展的愿景、目标和行动计划

6. 学校文化建设的设想、行政管理的特色和办学理念的定位

校长(中层)访谈现场记录表

受访者姓名		性别		年龄	
从教年数		职务		职称	
访谈者姓名		访谈时间		年　　月　　日	
访谈地点					
访谈主要话题	(1) 学校发展的历史文化传统和在今天的传承与创新 (2) 学校发展水平在区内的位置、面临的机遇和挑战 (3) 学校课程建设的分析与判断,重点是自身的优势与劣势(具体到学科、教研和教师队伍) (4) 未来 5 年学校发展的愿景、目标和行动计划				
访谈现场记录					

教师访谈现场记录表

受访者姓名		性别		年龄	
从教年数		职务		职称	
访谈者姓名		访谈时间		年 月 日	
访谈地点					
访谈主要话题	（1）课程建设情况（经验，不足） （2）课堂教学的现状（优势，不足） （3）教师专业发展需求（培训，研修，学习，期待） （4）对课程建设的期待与建议				
访谈现场记录					

课堂观察"五维度"评价表

学校_____　学科_____　年级_____　观察者_____

评价指标		1 最差	2	3	4	5 最好	分值合计
教学目标的达成度	教学目标清晰、对象适切						
	教学重点、难点突出						
	本课教学目标与单元目标有联系						
	教学考虑到学生的基础与发展水平						
	教学目标体现出育人价值						
教学环节的清晰度	上课前提出明确的学习目标						
	清楚简洁地表达教学内容						
	清晰和具体的指导语						
	总结与反馈及时有效						
	教学节奏恰当						
教学过程的开放度	开放性问题						
	学生有自主学习的时间和空间						
	照顾到个别学生的特殊需要						
	教学方式或方法的多样性						
	教学用具的使用适切（如图示、例子、PPT、模型、实物等）						
学生学习的参与度	全员参与（不是少数参与）						
	主动参与（不是被动参与）						
	多层参与（认知、情感、思维等）						
	师生互动（提问、鼓励、指导等）						
	生生互动（讨论、小组合作、探究等）						

评价指标		1 最差	2	3	4	5 最好	分值 合计
教学资源 的生成度	预设与生成的关系处理得当						
	教材或课堂之外的教学资源利用						
	学生差异资源的捕捉利用(性别、民族、语言、能力、家庭背景等)						
	学生错误资源的捕捉利用						
	高层次的思维(批判性、创新性等)						

教学类型或风格检核表

学校_____　　　学科_____　　　年级_____

被观察者_____　观察者_____　观察日期_____

教学内容_____　课型(新授课/复习课/练习课/讲评课/实验课)

教学类型		是(√)/否(×)
以教师为中心的教学	(1) 讲授法	
	(2) 记忆法	
	(3) 操练法	
以学生为中心的教学	(4) 小组合作学习	
	(5) 课堂讨论	
	(6) 基于问题的学习	
	(7) 模拟与游戏	
	(8) 角色扮演与戏剧表演	
	(9) 辩论	
	(10) 头脑风暴	
	(11) 讲故事	
	(12) 概念地图、思维导图、知识树	
	(13) 个别辅导	

描述

请用三个关键词或一句话来描述你所观察到的课堂特点(亮点、缺点)

_____

_____

_____

后　记

　　2013 年杭州凯旋教育集团成立，以追求公平而优质的教育为目标，确立了以共享课程建设为载体的学校变革，四门校级精品课程成为集团的共享课程，它们是：南肖埠小学的国际象棋、茅以升实验学校的桥梁与工程、景华小学的石之语·篆刻和春芽实验学校的软笔书法。这些课程在集团内部供各个学校的学生选择，学生可以跨校选课。杭州凯旋教育集团的影响力逐步扩大，并辐射到整个江干区。为了深化共享课程，扩大优质教育资源，2017 年课程建设从"共享"走向了"共创"，以"国际理解教育＋"课程、"儿童哲学＋"课程和"STEM＋"课程为载体，以项目学校教师团队合作研究为机制，共同开发学校课程。从时间上看，课程建设经历了从"特色"到"共享"再到"共创"三个发展阶段；从空间上看，课程建设由"校本"到"集团"再到"区域"的三个层面逐步扩大。无论哪个阶段，都围绕着课程建设的四个要素（课程目标、课程内容、课程实施和课程评价）展开，探索出一个促进区域教育优质均衡发展的"三三四"课程建设新模式。

　　本书以集团办学的课程建设为重点，以团队协作共同创造为机制，经历了十年的集团化办学的探索实践，最终形成此成果。此成果获得 2021 年华东师范大学教学成果奖一等奖，和 2022 年上海市教学成果奖二等奖。可以说，它是集体攻关的结果，是协同合作的结晶，体现了跨学科、跨部门和跨区域的合作。本书的参与者既有高校的教育研究者，也有中小学校的实践者；既有教育行政部门的管理者，也有当地教育发展研究院的教研员；既有集团层面的领导校长，也有不同学科的专业教师。本书与其说是写出来的，不如说是做出来的，是在边实践、边总结、边研究中慢慢探索出来的，既有理论的思考，也有实践的创新。

　　本书由黄忠敬和费蔚统筹规划，课题组成员分工合作。各章节作者如下：第1—5 章，黄忠敬、费蔚；第 6 章，翁乐、章森梅、章臻、秦怡、鲁聪（通讯作者）；第 7章，毛建和、郑海英、范良伟、林霞（通讯作者）；第 8 章，应淑群、戚震华（通讯作者);第9章,许蕾、曹京蓉(通讯作者);第10章,胡薷薷、姜建平(通讯作者)。毛建和做了大量的沟通协调与文秘工作。在此对所有人表示衷心的感谢！本书也得到杨小微教授和严国忠理事长的悉心指导,一并感谢！

黄忠敬、费蔚等

2022 年 4 月 27 日